ABHANDLUNGEN DER SÄCHSISCHEN AKADEMIE
DER WISSENSCHAFTEN ZU LEIPZIG

Philologisch-historische Klasse
Band 64 · Heft 4

HERBERT P.H. PETSCHOW

MITTELBABYLONISCHE RECHTS- UND WIRTSCHAFTSURKUNDEN DER HILPRECHT-SAMMLUNG JENA

MIT BEITRÄGEN ZUM MITTELBABYLONISCHEN RECHT

AKADEMIE-VERLAG · BERLIN

1974

Vorgelegt und Manuskript eingereicht
in der Sitzung am 13. Dezember 1971
Druckfertig erklärt am 8. August 1974

Erschienen im Akademie-Verlag, 108 Berlin, Leipziger Straße 3–4

Lizenznummer: 202 · 100/110/74
Gesamtherstellung: IV/2/14 VEB Druckerei »Gottfried Wilhelm Leibniz«,
445 Gräfenhainichen · 4026
Bestellnummer: 752 312 4 (2024/64/4) · LSV 0876
Printed in GDR
EVP 29,–

VORWORT

Die hier in Transliteration und Übersetzung vorgelegten, bisher unpublizierten mittelbabylonischen Rechts- und Wirtschaftsurkunden der Hilprecht-Sammlung der Friedrich-Schiller-Universität zu Jena gehören sachlich-inhaltlich und archivmäßig weitgehend zu den in BE XIV, XV und UM II/2, VIII/2 und XIII veröffentlichten mittelbabylonischen Rechts- und Wirtschaftsurkunden des University Museum der University of Pennsylvania, Philadelphia (vgl. z. B. die Bemerkungen zu Nrn. 1, 2, 14, 15 und vor 17). Die Transliterationen sind auf Grund der Tafeloriginale erstellt. Autographien der Texte werden von Frau Dr. I. Bernhardt, Jena, in der Reihe der „Texte und Materialien der Frau Prof. Hilprecht-Sammlung Vorderasiatischer Altertümer im Eigentum der Friedrich-Schiller-Universität Jena“[1] ediert werden.[2] J. Aro, Helsinki, hatte vor Jahren anläßlich seines Aufenthaltes in Jena unter anderem auch erste Transliterationen eines großen Teils der hier vorgelegten Texte angefertigt, die er – wofür ihm auch an dieser Stelle herzlich gedankt sei – Frau Dr. Bernhardt und mir zur Verfügung gestellt hat. Die Verantwortung für die vorliegende Publikation trage ich jedoch in jeder Hinsicht allein. Zu danken habe ich des weiteren für schriftliche oder mündliche Hinweise den Herren A. L. Oppenheim, W.v. Soden, J. Aro, J. Brinkman, D. O. Edzard und C. Wilcke sowie Herrn O. R. Gurney, der mir freundlichst Kopien einiger mittelbabylonischer Kaufverträge vorweg zugänglich gemacht hat, die von ihm in UET VII publiziert werden. Besondere technische Schwierigkeiten ergaben sich für die vorliegende Arbeit dadurch, daß mir wegen sonstiger Verpflichtungen alljährlich nur einige wenige Tage – und auch diese nur unzusammenhängend – für die Arbeiten an den teilweise schlecht erhaltenen Tafeln zur Verfügung standen. Zu besonderem Dank bin ich daher den Herren J. Oelsner, Jena – dem auch einige Joins von Bruchstücken und die nachträgliche, nach Fertigstellung des Manuskripts erfolgte Ermittlung einiger in anderen Textgruppen der Sammlung eingeordneter Tafeln (HS-Nummern höher als 192) zu verdanken sind – und M. Müller, Leipzig, für mannigfachste unermüdliche Hilfe bei Erstellung des Manuskripts und Textkollationen, letzterem auch für das Mitlesen der Korrekturen verpflichtet. Weiterhin danke ich Herrn Prof. D. Dr. R. Meyer, Jena, der mir vor Beginn der Arbeiten als Vorstand der Hilprecht-Sammlung die Erlaubnis erteilt hat, die Texte zu bearbeiten, und der Sächsischen Akademie der Wissenschaften zu Leipzig dafür, daß sie die Arbeit in die Reihe ihrer Abhandlungen aufgenommen hat. Schließlich habe ich noch zu danken Herrn G. Ries, München, für das Mitlesen der Korrekturen und endlich dem Akademie-Verlag, Berlin, und seinem Mitarbeiter Herrn K. H. Simon, Leipzig, sowie dem VEB Druckerei „Gottfried Wilhelm Leibniz“, Gräfenhainichen, für die – teilweise schwierige – drucktechnische Ausgestaltung des Buches.

---

[1] Dort sollen auch die Namenindizes erscheinen.

[2] Ausgenommen die unten auf Tf. I wiedergegebenen von J. Oelsner nachträglich ermittelten nud kopierten Texte HS 2167, 2181 und 2887.

Beabsichtigt war, zugleich mit dieser Textbearbeitung eine abrißartige Darstellung des mittelbabylonischen Rechts zu geben; dies mußte jedoch vorerst unterbleiben, da für die nächste Zeit die Publikation von anderweitem einschlägigem Textmaterial – so aus Ur – zu erwarten ist. Als gewisser vorläufiger Ersatz dafür sind die sachlichen Erläuterungen zu den Texten teilweise ausführlicher gehalten und einige allgemeinere Exkurse beigefügt worden – letztere, soweit durch neues Material wahrscheinlich nur Ergänzungen, aber kaum umstürzende Neuerungen zu erwarten sind. Mitbearbeitet oder in Regestenform wiedergegeben wurden auch – teilweise zur Zeit unergiebige – Fragmente, um deren etwaigen Anschluß an Stücke anderer Sammlungen zu ermöglichen bzw. zu erleichtern.

HERBERT P. H. PETSCHOW

INHALT

---

* Abkürzungen zum Inhaltsverzeichnis:

acc.	Akzessionsjahr	KaE	Kadašman-Enlil	Na	Nazi-Maruttaš
Bu	Burna-Buriaš	KaT	Kadašman-Turgu	oD	ohne Datum
Dne	Datum nicht erhalten	KuE	Kudur-Enlil	Ša	Šagarakti-Šuriaš
Ka	Kaštiliaš	Kur	Kuri-Galzu		

ABKÜRZUNGSVERZEICHNIS

A(nm.)	Anmerkungen.
AASF	Annales Academiae Scientiarum Fennicae, Helsinki.
AASOR	The Annual of the American Schools of Oriental Research, New Haven.
aB	altbabylonisch.
AbB (mit Bandzahl)	F. R. Kraus, Altbabylonische Briefe in Umschrift und Übersetzung, Leiden 1964 ff.
AfO	Archiv für Orientforschung, (Berlin-)Graz.
AHw	Akkadisches Handwörterbuch, bearb. v. W. v. Soden, Wiesbaden 1959ff.
AN	s. Stamm (,AN).
AOAT	Alter Orient und Altes Testament, Kevelaer/Neukirchen-Vluyn.
AOS (mit Bandzahl)	American Oriental Series, New Haven/Conn.
ARM (mit Bandzahl)	Archives Royales de Mari, publ. sous la direction de André Parrot et Georges Dossin, Paris 1950ff.
ARN	M. Çığ – H. Kızılyay (Bozkurt) – F. R. Kraus, Eski Babil Zamanina ait Nippur hukukî vesikalari (Altbabylonische Rechtsurkunden aus Nippur), Istanbul 1952.
Aro	J. Aro, Mittelbabylonische Kleidertexte der Hilprecht-Sammlung Jena, Berlin 1970 (= Sitzgsber. d. Sächs. Akad. d. Wiss. zu Leipzig, Phil.-hist. Kl. 115/2).
Aro, Glossar	J. Aro, Glossar zu den mittelbabylonischen Briefen, Helsinki 1957 (= StOr XXII).
Aro, Infinitiv	J. Aro, Die akkadischen Infinitivkonstruktionen, Helsinki 1961 (=StOr XXVI).
Aro, Studien	J. Aro, Studien zur mittelbabylonischen Grammatik, Helsinki 1955 (=StOr XX).
ArOr	Archiv Orientální, Praha.
ATR	s. Torczyner (,ATR).
B, (B)	BÁN, s. Glossar *sūtu*.
BAfO	Beihefte zum AfO.
Baghd. Mitt.	Baghdader Mitteilungen, hrsg. v. Deutschen Archäolog. Institut, Abt. Baghdad, Berlin.
Balkan (,Kassitenstudien I)	K. Balkan, Kassitenstudien. 1. Die Sprache der Kassiten, New Haven 1954 (= AOS 37).
BBSt	L. W. King, Babylonian Boundary-Stones and Memorialtablets in the British Museum, London 1912.
BE (mit Bandzahl)	The Babylonian Expedition of the University of Pennsylvania, Series A: Cuneiform Texts, hrsg. v. H. V. Hilprecht, Philadelphia.
BiOr	Bibliotheca Orientalis, uitgegeven vanwege het Nederlandsch Instituut voor het nabije Oosten, Leiden.
Birot	M. Birot, Tablettes économiques et administratives d'époque babylonienne ancienne, Paris [1969].
Brinkman (,History)	J. A. Brinkman, A Political History of Post-Kassite Babylonia 1158 – 722 B.C., Rom 1968 (= Analecta Orientalia 43).
CAD (mit Buchstaben des Bandes)	The Assyrian Dictionary of the Oriental Institute of the University of Chicago, Chicago/Glückstadt 1956ff.
Cardascia, Murašû	G. Cardascia, Les Archives des Murašû, une famille d'hommes d'affaires babyloniens à l'époque perse (455–403 av. J.-C.), Paris 1951.
CPN	A. T. Clay, Personal Names from Cuneiform Inscriptions of the Cassite Period, New Haven 1912 (= Yale Oriental Series 1).

CT (mit Bandzahl)	Cuneiform Texts from Babylonian Tablets in the British Museum, London.
Dar	J. N. Strassmaier, Inschriften von Darius, König von Babylon (521–485 v. Chr.), Leipzig 1892–1897 (= Babylonische Texte H. X–XII).
Ebeling, Glossar	E. Ebeling, Glossar zu den neubabylonischen Briefen, München 1953 (= Sitzungsber. d. Bayer. Akad. d. Wiss., Phil.-hist. Kl. 1953,1).
Edzard, ZZB	D. O. Edzard, Die „zweite Zwischenzeit" Babyloniens, Wiesbaden 1957.
G, (G)	GUR, s. Glossar *kurru*.
GAG	W. v. Soden, Grundriss der akkadischen Grammatik, Rom 1952 (= Analecta Orientalia 33).
GCCI (mit Bandzahl)	Goucher College Cuneiform Inscriptions, New Haven 1923.
HG I/VI	J. Kohler, F. E. Peiser, P. Koschaker, A. Ungnad, Hammurabis Gesetz, Bd. I–VI, Leipzig 1904–1923.
HS	Inventarnummern der Hilprecht-Sammlung der Universität Jena.
HSAO	Heidelberger Studien zum Alten Orient, A. Falkenstein zum 17. 9. 1966, Wiesbaden 1967.
Iraq	Iraq, published by the British School of Archaeology in Iraq, London.
JAOS	Journal of the American Oriental Society, New Haven.
JAOS Suppl.	Supplementhefte zu JAOS.
JCS	Journal of Cuneiform Studies, New Haven.
JNES	Journal of Near Eastern Studies, Chicago.
KAV	O. Schroeder, Keilschrifttexte aus Assur verschiedenen Inhalts, Leipzig 1920 (= Wiss. Veröff. d. Deut. Orient-Gesellschaft 35).
KB IV	F. E. Peiser, Texte juristischen und geschäftlichen Inhalts, Berlin 1896 (= Keilinschriftliche Bibliothek Bd. IV).
Kraus, Edikt	F. R. Kraus, Ein Edikt des Königs Ammi-ṣaduqa von Babylon, Leiden 1958 (= Studia et documenta ad iura orientis antiqui pertinentia V).
Kraus, Viehhaltung	F. R. Kraus, Staatliche Viehhaltung im altbabylonischen Lande Larsa, Amsterdam 1966 (= Mededel. d. Koninkl. Nederlandse Ak. v. Wetensch., Afd. Letterkunde, N. R. 29/5).
Landsberger, Brief	B. Landsberger, Brief des Bischofs von Esagila an König Asarhaddon, Amsterdam 1965 (= Mededel. d. Koninkl. Nederlandse Ak. v. Wetensch., Afd. Letterkunde, N. R. 28/6).
LR	linker Rand.
MAOG	Mitteilungen der altorientalischen Gesellschaft, Leipzig.
mB	mittelbabylonisch.
MDP (mit Bandzahl)	Mémoires de la mission archéologique de Perse, Paris.
MKT	O. Neugebauer, Mathematische Keilschrifttexte, Berlin 1935.
MSL (mit Bandzahl)	B. Landsberger u. a., Materialien zum Sumerischen Lexikon, Rom 1937ff.
MVAeG	Mitteilungen der vorderasiatisch-ägyptischen Gesellschaft, Leipzig.
nB/neubab.	neubabylonisch.
Nbk	J. N. Strassmaier, Inschriften von Nabuchodonosor, König von Babylon, Leipzig 1889 (= Babylonische Texte H. V/VI).
Ner	B.T.A. Evetts, Inscriptions of the reigns of Evil-Merodach, Neriglissar and Laborosoarchod, Leipzig 1892 (= Babylonische Texte H. VI B).
NG I–III	A. Falkenstein, Die neusumerischen Gerichtsurkunden, Teile I bis III, München 1956, 1957 (= Abh. d. Bayer. Akad. d. Wiss., Phil.-hist. Kl., N.F. 39, 40, 44).
NRV	M. San Nicolò, A. Ungnad, Neubabylonische Rechts- und Verwaltungsurkunden (Band I und Glossar), Leipzig 1929–1937.
NRVN	M. Çığ und H. Kızılyay, Neusumerische Rechts- und Verwaltungsurkunden aus Nippur I, Ankara 1965.
Or(ientalia)	Orientalia. Commentarii periodici pontificii instituti biblici, Nova Series, Roma.
OR	oberer Rand.
P, (P)	PI, s. Glossar *pānu*.
Peiser (,Urkunden)	F. E. Peiser, Urkunden aus der Zeit der dritten babylonischen Dynastie, Berlin 1905.
Petschow, NPR	H. Petschow, Neubabylonisches Pfandrecht, Leipzig/Berlin 1956 (= Abh. d. Sächs. Akad. d. Wiss. zu Leipzig, Phil.-hist. Kl., 48,1).
RA	Revue d'Assyriologie et d'Archéologie Orientale, Paris.
RlA	Reallexikon der Assyriologie, Bd. I bis IV, hrsg. v. E. Ebeling, B. Meissner u. a., 1932ff.

RR	rechter Rand.
Rs	Rückseite.
S, (S)	SÌLA, s. Glossar *qû*.
Salonen, Hausgeräte	A. Salonen, Die Hausgeräte der Alten Mesopotamier I und II, Helsinki 1965, 1966 (= AASF B 139, 144).
Salonen, Hippologica	A. Salonen, Hippologica Accadica, Helsinki 1956 (= AASF B 100).
Salonen, Landfahrzeuge	A. Salonen, Die Landfahrzeuge des Alten Mesopotamien, Helsinki 1951 (= AASF B 72,3).
Salonen, Möbel	A. Salonen, Die Möbel des Alten Mesopotamien, Helsinki 1963 (= AASF B 127).
San Nicolò, Schlußklauseln	M. San Nicolò, Die Schlußklauseln der altbabylonischen Kauf- und Tauschverträge, München 1922 (= Münchener Beiträge zur Papyrusforschung und antiken Rechtsgeschichte H. 4).
ŠL	A. Deimel, Šumerisches Lexikon II 1–4, Rom 1928ff.
SLB (mit Bandzahl)	Studia ad tabulas cuneiformes collectas a F.M.Th. de Liagre Böhl pertinentia, Leiden 1952ff.
SSAW	Sitzungsberichte der Sächsischen Akademie der Wissenschaften zu Leipzig, Berlin.
Stamm (,AN)	J. J. Stamm, Die akkadische Namengebung, Leipzig 1939 (= MVAeG 44).
StOr	Studia Orientalia, edidit Societas Orientalis Fennica, Helsingfors/Helsinki.
Sumer	Sumer, a Journal of Archaeology and History in Iraq, Baghdad.
Symbolae ... Martino David	Symbolae Juridicae et Historicae Martino David dedicatae, tomus alter, Leiden 1968.
SZ	Zeitschrift der Savigny-Stiftung für Rechtsgeschichte, romanistische Abteilung, Weimar.
TCL (mit Bandzahl)	Musée du Louvre, Département des Antiquités Orientales, Textes Cunéiformes, Paris.
TCS (mit Bandzahl)	Texts from Cuneiform Sources, Locust Valley, New York.
TIM (mit Bandzahl)	Texts in the Iraq Museum, Wiesbaden/Baghdad.
TLB (mit Bandzahl)	Tabulae Cuneiformae a F.M.Th. de Liagre Böhl collectae, Leidae conservatae, Leiden.
Torczyner (,ATR)	H. Torczyner, Altbabylonische Tempelrechnungen, Wien 1913 (= Kaiserl. Akad. d. Wiss. in Wien, Phil.-hist. Kl., Denkschriften 55/II).
UAR	M. Schorr, Urkunden des altbabylonischen Zivil- und Prozeßrechts, Leipzig 1913 (= Vorderasiatische Bibliothek 5).
UET (mit Bandzahl)	Ur Excavations Texts, London.
UM (mit Bandzahl)	University of Pennsylvania, The Museum, Publications of the Babylonian Section, Philadelphia.
Ungnad, Glossar	A. Ungnad, Glossar (zu: NRV), Leipzig 1937.
Ungnad-San Nicolò, NRV	s. NRV.
UR	unterer Rand.
VAB 5	s. UAR.
VAT	Inventarnummern der Vorderasiatischen Abteilung der Staatlichen Museen zu Berlin.
VS (mit Bandzahl)	Vorderasiatische Schriftdenkmäler der staatl. Museen zu Berlin, Leipzig.
Vs	Vorderseite.
WdO	Die Welt des Orients, Göttingen 1947ff.
WZJ	Wissenschaftliche Zeitschrift der Friedrich-Schiller-Universität Jena. Gesellsch.- u. sprachwiss. Reihe.
ZA	Zeitschrift für Assyriologie und vorderasiatische Archäologie, Berlin.
ZZB	s. Edzard, ZZB.

KONKORDANZ

DER MITTELBABYLONISCHEN HS-TAFELN

(Die eingeklammerten Zahlen geben die Seitenzahl an)

HS	Nr.	S.	HS	Nr.	S.	HS	Nr.	S.
118	23	(67)	146	6	(22)	173 s. 163+		
119	20	(64)	147	27	(69)	174	58	(102)
120	24	(67)	148	36	(87)	175	Aro 19	
121	3	(16)	149	11	(36)	176	59	(102)
122	52	(101)	150	8	(24)	177	60	(102)
123	12	(40)	151	2	(14)	178	42	(92)
124	35	(87)	152	16	(53)	179	61	(102)
125	19	(64)	153	30	(77)	180	62	(102)
126	28	(72)	154	17	(54)	181	63	(102)
127	21	(65)	155	14	(45)	182 (nB)	Aro 40	
128	Aro* 12		156	69	(103)	183	64	(102)
129	38	(89)	157	Aro 13		184	65	(102)
130	26	(68)	158	51	(100)	185	66	(102)
131	29	(74)	158b	13	(41)	186	33	(85)
132	7	(23)	159	aB		187	Aro 20	
133	39	(90)	160	40	(90)	188 (aB)	Aro 35	
134	31	(80)	161	4	(18)	189 (aB)	Aro 37	
135	47	(95)	162	53	(101)	190	Aro 38	
136	Aro 13		163+173+192	32	(84)	191	46	(94)
137	18	(63)	164	50	(97)	192 s. 163+		
138	22	(66)	165	Aro 18		224b	67	(102)
139	9	(28)	166	54	(101)	738	25	(68)
140	34	(86)	167	45	(93)	2068	1	(11)
141	15	(51)	168	55	(101)	2167	49	(97)
142	15	(51)	169	43	(92)	2181	68	(102)
143	41	(91)	170	44	(93)	2391	10	(31)
144	5	(19)	171	56	(102)	2794	48	(96)
145	37	(88)	172	57	(102)	2887	25	(68)

* Aro = Jussi Aro, Mittelbabylonische Kleidertexte der Hilprecht-Sammlung Jena (SSAW, Phil.-hist. Kl., 115/2, Berlin 1970) (mit Seitenzahl).

I. RECHTSURKUNDEN

1. – HS 2068

Sklavenkauf

Dieser Sklavenkaufvertrag stammt wie der folgende HS 151 aus dem Archiv des Käufers Enlil-kidinnī, Sohn des Ninurta-nādin-aḫḫī, und ist – ebenso wie 151 – in dem Tafelverzeichnis dieses Archivs HS 155 (Nr. 14) auf Z. 10′ registriert. Siehe dazu des weiteren die Vorbemerkungen zu HS 151 (Nr. 2) und 155 (Nr. 14).

Der Schreiber Z. 35f. ist der gleiche wie in BE XIV 1, 27f., wo Z. 28 statt IGI wohl DUMU zu emendieren ist; der Zeuge Z. 25 findet sich auch in BE XIV 2,26 und HS 2391 (Nr. 10) Z. 25.

Wie in HS 151 (s. dort), BE XIV 1 und 7 sind auch hier dritte Personen die Zahler für Enlil-kidinnī, die erste von beiden ein Edelmetallschmied (Zahlungsgegenstand ist Gold), die zweite wohl dieselbe Person wie in BE XIV 1, 12, wo – allerdings ohne Filiation – ebenfalls ein ᴵ*I-na-é-kur-ra-bi* als „Zahler" des in Gold bezifferten, aber in Naturalien (Gerste) beglichenen Kaufpreises erscheint. Vgl. im übrigen die Bemerkungen zu Nr. 2 ad Z. 8, 9; 14; 15–21. – Beachtlich ist in unserer Tafel die Klausel Z. 22f., wonach derjenige (von den Vertragspartnern oder auch Dritte?) (vgl. unten Bem. zu Nr. 3 ad Z. 8ff.), der den vorliegenden Vertrag „ändert" (d. h. ihn anficht oder gegen ihn verstößt), vier Jungen – also das duplum des Vertragsgegenstandes – (als Strafe) „geben" muß, und zwar demjenigen Vertragsteil, gegen den sich der Verstoß bzw. die Anfechtung richtet.

Die erhaltenen, auf nur knapp 7 Jahre zusammengedrängten (17. bis 24. Jahr des Königs Burna-Buriaš = ca. 1359 bis 1352 v. Chr.) Sklavenkaufverträge des Enlil-kidinnī-Archivs gewähren auch einen gewissen Einblick in die zeitgenössischen Preis„tarife" auf dem Sklavenmarkt. Sie betragen in den Jahren 17 und 18 des Königs zwischen 6 und 10 Sekel Gold für einen männlichen Sklaven, differenziert nach dem Lebensalter: für einen GURUŠ TUR „jungen Mann" 6 und 8 Sekel (HS 2068; Jahr 17, wobei zwischen beiden hier verkauften Sklaven entsprechend dem Preisunterschied ein wesentlicher „Qualitäts"- oder Altersunterschied bestanden haben muß), für einen GURUŠ „(wohl: erwachsenen) Mann" 10 Sekel (ein Mann in HS 151, zwei Männer in BE XIV 7; Jahr 18). Für Frauen schwanken die Preise im 18. Jahre zwischen 7 und 8 Sekel Gold (fünf Frauen je 7 Sekel in BE XIV 7; 8 Sekel für eine Frau in HS 151); ein kleines Kind weiblichen Geschlechts kostet 3 Sekel Gold (BE XIV 7). Anscheinend etwas niedriger liegen die Preise im 23. und 24. Jahre des Königs: 5 Sekel (BE XIV 1; 23. Jahr) und 7 Sekel Gold (UM VIII/2, 162 Z. 3; 24. Jahr) für einen GURUŠ TUR „jungen Mann" (in UM VIII/2, 162 aber schon verheiratet); für Frauen 5 Sekel (in UM VIII/2, 162 Z. 1; eine ältere Frau, Mutter bzw. Schwiegermutter der beiden ebenda Z. 2 und 4 genannten jungen Frauen/Mädchen, SAL.TUR) und 6 Sekel Gold (ebenda Z. 2 und 4; die Z. 4 genannte junge Frau ist DAM „Ehefrau" des Z. 3 genannten jungen Mannes, so daß hier wahrscheinlich die Jungfräulichkeit des Mädchens keine oder nur eine geringe Rolle für die Preisgestaltung gespielt haben dürfte). Etwa 100 Jahre später kostet in BE XIV 128a (2. Jahr des Königs Šagarakti-Šuriaš, etwa 1254 v. Chr.) ein ganz kleines Mädchen, das von Mutter und Geschwistern verkauft wird, 9 Sekel Silber, also wertmäßig weniger als das Kind in BE XIV 7. Siehe auch unten S. 25 Anm. 1 sowie Text Nr. 7 Z. 6f.

Unsere Tafeln der Hilprecht-Sammlung liefern zu den bisher seltenen publizierten Belegen (vgl. BE XIV 1; Leemans, The Old-Babylonian Merchant (1950) 122; RA 60 (1966) 76 Ziff. 5) mehrere willkommene neue Nachweise für den *tamkāru* „Kaufmann" in kassitischen Rechtsurkunden: HS 2068 (Nr. 1, Sklavenkaufvertrag), 132 (Nr. 7, Sklavenkauf betreffend), 2391 (Nr. 10, einen flüchtigen Sklaven betreffend), 155 (Nr. 14, Urkundenregister) Z. 9′ (zu BE XIV 1), 10′ (zu HS 2068) und 41′ (vielleicht ebenfalls auf einen Sklavenkauf zu beziehen, bei dem der Verkäufer mit dem Kaufmann aus Z. 10′/HS 2068 personengleich gewesen sein könnte; falls letzteres nicht zuträfe, würde hier der Name eines weiteren *tamkāru* registriert). Leemans bemerkt, daß – von BE XIV 1 abgesehen – *tamkārū* in kassitischer Zeit bisher nur in „textes administratifs" erwähnt werden, woraus zu schließen sei, daß die kassitischen Kaufleute im wesentlichen im Handel in königlichen Diensten tätig wurden. Unsere Texte – insbesondere HS 132 (Nr. 7) – zeigen nun deutlicher, daß sie augenscheinlich daneben auch eigenen privaten Handel betrieben, insbesondere den Sklavenhandel, aber wohl auch Vieh- und Getreidehandel, da die Kaufpreise in BE XIV 1 und HS 132 an sie in Getreide und Vieh entrichtet werden.

1 GURUŠ TUR ^{I}*I-mé-ni-ze-en-ni*
ki 8 GÍN KÙ.GI
1 GURUŠ TUR {TUR}[1] ^{I}*Al-im-mi-ni* MAR.TU^{KI}
ki 6 GÍN KÙ.GI
KI ^{I}*Ra-i-mi* DUMU ^{I}*A-ḫi-iu-a*[2] DAM.GÀR
^{Id}*En-líl-ki-di-ni* DUMU ^{Id}*Nin-urta*-SUM-ŠEŠ^{MEŠ}
in-ši-in-šám
šám-til-la-bi-šè-ne-ne
14 GÍN KÙ.GI ^{Id}*Sîn*-NUMUN-SUM^{na}
DUMU ^{Id}*Sîn-muš-te-ši-ir* KÙ.DÍM
ù ^{I}*I-na-é-kur-ra-bi*
DUMU ^{I}*Ša-lim-pa-li-iḫ*-^{d}IM
in-na-an-lá-e-meš[3]
u$_4$-me-da u$_4$-da-egir-bi-šè
^{I}*Ra-i-mu-um* ŠEŠ^{MEŠ}-*šu* DUMU^{MEŠ}-*šu*
a-na ^{I}*I-me-en-ni-ze-na*
ù a-na ^{I}*Al-im-mi-ni*
KA nu-um-gá-gá-a
KA nu-um-gi$_4$-gi$_4$-dè
Rs MU *Anu* ^{d}*En-líl* ^{d}*Nin-líl* ^{d}*Nin-urta* ^{d}*Nusku*
ù ^{d}*Bur-ra-bu-ri-ia-aš* LUGAL(!) *za-kir*
ša da-ba-ba an-na-a in-nu-ú
4 DUMU^{MEŠ} *i-nam-din*
IGI ^{Id}AMAR.UTU-*lí-su* DUMU ^{I}*Iz-kùr*(?)-x-(x-)x
IGI ^{I}*Ú-ba-lí-su*-^{d}AMAR.UTU DUMU ^{I}*I-lu*(!)-*ni*
IGI ^{I}*E-dam-mu-ú-um* DUMU ^{Ii}DÙ-^{d}*Nin-urta*
IGI ^{Id}*Sîn-kára-bi-iš-me* DUMU ^{I}AN-x-x x x (x x)
IGI ^{I}*Ri-iš*-KA-*šu-i-na-é-kur* DUMU ^{I}*I-ba-aš-ši*-DINGIR
IGI ^{I}*Ar-ka-at*-DINGIR-SIG$_5$ DUMU ^{I}*I-na-é-kur-ba-laṭ*
IGI ^{I}*I-qí-ša*-^{d}AMAR.UTU DUMU ^{I}*Ka-dáš-man-saḫ*
IGI ^{I}*Ša-ga-rak-ti*-^{d}*En-líl* DUMU ^{I}*Ḫaš-mar*
IGI ^{Id}AMAR.UTU-*za-kir-šu-mi*
DUMU ^{I}*Ba-na-a-ša*-^{d}*En-líl*
IGI ^{Id}*Nin-urta-mu-ba-lí-iṭ* DUMU ^{Id}*Nusku-ni-šu*

IGI ^{Id}AMAR.UTU-*lí-su* DUB.SAR
DUMU ^{Id}*Nin-urta-ra-im*-NUMUN

---

^{ITU}ZÍZ.A UD *16*.KAM
MU *17*.KAM ^{d}*Bur-⟨ra-⟩bu-ri-ia-aš*
[x GÍ]N KÙ.GI ḫuš-a gar-ra
[UMB]IN ^{d}*Nusku-ra-mu-na-an* GIM^{ma}
OR ^{NA_4}KIŠIB ^{I}*Ra-i-mi*(!)
LR ^{NA_4}KIŠIB lú-inim-inim-ma íb-ra-aš

Keine Siegel- oder Nagelabdrücke.

1 Dittographie? Vgl. aber die leider an der entsprechenden Stelle teilzerstörte und schwer lesbare Tafel HS 164 (Nr. 50) Rs 7. 2 In HS 155 (Nr. 14) Z. 11′ geschrieben ^{I}*A-ḫi*-IA-*ú-a*; derselbe Kaufmann wohl auch als Sklavenverkäufer in HS 155, 41′f., dort allerdings mit Vollnamen und wieder etwas anderer Schreibung des Vatersnamens: ^{Id}*En-lil-ra-im-ni-ši-šu* DUMU ^{I}*A-ḫi*-IA-*e-a*. 3 Ob die Verbalform (vgl. MSL V 27,246) auch hier – wie gelegentlich in altbabylonischer Zeit – fehlerhaft für das Präteritum steht, ist zweifelhaft mit Rücksicht auf die ungewöhnliche, mir sachlich nicht klare Klausel in Z. 39. Falls letztere sich auf eine Abschlagszahlung oder eine Verpfändung (gar. ra) einer (kleinen) Menge roten Goldes für die Kaufpreisforderung bezieht, wäre der Kaufpreis noch nicht bezahlt gewesen und die Präsens-Futurform ernst zu nehmen, so daß wir hier den sonst ungewöhnlichen Fall eines Kreditkaufs nach dem normalen Kaufformular vor uns hätten.

Einen jungen Mann, Imennizenni,
für acht Sekel Gold,
einen jungen Mann, Al'immini (aus) Amurru,
für sechs Sekel Gold,
hat von Rā'imu, dem Sohne des Aḫijua, dem Kaufmann,
Enlil-kidinnī, der Sohn des Ninurta-nādin-aḫḫī,
gekauft.
Als vollen Kaufpreis für sie
haben (!) 14 Sekel Gold Sîn-zēra-iddina,
der Sohn des Sîn-muštēšir, der Gold- und Silberschmied,
und Ina-Ekur-rabi,
der Sohn des Šalim-pāliḫ-Adad,
ihm dargewogen (! Text: werden darwägen).
Daß immer für alle Zeit/Zukunft
Rā'imum, seine Brüder (und) seine Söhne
hinsichtlich des Imennizenni
und hinsichtlich des Al'immini
nicht klagen werden,
daß sie auf die Angelegenheit nicht zurückkommen werden,
Rs ist bei Anu, Enlil, Ninlil, Ninurta, Nusku
und König Burna-Buriaš geschworen worden.
Wer diesen Vertrag ändert,
wird vier Jungen geben.
Vor Marduk-līssu, Sohn des Izkur-x;
vor Uballissu-Marduk, Sohn des Iluni;
vor Edammûm, Sohn des Ibni-Ninurta;
vor Sîn-karābī-išme, Sohn des A.;
vor Rīš-pīšu-ina-Ekur, Sohn des Ibašši-ilu;
vor Arkāt-ili-damqā, Sohn des Ina-Ekur-balāṭ;
vor Iqīša-Marduk, Sohn des Kadašman-Saḫ;

vor Šagarakti-Enlil, Sohn des Ḫašmar;
vor Marduk-zākir-šumi,
Sohn des Banâ-ša-Enlil;
vor Ninurta-muballiṭ, Sohn des Nusku-nīšu;
vor Marduk-līssu, dem Schreiber,
Sohn des Ninurta-rā'im-zēri.

Den 16. Šabāṭ (= XI.),
Jahr 17 des (Königs) Burna-Buriaš.
[x Sek]el rotes Gold ist „gesetzt".
[Fingerna]gel des N. anstelle
OR des Siegels des Rā'imu.
LR Das Siegel der Zeugen haben sie abgerollt.

2. – HS 151

Sklavenkauf

Der Käufer beider Sklaven ist identisch mit dem Käufer in den Sklavenkaufurkunden HS 2068 (Nr. 1), BE XIV 1 (Burna-Buriaš Jahr 23) und 7 (Burna-Buriaš Jahr 18) (= HG III 433; 434). Die letztgenannte Urkunde über 8 Sklaven ist nur wenig über einen Monat, HS 2068 zehn Monate älter als die vorliegende Tafel. Name und Vatersname des Käufers sind gleich denen der zeitgenössischen GÚ.EN.NA von Nippur; es dürfte wohl Personengleichheit vorliegen. Zu jenen GÚ.EN.NA s. zuletzt Sollberger, JAOS 88 (1968) 191f.; Landsberger, Brief 76/77; zum Amte des Vizekönigs und Statthalters von Nippur ebenda 75ff. In allen obigen vier Fällen erfolgt die Regulierung der in Gold bezifferten Kaufpreise durch Dritte als Zahler für den Käufer, die wohl zu seinem Personal oder seiner Klientel gehören. Die „Zahlung" geschieht meist in Naturalien anstelle des Goldes: in Getreide in BE XIV 1; in Getreide, Vieh und Wolle in BE XIV 7; in Getreide und Wolle in der vorliegenden Urkunde. Der „Zahler" der Wolle ist in BE XIV 7, 22f. ein Ibni-Amurru, wohl derselbe wie in Z. 12f. unserer Tafel. Der Wert der Wolle differiert in beiden zeitlich einander nahestehenden Fällen allerdings erheblich: 80 Minen (= ca. 40 kg) Wolle = 5 Sekel Gold in BE XIV 7, 22 gegenüber 60 Minen (= ca. 30 kg) zu 6 Sekel Gold hier. Zu den Zahlern in HS 2068 (Nr. 1) s. Vorbemerkungen dort.

Der Urkundenschreiber in Z. 28f. ist auch am Vertrage BE XIV 7, 32 als Zeuge Nr. 2 mitbeteiligt.

Die vorliegende Urkunde ist registriert in dem Urkundenverzeichnis HS 155 (unten Nr. 14) Z. 36′f.; s. dort Vorbemerkungen.

GURUŠ ^{I}*A-di-ma-ti*-DINGIR ŠÁM *10* GÍN KÙ.GI
^{f}*I-na-Uruk*^{KI}*-šar-ru-sà* ŠÁM *8* GÍN KÙ.GI

ŠU.NIGÍN *2 a-wi-lu-tu$_4$* ŠÁM *18* GÍN KÙ.GI
sag-gemé-arad-ne-ne *ša* ^{I}*Muš-te-ši-im-*^{d}IM
DUMU ^{I}È*-a-na-*ZALÁG-^{d}IM KI $^{(I)}$*Mu-uš-te-⟨ši⟩-im*^{d}IM
DUMU ^{I}È*-a-na-*ZALÁG-^{d}IM {DUMU ^{I}È*-a-na-*^{d}IM}[1] lugal-e-ne-ne
^{Id}*En-lil-ki-di-ni* DUMU ^{Id}*Nin-urta*-SUM-ŠEŠ.ŠEŠ
in-ši-in-šám
šám-til-la-ne-ne-bi-šè

20[+(x · *10*)] + *3* [+ x] G[U]R ŠE.[B]AR ŠÁM *12* G[ÍN] K[Ù].GI
^{Id}[A]MAR.UTU-*lí-su* DUMU ^{I}*Ì-lí-a-a-[b]a-aš i-din*
1 GUN SÍG$^{ḪI.A}$ ŠÁM *6* GÍN KÙ.GI
^{I}*Ib-ni-*^{d}MAR.TU in-lá
u$_4$-me-da u$_4$-a-ga-bi-šè
^{I}*Mu-uš-te-ši-im-*^{d}IM šeš-ne-ne
ibila-ne-ne a-na-me-a-bi
a-na ^{I}*A-di-ma-ti-*DINGIR *ù* ^{f}*I-na-Uruk*^{KI}*-šar-ru-sa*
KA nu-um[2]-gá-gá KA nu-gi$_4$-gi$_4$-da-aš
mu *Anu ù* ^{d}*En-líl* ^{d}*Nin-urta* ^{d}*Nusku*
ù Bur-ra-bu-ri-ia-aš
ur-bi in-p[à]d-[d]è-me[š]
Rs IGI ^{I}LÚ-*ba-nu-ú* DUMU ^{I}*A-ḫu-ni* šeš-a-ni
IGI ^{I}UD-*šú*-ZALAG^{ír} DUMU ^{I}*Ú-nu-ti*
IGI ^{I}*Ḫu-un-zu-ú* DUMU ^{I}*Ba-na-ni-i*
IGI ^{I}*Ib-ni-*^{d}AMAR.UTU DUMU ^{I}*Ba-'i-lu$_4$*
IGI ^{Id}IM-ḪÉ.GÁL DUMU ^{I}*Im-me-ri*
IGI ^{I}*I-na-é-kur-*GAL DUMU ^{Id}*En-líl*-DI.KU$_5$ $^{L[Ú]}$NAGAR
IGI ^{Id}AMAR.UTU-KUR-UKÙ-*šu* DUMU ^{I}*Kab-ta-iri-ba*
DUB.SAR

---

^{ITU}GAN.GAN.È UD *14*.KAM
MU *18*.KAM *Bur-ra-bu-ri-ia-aš*
LUGAL.E
^{NA_4}KIŠIB *M[u]š-t[e]-š[i]-i[m]-*^{d}IM
^{NA_4}KIŠIB lú-inim-inim-ma-e-ne

Letztes Drittel der Rs unbeschrieben.
Keine Nagel- oder Siegelabdrücke.

[1] Dittographie. [2] Tafel: um-nu, statt richtig nu-um (so in HS 2068 = Nr. 1 Z. 18).

Einen Mann (Sklaven), Adi-mati-ilī, Kaufpreis 10 Sekel Gold,
(eine Frau,) Ina-Uruk-šarrussa, Kaufpreis 8 Sekel Gold,

---

zusammen zwei Leute, Kaufpreis 18 Sekel Gold,
Sklaven des Muštešīm-Adad,
5 des Sohnes des Līṣi-ana-nūr-Adad, hat von Muštešīm-Adad,
dem Sohne des Līṣi-ana-nūr-Adad, {dem Sohne des Līṣi-ana-⟨nūr-⟩Adad,} ihrem Herrn,
der Enlil-kidinnī, der Sohn des Ninurta-nādin-aḫḫī,
gekauft.
Als ihren vollen Kaufpreis
11 hat [M]arduk-līssu, der Sohn des Ilī-ai-a[b]āš,
10/11 20 [+ (x · 10)] + 3[+ x] K[o]r Ger[s]te, Kaufpreis 12 Se[kel] G[o]ld, gegeben (und)
12/13 1 Talent Wolle, Kaufpreis 6 Sekel Gold, hat Ibni-Amurru dargewogen.
Immer für alle Zeit/Zukunft werden
15 Muštešīm-Adad, seine Brüder (und)
seine Erbsöhne, soviele es sein mögen,
hinsichtlich des Adi-mati-ilī und der Ina-Uruk-šarrussa
nicht klagen; daß sie nicht auf die Angelegenheit zurückkommen werden,
haben sie bei Anu und Enlil, Ninurta, Nusku
20 und (König) Burna-Buriaš

zusammen gesch[wo]r[e]n.
Rs Vor Amīlu-banû, dem Sohne des Aḫūni, seinem (Halb-?)Bruder;
vor Aṣûšu-namir, dem Sohne des Unutu;
vor Ḫunzû, dem Sohne des Bananī;
vor Ibni-Marduk, dem Sohne des Ba'ilu;
vor Adad-ḫegal, dem Sohne des Immeru;
vor Ina-Ekur-rabi, dem Sohne des Enlil-dajjān, dem Zimmermann;
vor Marduk-šadî-nišīšu, dem Sohne des Kabta-irība, dem Schreiber.

Den 14. Kislīm (= IX.),
Jahr 18 des Königs Burna-Buriaš.
Siegel des M[u]št[e]šī[m]-Adad;
Siegel der Zeugen.

Z. 1: Zum Namen vgl. Stamm, AN 162.

Z. 8,9: Die altbabylonische graphische Differenzierung in Nippur zwischen **šám** (NINDÁ×ŠE) „kaufen" und **šám** (NINDÁ×ŠE+ÀM) „Kaufpreis" erscheint in BE XIV 1; 7; HS 2068 (Nr. 1) und hier nicht mehr zugunsten der einheitlichen Schreibung NINDÁ×ŠE+ÀM. Zu jener Differenzierung vgl. Poebel, BE VI/2 S. 3 Anm. 1; F. R. Kraus, JCS 3 (1951) 98 (für Isin); WdO 2 (1955) 121 Anm. 3 mit (seltenen) Belegen für Ur; Falkenstein, NG I (1956) 122 Anm. 1; vgl. auch z. B. ARN 5; 25; 26; 55; TIM IV 9–11; 18; 22–26; 54; und die Belege bei Poebel S. 3; 5 sowie aus der Jenaer Hilprecht-Sammlung die Kaufverträge HS 2075 (Rīm-Sîn 30); 2076 (Enlil-bānī); 2246 (Samsu-iluna 13); 2151/2 (Außen- und Innentafel; Samsu-iluna 28). Vgl. aber auch die Belege bei Goetze, JCS 18 (1964) 102ff. (Samsu-iluna 3–24) sowie Jena HS 2115/2121 (Hülle bzw. Innentafel; Ḫammurapi 42) stets mit NINDÁ×ŠE+ÀM.

Z. 14: In den altbabylonischen Urkunden und in BE XIV 1, 13 steht dafür **u$_4$-kúr-šè**; vgl. bei Goetze 102ff. und z. B. ARN 5; 25; 26; 64.

Z. 15f.: Wie in den altbabylonischen Urkunden aus Nippur, dort aber ohne **šeš-ne-ne**.

Z. 15–21: Vgl. vorläufig San Nicolò, Schlußklauseln 115 mit Anm. 53 (fehlerhaft).

Z. 23: Zum Namen Aṣûšu-namir vgl. Stamm 184 Anm. 7; Bottéro, Annuaire 1971/2 der École pratique des Hautes Études IVe section (1972) 88.

3. – HS 121

Kauf eines Jungstieres

1 GU$_4$.NINDÁ (*bīru*) MU *3* KUŠ-*šu* M[I]
ki-i 7 GÍN KÙ.BABBAR *it-ti*
^{I}SUM^{in}-^{d}*Sîn* DUMU ^{I}*Ib-ni-iš$_8$-tár*
^{I}*Ši-gu-u-^{d}Gu-la* **in-ši-šám**
šám-til-bi-šè
6 GUR ŠE.BAR *1* (BÁN) Ì.GIŠ ^{GIŠ}BÁN *5* SÌLA
id-di-in
GU$_4$ *ip-pa-qar-ma*
2 GU$_4$^{MEŠ} ^{I}SUM^{in}-^{d}*Sîn*
i-ta-nap-pal

IGI ^{I}*Kal-bu* DUMU ^{I}*Ne-si*-DINGIR
IGI ^{Id}IM-MU-APIN^{iš}
DUMU ^{Id}IM-*mu-šal-lim*
[I]GI ^{I}*Ba-la-ṭa*

UR DUMU ^{I}SUM^{in}-^{d}*Nin-urta*(?)
Rs [IGI] ^{Id}*Nin-urta-mu-bal-liṭ*
[^{I}]TI-*su*-^{d}AMAR.UTU
$^{[I]TU}$GU$_4$.SI.SÁ UD *29*.KAM
[M]U *3*.KAM *Ku-dur-*^{d}*En-líl*
LUGAL.E
UMBI[N ^{I}SUM^{i}]^{n}-^{d}*Sîn*
GIM ^{N}[^{A_4}KIŠIB-]*šu*
Auf dem rechten Tafelrand Reste von
3 [+ *2?*] *Fingernagelabdrücken.*

Einen dreijährigen Jungstier, sein Fell ist schw[arz][1],
hat für 7 Sekel Silber von
Iddin-Sîn, dem Sohne des Ibni-Ištar,
Šigû-Gula gekauft.
Als seinen vollen Kaufpreis
hat er 6 Kor Gerste (und) 1 Seah Sesamöl, (gemessen im) Seah-Maß(e) (zu) 5 Qa, gegeben.
Wenn das Rind vindiziert wird,
wird Iddin-Sîn jeweils zwei Rinder
erstatten.

Vor Kalbu, dem Sohne des Nesi-ilī;
12/13 vor Adad-šuma-ēriš, dem Sohne des Adad-mušallim;
14/15 [v]or Balāṭa, dem Sohne des Iddin-Ninurta(?);
Rs [vor] Ninurta-muballiṭ,
[dem Sohne des](?) Uballissu-Marduk.
Den 29. Ajjar (= II.),
19/20 [J]ahr 3 des Königs Kudur-Enlil.
21 Fingern[agel des Iddi]n-Sîn
anstelle seines S[iegel(abdruck)s].

Z. 1: Zur Klassifizierung von Rindern nach Geschlecht und Alter Landsberger, MSL VIII/1 41, 283; 61ff.; 70; mittelbabylonisch 66, 76f.; Landsberger & Gurney, AfO 18 (1957/8) 331, 320ff.; F. R. Kraus, Viehhaltung 19f.; 43; mittelbabylonisch s. auch z. B. BE XIV 99a, dazu Torczyner, ATR 34ff. (42); HS 132 (unten Nr. 7); für neubabylonische Zeit San Nicolò, Or 18 (1949) 302ff.; für Ur III neuerdings Gelb, JCS 21 (1967) 64ff.

Z. 8ff.: Für den Fall des *paqāru* „Vindizierens" verspricht der Verkäufer das duplum der Kaufsache, das heißt für den Fall, daß der Käufer die Kaufsache dadurch verlieren sollte, daß in Zukunft jemand mit Erfolg Rechte daran geltend machen wird. Entsprechend ist auch in dem Kindeskauf BE XIV 128a (= HG III 435; vom 9.2.2. J. des Šagarakti-Šuriaš) in den fragmentarischen Z. 18 bis 20 eine gleichartige Eviktionsklausel zu ergänzen:

(*18*) *sinništu ṣe-ḫe-er-tu₄ ip*[*-pa-qar-ma*] (*19*) *2 sinnišāte ṣe-ḫe-re-ti V*[$_1$ *V*$_2$(*?*) *u V*$_3$(*?*)] (*20*) ^{f}*Ia-ú-ta i*[*tanappal*(*u*)] „Wenn das kleine Mädchen vi[ndiziert wird], [wird/werden(?)] zwei kleine Mädchen der V(erkäufer)[$_1$ und V$_2$ und V$_3$ (?)] der (Käuferin) Ja'ūtu j[eweils erstatten]";

vgl. schon Oppenheim, Analecta Orientalia 12 (1935) 268f.; Petschow, SZ 76 (1959) 67 Anm. 98, ebenda zum neubab. Befund; CAD Ṣ 185, 4b; für Ur III Wilcke, WdO 4 (1968) 159 zu NRVN 227. S. auch unten Nr. 11 Vorbemerkungen. Ebenso jetzt auch mit noch deutlicherer Formulierung in den Kaufurkunden des späten 13. Jh. aus Ur UET VII 21; 22; 33 und 34, z. B. Nr. 21 Rs 4ff.: LÚ TUR *ip-pa-qar-ma ša* 1 LÚ TUR (5) 2 LÚ TUR^{MEŠ} PN$_1$ PN$_2$ *ù* PN$_3$ *kát-tu-ú* K *i-ta-nap-pa-lu* „wenn der junge Mann vindiziert wird, werden für einen jungen Mann zwei junge Männer (die Verkäufer) PN$_1$ (und) PN$_2$ und der Garant PN$_3$ dem K(äufer) ersetzen"; analog 22 (teilzerstört) und die Viehkäufe 33 Rs 7ff. und 34 Rs

[1] Vgl. CAD Ṣ 77 links Z. 16 von unten.

8ff. S. auch schon oben Nr. 1 (HS 2068) Z. 23; ebenso erscheint das duplum auch in den etwa zeitgenössischen Sklavenkaufverträgen aus Nuzi. S. auch Peiser 138.

Zur Zahl der Nagelabdrücke vgl. BE XIV 128a (für die drei Verkäufer je fünf Eindrücke).

Der Kaufpreis von 7 Sekeln Silber wird nicht in „Geld“, sondern – wie in dieser Zeit häufig und z. B. auch in HS 132, 151 und 161 (Nrn. 7; 2; 4) – in Naturalien entrichtet. Ihr Kurs entsprach hier offensichtlich einem „Normalkurs“ von 1 Seah Sesamöl = 1 Sekel Silber (ebenso noch etwa acht Jahre später in BE XIV 128a Z.13) und 1 Kor Gerste ebenfalls = 1 Sekel Silber.

Hier und im folgenden wird die bisher gängige Deutung von Ì.GIŠ als „(gutes) Sesam-Öl“ (vgl. AHw 205 „*ellu(m)* II“; CAD E (1958) 106 „*ellu* B“) und ŠE.GIŠ.Ì als „Sesam“ übernommen; zum jetzt umstrittenen, hier nicht klärbaren Problem, ob ŠE.GIŠ.Ì „Lein(samen)“ bedeutet, s. die unten S. 54 zitierte Lit.

4. – HS 161

Kauf eines Möbelstücks

1 ^{GIŠ}x SAG.DU *bu-ra-šu*
kab-lu$_4$ *ù gi-il-tu-ú*
GIŠ *ša-ak-ku ki-i 2* GÍN KÙ.GI
it-ti ^{I}*Ta-ri-ba-*^{d}*Gu-la*
[DUM]U ^{I}*Bé-la-ni* ^{Id}AMAR.UTU-DÙ
[DUMU] ^{Id}I[M-*š*]*e-mi* in-še-šám
[šám-til-]la-bi-šè

[x x x (x) ^{GIŠ}BÁ]N(?) *5* SÌLA *ki-i 1* G[ÍN(?) x x]

Textlücke

Rs [IGI(?) ^{I}x] x x[
[DUMU(?) ^{I}]*Ḫa*-GI[R/BU[R
[IG]I ^{I}ṢUM-[
[DU]MU ^{Id}*Sîn-mu-ša*[*l-lim*]
IGI ^{I}EN-*ú-sa-t*[*u*$_4$]
DUMU ^{I}*Sa-ni-ni*

---

^{ITU}BÁR UD *15*.KÁM MU *6*.KÁM
Kaš-til-li-ia-šú
UMBIN ^{I}*Ta-ri-ba-*^{d}*Gu-la*
GIM $^{\text{NA}_4}$KIŠIB-*šú*

Nur etwa die obere Hälfte der Tafel ist erhalten; der abgebrochene Rest fehlt.

Ein Tisch(?), (dessen) Platte (aus) (phönizischem) Wacholderholz
(und dessen) Füße und Stangen
(aus) *šakku*-Holz (sind), hat für zwei Sekel Gold
von Tarība-Gula,
[dem Soh]ne des Bēlānu, Marduk-ibni,
[der Sohn des] Ad[ad-š]ēmi, gekauft
zu seinem [voll]en [Kaufpreise].

[(gemessen im) Sea]h-[Maß(e) (zu)] (?) 5 Qa für 1 Se[kel Gold(?)]

Textlücke

Rs [vor(?)] x x [
[dem Sohne des (?)] Ḫa-x-[
[vo]r Iddin(?)-[
[dem So]hne des Sîn-muša[llim];
vor Bēl-usāt[u], dem Sohne des Saninu.

Den 15. Nisan (= I.), Jahr 6
des (Königs) Kaštiliaš.
Fingernagel des Tarība-Gula anstelle seines Siegels.

Z. 1: Das auf GIŠ folgende, stark verdrückte Zeichen ist schwer leserlich, vielleicht NÁ *eršu* „Bett" (so Aro bei A. Salonen, Möbel 224: „^{GIŠ}NA$_2$.SANG.UŠ(?)") oder wohl eher BANŠUR *paššūru* „Tisch". Zu *qaqqadu* (SAG.DU) als Teil des Tisches vgl. *qaqqad paššūrē* (SAG.DU BANŠUR$^{\text{MEŠ}.e}$) bei Gurney & Finkelstein, The Sultantepe tablets I (1957) 41, 21; Gurney, Anatolian Studies 7, 128, 21 („table top"); AHw 846 „*paššūru* 5)" („Tischplatten(?)").

Z. 2: Zu *kablu* und *gištû/giltû* als Teilen von Möbeln vgl. UM VIII/2, 159,5f. (beim Tisch); AHw 246 („*eršu* IV"); 293f.; 417; 845/6 „*paššūru* 5)"; Salonen 200; derselbe, Hausgeräte II (1966) 390; 391 mit Lit. – Zu *šakku/ū*-Holz Salonen, Möbel 224 („eine Art Holz"; unser Text einziger Beleg); 228, 27. Oder fehlerhaft für *šakkullu*-Holz (vgl. AHw 246 s. v. „*eršu* IV")?

Z. 5: Zur Lesung *Marduk-ibni* (nicht *-īpuš*) Stamm, AN 193 Anm. 4.

Nach Z. 7 ist der Trennstrich zu beachten: anscheinend gehört hier die Phrase [šám-til-]la-bi-šè nicht zur Preiszahlungs-, sondern zur Kaufklausel, wie in den frühneubabylonischen Immobiliarkaufurkunden NRV 45 und 46 (*i-šam* ŠÁM.TIL.LA.BI.ŠÈ). Die formale Einteilung der Tafel – Trennstrich nach [šám-til-]la-bi-šè – findet sich auch in den etwas jüngeren mittelbabylonischen Vieh- und Sklavenkaufurkunden aus Ur UET VII 21,7 (in-šám *a-na* šám-til-la-bi-šè); 34,4f. (*il-qé a-na* šám-til-la-bi-šè); 33,8ff. (in(?)-ši-šám *a-na ši-mi-ša gam-ru-ú-ti*).

Z. 8: Der Kaufpreis wird auch hier in Naturalien (Getreide oder Sesam(öl)), nicht in Gold entrichtet. Das Möbelstück ist bei einem Kaufpreis von 2 Sekeln Gold ziemlich wertvoll.

5. – HS 144

„Mobiliarkauf"

[*1* ^{GIŠ}KA]K+QA
[*i-n*]*a ma-ga-ri-ša*
[*d*]*u-ul-li* ^{LÚ}NAGAR
la ra-ak^{1}*-su*
ki 12 GÍN KÙ.BABBAR
^{I}*Si-iu-tu*$_4$
DUMU ^{Id}IM-*še-mi*
it-ti ^{I}BA$^{\check{s}\acute{a}}$-^{d}IM ^{LÚ}NAGAR
i-ša-am
šám-til-la-bi-šè
1 TÚG *up-pu-su ki 5* ⟨GÍN⟩^{2} KÙ.BABBAR
Rs *1* ^{TÚG}GÚ.È *ki 2* ⟨GÍN⟩^{2} KÙ.BABBAR
1 UDU.N[I]TÁ *ki 2* GÍN KÙ.BABBAR
3 (GUR) *2* (BÁN) ŠE.BAR ^{GIŠ}BÁN *6* SÌLA
1 ^{GIŠ}GU.ZA *ḫar-*[*r*]*a-ni*

1 ni-i-rù i-na i-siḫ-ti-šu
3 bu-ba-tu$_{4}$
1 iš-tu-ḫu
an-nu-ú-[t]u(?) maḫ-rù
20 AN.NA *i-nam-din-ma*
1 (GUR) *1* (PI) ŠE.BAR ÍB.TAG$_{4}$ ŠÁM-*šu*
[*i*]-*ma-ḫar*
[IGI] ^{I}*Ḫu-un-nu-bu*
[IGI] ^{I}LÚ-^{d}*En-líl*
OR [IG]I ^{I}EN-BA^{šá} DUB.S[A]R
26 [UM]B[IN] ^{I}BA^{šá}-^{d}IM
[GIM] $^{\mathrm{NA_4}}$KIŠIB-*šu*
LR ^{ITU}DU$_{6}$.KÙ UD *26* MU *2*[.KÁM]
^{d}*Ka-dáš-man-*^{d}*En-líl* [LUGAL.E (?)]

RR *5 parallel nebeneinander stehende Nagelabdrücke.*

[1] Hinter *ak* Rasur und ein stehengebliebener Keil. [2] Wegen Platzmangels weggelassen; vgl. dagegen Z. 13.

1/2 [1 *sapar*]*ru*-Wagen [mitsa]mt seinen Rädern
3/4 – die Zimmermannsarbeiten sind (noch) nicht zusammengefügt (montiert) –
5 hat für 12 Sekel Silber
6/7 Sijūtu, der Sohn des Adad-šēmi,
8/9 von Iqīša-Adad, dem Zimmermann, gekauft
10 zu seinem vollen Kaufpreise.
1 *uppusu*-Gewand für 5 ⟨Sekel⟩ Silber,
Rs 1 *naḫlaptu*-Gewand (Mantel) für 2 ⟨Sekel⟩ Silber,
1 Schafb[o]ck für 2 Sekel Silber,
3 Kor 2 Seah Gerste, (gemessen im) Seah-Maß(e) (zu) 6 Qa,
15 1 Re[i]sestuhl,
1 Joch aus seinem (des Käufers?) zugeteilten (zur Verfügung gestellten) Material,
17/18 3 (Wagen-)Achsen, 1 Peitsche(nstiel):
(alle) die[s]e (Dinge) sind (bereits) in Empfang genommen.
20 Wenn er das Zinn geben wird,
wird [er] 1 Kor 1 Pānu Gerste (als) Rest seines Kaufpreises
empfangen.
23/4 [Vor] Ḫunnubu, [vor] Amīl-Enlil (als Zeugen);
OR [vo]r Bēl-iqīša, dem Schrei[b]er.
[Finger]na[gel] des Iqīša-Adad
[anstelle] seines Siegels.
LR Den 26. Tašrīt (= VII.), Jahr 2
des [Königs(?)] Kadašman-Enlil.

Z. 11, 12: Zu TÚG *up-pu-su* und ^{TÚG}GÚ.È (*naḫlaptu*) s. Aro 27 bzw. 34 mit Belegen und Lit.; AHw 715 s. v. *naḫlaptu;* Birot 62 ad L.1 „manteau" mit Verweisen.

Z. 15: S. dazu MSL V 156, 79; A. Salonen, Hippologica 133 mit Verweisen. ^{GIŠ}GU.ZA und *nīru* bei *saparru*-Wagen TCL IX 50, 5; 11; 17.

Z. 16ff.: Zu *isiḫtu* vgl. BE XIV 124, 16; UM II/2, 93, 6; AHw 387 „Zuweisung"; CAD I/J 190f. „assignment, task, assigned working material". – Zu *bubātu* vgl. CAD B 303 links Z. 9; 14f. – Zu *ištuḫḫu* (neben *iltuḫḫu*) vgl. Salonen, Hippologica 152; AHw 402; CAD I/J 288.

Das Vertragsobjekt ist wegen der Textzerstörungen am Anfang der Zeilen 1 und 2 unsicher; nach den Restzeichen Z. 1[1] ist es vielleicht ein noch unfertiger (Z. 4: *lā ra-ak-su*) *saparru*-(Last-) Wagen. Für die obige Ergänzung von Z. 1 spricht – neben den Zeichenresten – TCL IX 50, wo für einen ^{GIŠ}KAK+QA (Z. 22) ebenfalls – wie in unserer Nr. 5, 16 – ein *ni-[r]i* „Joch" (Z. 17) als Teil eines *saparru*-Wagens erscheint.[2]

Ebenso wie die genaue Ermittlung des Vertragsobjekts ist auch die sachliche und rechtliche Situation nicht eindeutig. Der Text ist bisher in dieser Form – soviel ich sehe – singulär.

Prima facie scheint ein Kaufvertrag vorzuliegen.[3] Nach dem Wortlaut der Urkunde sind die in Z. 11 bis 18 aufgeführten Gegenstände[4] (bereits) empfangen (Z. 19: *maḫ-rù*). Da nicht anzunehmen ist, daß der Käufer Gewänder, Schafbock und Gerste empfangen hat, muß Empfänger der Verkäufer sein, und zwar auch hinsichtlich der Objekte von Z. 15 bis 18. Zweifelhaft ist aber dabei, ob letztere zum Kaufpreis gehörten oder etwa vom Käufer zum Einbau[5] in den Wagen mitgeliefert worden waren, zumal eine gewisse Wahrscheinlichkeit dafür besteht, daß die in Z. 14 verzeichnete Gerste wertmäßig mit etwa drei Sekeln Silber angesetzt worden sein könnte[6], so daß der Kaufpreis von 12 Sekeln Silber bereits durch die Objekte Z. 11 bis 14 voll gedeckt war. In jedem Falle scheint jedoch der Käufer einen unfertigen Wagen samt Rädern gekauft zu haben, andernfalls würde man statt des Vermerks in Z. 3/4 entweder gar keinen oder allenfalls einen Vermerk dahingehend erwarten, daß der Zimmermann die Zimmermannsarbeit noch vollenden wird.[7]

Auffällig ist, daß der Vertrag keine Vertragssicherungs- oder Eviktionsklausel enthält.

Für den Wagen fehlte anscheinend noch zur Fertigstellung Zinn. Wenn dieses vom Verkäufer nachgeliefert wird, soll er nach Z. 20ff. noch einen Posten Gerste – wertmäßig wohl einem Sekel Silber entsprechend – als „Kaufpreisrest" empfangen, also vom Käufer nachbezahlt bekommen.[8]

---

[1] Ebenso nach Z. 2 und 3 und vielleicht 16 bis 18.

[2] Weniger wahrscheinlich ist nach den Zeichenresten eine Ergänzung analog Peiser 135, 1 zu [*1 e-r*]*e-qa* „[1 Lastw]agen".

Zur Ergänzung von Z. 2 s. aber Peiser 135, 1: 1 ^{GIŠ}MAR.GÍD.DA *a-di ma-gar-ri*(?), ebenso AHw 575 s. v. „*magarru(m)*")-*ša*(?) „1 Lastwagen (*ereqqu*) mitsamt seinen Rädern".

Für die Ausrüstung(steile) eines Wagens, die einschlägigen Termini und den *naggāru* „Zimmermann" dabei s. TCL IX 50 (Personengleichheit mit Peiser 135, beide Tafeln sind also gleicher Herkunft); für kassitische Zeit im einzelnen dazu s. Balkan 127ff., 195, 36a (52)ff.

[3] Unklar ist, ob Z. 10 (šám-til-la-bi-šè) auch hier – wie vermutlich in Nr. 4 (s. dort Z. 7 mit Anm.) – mit *išām* zur Kaufklausel oder aber zur Quittungsklausel gehört.

[4] TÚG *up-pu-su* (Z. 11) ist – ebenso wie die Gegenstände in Z. 16 bis 18 – Subjekt zu *maḫ-rù* (Z. 19).

[5] Allerdings wäre hierbei kaum anzunehmen, daß zu diesem Zwecke eine Peitsche oder ein Peitschenstiel zum „Einbau" mitgeliefert worden wären; die drei mitgelieferten Wagenachsen müßten teils zum Einbau und teils als Entgelt bestimmt gewesen sein.

[6] Vgl. Nr. 3: 1 Kor Gerste = 1 Sekel Silber; Nr. 7 Z. 4: 1 Kor Gerste = $^1/_4$ Sekel Gold. Allerdings ist nicht auszuschließen, daß der Gerstebetrag doch aus irgendwelchem Grunde wertmäßig niedriger angesetzt worden war, und daß daher alle Objekte in Z. 11 bis 18 zum Entgelt gehörten.

[7] Sachlich würde man freilich am ehesten erwarten, daß die Objekte von Z. 11 bis 14 den Kaufpreis zugunsten des Verkäufers gebildet hätten (wie oben im Text bei Anm. 6) und die Gegenstände Z. 15 bis 18 (Wagenteile, -zubehör und „Reisestuhl") der Käufer zu dem unfertigen Wagen (bereits vorher – *maḫ-rù* –) erhalten hätte. (Darauf könnte der Vermerk in Z. 16 *i-na i-siḫ-ti-šu* hinweisen. Auch in TCL IX 50, 5; 22 erhält ein *naggāru* „Zimmermann" für einen *saparru*-Wagen und seine Bestandteile Hölzer *i-na i-si-iḫ-ti-ša* und nach Z. 8 Gerste und Wolle.) Hier müßte das *maḫru* in Z. 19 dahin verstanden werden, daß die Objekte Z. 11 bis 18 „wechselseitig" – Z. 11 bis 14 durch den Verkäufer, Z. 15 bis 18 durch den Käufer – empfangen worden wären. Andernfalls müßte angenommen werden, daß der Schreiber versehentlich nach Z. 14 das Wort *iddin* „er (der Käufer) hat gegeben" (vgl. Nr. 2, 11; Peiser 111, 7) ausgelassen hätte; überdies wäre TÚG *up-pu-su* unrichtig (vgl. oben Anm. 4). Dem Schreiber müßten also zwei Fehler unterlaufen sein, wobei der erstgenannte wohl durch den letzterwähnten verursacht worden wäre. Ob entsprechende Emendationen zulässig sind, muß dahingestellt bleiben.

[8] Zu AN.NA *annaku* „Zinn" für Wagen(teile) vgl. UM II/2, 93, 5f.; AHw 387 „*i/esiḫtu(m)*"; CAD A II 128, 6′.

6. – HS 146

Fragment eines Vertrages über ein Rind

1 GU$_4$ KUŠ.BI MI M[U](?) *2*(?) *ki*(?)-*i*(?)
2 GÍN KÙ.GI
KI ^{I}*Na-aḫ-zi*-^{d}[ ]
DUMU ^{I}*A-ra-ḫi-ma-ni*
5 ^{I}*Ki-rib-ti*-^{d}AMAR.UTU
DUMU ^{I}x – x (–x) – x – *di*

Rest der Vs und Anfang der Rs abgebrochen.

Rs *mu-še-ri-iš pi-ḫa-t*[*i*]
URU BÀD-^{d}*Sîn-mu-bal-liṭ*
3'/4' IGI ^{I}*Ku-ka-tu*$_4$ DUMU ^{I}EN-*šu-nu*
5' ^{I}x x PA x x x x x
URU(?) x [(x)] x
OR ^{ITU}NE.NE.GAR
MU *17*.KAM *Ka-dáš-man*-[*dur-g*]*u*
LR [UMBIN ^{I}]*Ki-rib-ti ki-ma*
10' [^{NA_4}KIŠI]B(?).BI
Hinter Zeile 10' drei parallele Nagelabdrücke.

Ein(en) Rind(/Ochsen) mit schwarzem Fell, zweijä[hrig](?), [hat] für(?)
2 Sekel Gold
von Naḫzi-[x],
dem Sohne des Araḫimannu,
5/6 Kiribti-Marduk, der Sohn des X.,
[empfangen(?)].

Textlücke

Rs [Vor(?) X.,]
(dem) Feldbauinspektor des Bezir[ks]
der Stadt Dūr-Sînmuballiṭ;
3'/4' vor Kukatu, dem Sohne des Bēlšunu;
5' X,
Stadt(?) . . . .
OR Monat Ab (= V.),
Jahr 17 des (Königs) Kadašman-[Turg]u.
LR [Fingernagel des] Kiribti anstelle
seines [Siegel]s(?).

Z. 4: Zum Namen *A-ra-ḫi-ma-ni* vgl. UM II/2, 84, 14: ^{I}*A-ri-ḫa-ma-nu*; er ist wohl identisch mit dem hurritischen Namen Ariḫ-ḫamanna; dazu Gelb, Purves and MacRae, Nuzi Personal Names, Chicago 1943, 25 mit Belegen: *A-ri-ḫa-ma-an-na, Ar-ḫa-ma-(an-)na, A-ri-(iḫ-)ḫa-ma-(an-)na*; 204.

Rs Z. 1': Hier wird ein „Feldbauinspektor des Bezirks der Stadt Dūr-Sînmuballiṭ" erwähnt, wohl als Zeuge. Zu *mušērišu* „Feldbauinspektor" s. AHw 683 mit weiteren Belegen; CAD G 121 links unten „superintendant of agriculture".

HS 146 ist ein bisher unpublizierter Beleg für das 17. Regierungsjahr des Königs Kadašman-

Turgu; s. dazu Röllig, HSAO 181 mit Anm. 25. Zu weiteren unpublizierten Belegen aus dem Jahre 17 s. Goetze, AfO 19, 199.

Die Art des vorliegenden Vertragstyps ist wegen der Lückenhaftigkeit der Tafel unsicher. Z. 1–6 der Vs deuten zunächst auf das Vorliegen eines Kaufvertrags, falls Z. 1 richtig gelesen ist. Andererseits scheint der Vs Z. 5 genannte Kiribti-Marduk – falls die Beischrift auf dem linken Tafelrande ebenfalls richtig ergänzt ist und der dort erscheinende Name Kiribti einen Kurznamen (oder Fehler) für jenen Kiribti-Marduk darstellt – seinen Nagelabdruck anstelle seines Siegels beigefügt zu haben. Er müßte also – nach allgemeinen Regeln über die Siegelung eines Vertrags durch eine Vertragspartei – entweder Verkäufer oder Empfänger des Rindes gewesen sein. Ersteres kommt nach der Formulierung des Vertragsfragments nur in Betracht, wenn eine Mehrheit von Verkäufern vorgelegen hätte, von denen Kiribti/Kiribti-Marduk der zweite gewesen wäre. Andernfalls müßte er Empfänger des Rindes und die Urkunde wohl eine Quittung gewesen sein. Letzterer Möglichkeit folgt hypothetisch die Übersetzung.

7. – HS 132

Auftrag zum Ankauf eines jungen Mädchens

1 GU$_4$ MU *3* *ki-i* *4* GÍN KÙ.GI
3 ÁB.GAL(?) *ki-i* *6* GÍN KÙ.GI
2 ÁB.GA *ki-i* *1* GÍN KÙ.GI
5 (GUR) ŠE.BAR *ki-i* *1* GÍN IGI.*4*.GÁL KÙ.GI
1 GÍR.GAG ZABAR *ki-i* $^1/_2$ GÍN KÙ.GI

PAP *10* ⟨+ *2*⟩[1] $^2/_3$ GÍN *15* ŠE KÙ.GI
a-na ŠÁM *1* SAL.TUR
i-na ŠU ^{I}ARAD-^{d}AMAR.UTU
^{Id}IM-*ma*-DINGIR DAM.GÀR
ma-ḫi-ir
Rs IGI ^{I}*Mu-dam-mi-qu*
DUMU ^{Id}UTU-*ki-na-i-di*
IGI ^{Id}*Sîn*-SUM-MU
DUMU ^{I}*Si-iu-ú-ti*
IGI ^{I}ARAD-^{d}KÙ.SÙ
DUMU ^{I}*U-bal-li-su*

17–19 ^{ITU}KIN.^{d}INANNA (18) UD *30*.KAM (19) MU *23*.KAM
Na-zi-ma-ru-ut-taš
^{NA_4}KIŠIB ^{Id}IM-*ma*-DINGIR

Schwach erkennbare Siegelabrollungen über die gesamte Tafel.

[1] Die zwei Einer fehlen versehentlich.

1 Rind/Ochse, dreijährig,	für 4 Sekel Gold,
3 Milchkühe	für 6 Sekel Gold,
2 Saug-Kuhkälber	für 1 Sekel Gold,
5 Kor Gerste	für 1$^1/_4$ Sekel Gold,
1 Bronze-Stilett	für $^1/_2$ Sekel Gold,

Summe: 10 ⟨+ 2⟩ $^2/_3$ Sekel 15 Korn Gold
hat zum Kaufen eines jungen Mädchens
aus der Hand des Arad-Marduk
der Adadma-ilu, der Kaufmann,
10 empfangen.
Rs Vor Mudammiqu, dem Sohne des Šamaš-kīna-īde;
13/14 vor Sîn-nādin-šumi, dem Sohne des Sijūtu;
15/16 vor Arad-Kusu, dem Sohne des Uballissu.

17/19 Den 30. Ulūl (= VI.), Jahr 23
20 des (Königs) Nazi-Maruttaš.
Siegel des Adadma-ilu.

Z. 1–2f.: Siehe dazu Landsberger, MSL VIII/1 65; 66; 70; 77; F. R. Kraus, Viehhaltung 43; 45; weiterhin Bem. zu HS 121, 1 (Nr. 3). Zur mB Lesung von ÁB.GAL als *burtu* statt *littu* s. MSL VIII/1, 77; CAD B 334 rechts unten; vgl. aber AHw 557/8 s. v. *lītu/littu.*

Z. 4: 1 Kor Gerste entspricht hier $^1/_4$ Sekel Gold, in HS 121 (Nr. 3) 1 Sekel Silber.

Z. 5: GÍR.GAG ZABAR = *karṣ/zillu* „Bronze-Stilett, Skalpell" s. Landsberger, MSL VII 161,48; 171,233; AHw 450 s. v.

Z. 7: ŠÁM kann das Verbum *šâmu* „kaufen" und das Substantiv *šīmu* „Kaufpreis" wiedergeben. Letzterenfalls stellt die Urkunde eine Kaufpreisquittung dar. Ersterenfalls ist dagegen das beurkundete Rechtsgeschäft als Kaufauftrag zu verstehen: Der Kaufmann Adadma-ilu erhält das Kaufpreisentgelt im voraus mit der Zweckbestimmung *ana šâm 1* SAL.TUR „zum Kaufen eines jungen Mädchens" und wird dadurch zur Lieferung einer Sklavin verpflichtet. Dafür spricht, daß der Name des Mädchens nicht genannt wird, offenbar weil er noch nicht bekannt war, da das zu liefernde Mädchen von dem Kaufmann erst erworben werden sollte. Trifft dies – wie wahrscheinlich – zu, so ist damit auch für das mittelbabylonische Recht die Rechtsfigur des Kaufauftrags belegt. Sie findet sich bereits in altbabylonischer Zeit in der vielbehandelten Urkunde UAR 105 über die Hingabe von Öl *a-na* ŠÁM „zum Kaufen" von „einwandfreien" Sklaven aus Gutium und neuerdings in dem Kaufauftrag VAT 1176 – veröffentlicht von Finkelstein, JNES 21 (1962) 75 – zum Ankauf eines subaräischen Sklaven „im Ausland", wo Z. 1/2 parallel zu unseren Z. 6/7 sind. Zeitlich unserer Tafel HS 132 nahestehend ist die *lišānu*-Urkunde aus Nuzi AASOR 16 Nr. 95 über den Auftrag zum Kauf einer „guten, ausgesuchten" Sklavin aus dem Lande Lullû[1] mit Vorauszahlung des Kaufpreises und „Geld"-Strafversprechen für jeden Tag der Überschreitung des vereinbarten Leistungstermins; die zugehörige Urkunde AASOR 16 Nr. 96 referiert die Übergabe der geschuldeten Sklavin mit beiderseitigem Klagverzicht und Defensionsgarantie des Beauftragten und zweier weiterer Garanten für den Eviktionsfall. – Zu SAL.TUR vgl. CAD B 174 links: „*batultu*(?)".

Z. 9: Zum kassitischen *tamkāru* „Kaufmann" s. Vorbem. zu Nr. 1. Der Kaufmann Adadma-ilu unserer Urkunde ist wohl identisch mit dem Adadma-ilu in BE XIV 51, 3 und 72, 4 (ebenfalls DAM.GÀR) und 12 aus den Jahren 9 bzw. 16 gleichfalls des Königs Nazi-Maruttaš.

Zum Namenstyp Adadma-ilu vgl. AHw 570 links Z. 9f.

8. – HS 150

Abwicklung eines Prozeßvergleichs

(Zwiegespräch)

Die Vorderseite der Tafel ist in der Mitte und im unteren Viertel fast ganz zerstört, ebenso die linke obere Ecke der Rückseite.

Das eigentliche Rechtsgeschäft der Urkunde findet sich in ihrem letzten Teil, beginnend in der Textlücke etwa Z. 15 bis 17; bis dahin wird die Vorgeschichte referiert. Nach ihr hatten T. (wohl als Kläger) und die Ehefrau M. wegen eines entlaufenen elamitischen Mannes Ḫ. (Z. 3f.) – wahr-

---

[1] Zur Bedeutung von Lullû s. Bottéro, RlA 4, 27 (esclaves, d'origine montagnarde).

scheinlich eines Sklaven – vor dem *ḫazannu* „Bürgermeister" von Nippur prozessiert. Der Grund der Klage ist uns unbekannt. Vielleicht hielt die Frau den Mann widerrechtlich verborgen oder hatte sie den Ausreißer an (den Kläger) T. verkauft; letzterenfalls hätte T. jetzt wohl eine Verkäuferhaftung für den Flüchtling geltend gemacht. Der Ehemann der M. tritt – soweit der Text erhalten ist – nicht neben seiner Frau auf; sie ist danach anscheinend allein geschäfts- und prozeßfähig. Offen bleibt, ob ein besonderer Grund dafür vorgelegen hatte, z. B. daß der Ehemann abwesend oder – weniger wahrscheinlich – bereits verstorben war.

Der *ḫazannu* prüfte *(ḫâṭu)* ihren Rechtsstreit und schickte die M. oder – wenn die nach Raum und Zeichenspuren möglichen Ergänzungen der teilzerstörten Z. 6–8 zutreffen – beide Parteien zum Flußordal. Soweit der zerstörte Text erkennen läßt, verweigerte jedoch anscheinend die M. das Ordal und einigt sich in dem in wörtlicher Rede wiedergegebenen Zwiegespräch mit T., diesem 5 Sekel Gold [1] zu zahlen. Nach Z. 14 ist sie aber nachher wohl zahlungsunfähig. An ihrer Stelle zahlt Qunnunu an T. (Z. 15ff.), wodurch die M. „(von ihrer Verpflichtung) freigemacht" wird.

Nach den Resten der Zeilenenden Z. 17 bis 19 scheint – wie in dieser Zeit häufig – die Zahlung jedoch in Naturalien erfolgt zu sein, der in Z. 17 genannt gewesene Betrag wohl in Getreide „im Seah-Maße zu 5 Qa". Z. 22ff. leisten der Empfänger und der Zahlende Klagverzichte: der befriedigte T. verspricht, daß er nicht mehr gegen die M. klagen werde, und Q. verspricht, daß er wegen des geleisteten „Silbers" nicht gegen den T. klagen werde. Der Gläubiger T. verzichtet mit seinem Klagverzicht auf seine Ansprüche gegen seine Schuldnerin M., die durch die Zahlung des Dritten (Q.) befriedigt worden sind. Der Grund für den prima facie auffälligen Klagverzicht des Q. gegen T. dürfte darin liegen, daß Q. – wahrscheinlich freiwillig ohne irgendeine rechtliche Verpflichtung dazu – „gezahlt" hatte, ohne selbst Schuldner zu sein. Er verzichtete damit – in modernem Sprachgebrauch ausgedrückt – auf etwaige „Ansprüche wegen ungerechtfertigter Bereicherung" gegen T. Daß dieser Klagverzicht des Q. ausdrücklich aufgenommen und anscheinend zum mindesten für zweckmäßig gehalten wurde, deutet darauf, daß bei einer Zahlung ohne rechtlichen Grund der zahlende Q. einen Rückforderungsanspruch gegen den Empfänger T. „wegen ungerechtfertigter Bereicherung" gehabt hätte.[3]

Formal interessant ist die Urkunde insofern, als bei der Schilderung der Vorgeschichte der Abschluß des Prozeßvergleichs in Zwiegesprächsform wiedergegeben wird und dabei dieselbe Terminologie (*qabû* „sprechen"; *šemû* „(er)hören") verwendet wird wie bei den meisten neubabylonischen Zwiegesprächsurkunden. Insofern bildet unsere Urkunde terminologisch und in der Schilderung des Prozeßvergleichs in Zwiegesprächsform einen mittelbabylonischen Vorläufer zu der neubabylonischen sogenannten Zwiegesprächsurkunde. Weiteres hierzu s. Bemerkungen und Exkurs zu HS 149 (Nr. 11).

Der vorliegende Text enthält den m. W. ältesten der bisher seltenen Belege für das Flußordal aus dem kassitischen Babylonien [2]. Falls die unten vorgeschlagenen Ergänzungen zutreffen, er-

---

[1] Der Betrag von 5 Sekeln Gold dürfte nach dem oben Vorbemerkung zu Nr. 1 Gesagten dem Werte des – vielleicht etwas älteren oder umgekehrt noch ziemlich jungen – elamitischen Sklaven von Z. 3 entsprochen haben; zu dem nach dem Lebensalter wechselnden Werte von Sklaven vgl. die neubabylonische Urkundengruppe Nbk 96; 117; 203; Nbn 300, dazu Petschow, NPR 108 Anm. 336.

[2] A. I. Lieberman verzeichnet in seiner Dissertation Studies in the trial by river ordeal in the ancient Near East . . . (1969) S. 122ff.; 140 Ziff. 4 (vgl. 2) zum Flußordal im 2. Jahrtausend v. Chr. für den kassitischen Bereich nur den im folgenden zu nennenden Kudurru BBSt 3. AHw 359b und CAD Ḫ 254f. s. v. *ḫursānu/ḫuršānu* (Flußordal(stätte)) bzw. *ḫuršānu* B führen neben Belegen für *ana ḫ. alāku* „zur Flußordalstätte gehen" für unsere Wendung *ana ḫ. šapāru* „zur Fl. schicken" nur Nuzi- und neubabylonische (darunter BBSt 9 IVa 4 aus der Zeit des Königs Nabû-mukīn-apli, 977–942 v. Chr.) Belege an, CAD Ḫ 255 links außerdem zwei mB Belege („UET 6, 53, 5′ und 8′; 6, 60, 6") (zu ^{d}ÍD s. CAD I/J 8 s. v. *id*, dazu W. G. Lambert, Iraq 27 (1965) 11); s. auch den mB Personennamen ^{I}*Ḫur-ša-an*-DI.KU$_5$ „Ḫuršānu ist Richter" in BE XV 115, 21.

[3] Anderer Fall Peiser 117; Verzicht eines in Gold für Getreide zahlenden Schuldners,

scheinen hier die Termini *ana ḫur-ša-an*[1] *šapāru* bzw. *alāku*. Offenbar wird das Ordal angeordnet zur „Findung des richtigen Rechts", weil sonstige Beweismittel nach der Prüfung durch den *ḫazannu* von Nippur nicht vorhanden oder ausreichend waren; jedenfalls erwähnt die Urkunde nichts von solchen. Leider läßt die Tafel wegen ihrer Zerstörungen an der entscheidenden Stelle nicht mit Sicherheit erkennen, ob beide Prozeßparteien oder nur die Verklagte(?) zum Ordal beordert werden. Die Verweigerung des Ordals durch die letztere hat eine Parallele in dem etwas jüngeren kassitischen Kudurru BBSt 3 V 4, wo das – dort vom König Meli-Šipak/Šiḫu[2] bestimmte – Flußordal verweigert wird *(ana ḫuršān lā illik)*. Die Verweigerung des Ordals führte nach unserer Urkunde zur freiwilligen(?) Zahlungsverpflichtung der Frau.

Bemerkenswert ist, daß im vorliegenden Falle im 9. Jahre des Königs Šagarakti-Šuriaš der *ḫazannu* „Bürgermeister" von Nippur einen Rechtsstreit entscheidet und das Ordal anordnet, also als Jurisdiktionsinstanz (kraft eigenen Rechts?) fungiert. In UM VIII/2, 163, 3f. erscheint dagegen im 11. Jahre desselben Königs ein GÚ.EN.NA als Rechtsprechungsinstanz *ki-i ši-pi-ir-ti šarri* „nach (gemäß) dem Befehl des Königs", also zufolge königlichen Auftrags. Dieser GÚ.EN.NA ist wohl Amīl-Marduk gewesen, der als GÚ.EN.NA bezeugt ist z. B. in BE XIV 136 und HS 154 (dazu Nr. 17) für das Jahr Šagarakti-Šuriaš 9, in HS 153 (dazu Nr. 30) für die Jahre 9 bis 12 desselben Königs, in UM II/2, 56 und HS 141 (dazu Vorbemerkungen zu Nr. 15) für das 1. Jahr des letzten Kaštiliaš.

HS 153 hat ein

> *ak-lu*$_4$ ^{I}LÚ-^{d}AMAR.UTU GÚ.EN.NA
> „*aklu* (Ausgabe/Verbrauch): Amīl-Marduk, GÚ.EN.NA"

für die Zeit vom Monat Ṭebēt (= X.) des 9. bis zum 21. Addar (= XII.) des 12. Jahres des Šagarakti-Šuriaš zum Gegenstande; am Schluß Z. 32 findet sich der Siegelungsvermerk:

> ^{NA_4}KIŠIB ^{Id}*Nin-urta-re-ṣu-šú*
> „Siegel des Ninurta-rēṣūšu".

Vielleicht ist dies der gleiche Ninurta-rēṣūšu wie der *ḫazannu* von Nippur in unserer Prozeßurkunde HS 150 Z. 5, so daß letzterer und Amīl-Marduk nebeneinander amtierten, teilweise auch als Jurisdiktionsinstanzen. Vgl. zu den Ämtern des GÚ.EN.NA/*šandabakku* von Nippur und des *nêšakku* des Enlil in Nippur Balkan, AfO 15, 130f.; Landsberger, Brief 75ff.; Sollberger, JAOS 88 (1968) 191f. mit Anm. 17, beide mit Lit.; Biggs, JCS 19 (1965) 95.

> ^{I}TUKUL^{kul}-*ti*-^{d}*En-líl* DUMU ^{I}*E-še-me-e-a*
> *ù* ^{f}*Ma-qar-tu*$_4$ DAM ^{I}*Ki-din*-^{d}*Nusku*
> MU ^{I}*Ḫar-gu-ub-še-e* NIM.MA^{KI}
> *ša ḫa-al-qu di-n[a] a-na pa-an-ni*
> ^{Id}*Nin-u[r]ta-r[e-ṣ]ú-š[u ḫ]a-za-an* ^{URU}NIBRU^{KI}
> *id-bu-bu[-ma ḫazannu d]i-in-šú-nu i-ḫi-iṭ-ma*

---

[1] Ebenso geschrieben und ohne das voraufgehende Zeichen ÍD in den Kudurru BBSt 3 IV 38, V 4, 14, 17 (mittelbabylonisch) und 9 IVa 4 (*ḫur-šá-an*) (neubabylonisch).

Zum Flußordal, insbesondere in den „Mittelassyrischen Gesetzen" G. Cardascia in: Festschrift f. W. Eilers (Wiesbaden 1967) 19ff.; für Elam s. J. Klíma, ArOr 39 (1971) 401ff.; modifiziert RA 66 (1972) 39ff.

[2] Nach Brinkman apud Oppenheim, Ancient Mesopotamia² (1965) 338 etwa 1188–1174; s. dazu auch ersteren ZA 59 (1969) 238 Anm. 28. Zur Lesung des Namens ebenda 238ff. (242). Als Ort des Flußordals wird in BBSt 3 V 15 und 17 die Ortschaft Parak-marri genannt, die auch in unseren Texten in anderem Zusammenhang erscheint, s. S. 88 ad 10; ein besonderer Ordalort flußaufwärts von Sippar am Euphrat scheint in der neubabylonischen Tafel BM 45690 = CT 46, 45 III 22f., vgl. W. G. Lambert a. a. O. 4, bezeugt zu sein.

^{f}Ma-qar-t[a$_5$ ù(?) ^{I}TUKUL-]ti-^{d}E[n]-l[i]l(?) a-na ḫur-ša-an
iš-pur-š[u(?)-nu-ti-m]a(?) [^{f}M]a-qar-tu$_4$
a-na ^{I}T[UKUL-ti-^{d}En-líl k]i-a-[a]m iq-bi
a-na ḫu[r-š]a-a[n ul al-l]a[k](?) i-[n]a ta-gu-ri-ia
5 GÍN KÙ.GI l[u-ud-din-na]k-ka-mi iq-bi
^{I}TUKUL-ti-^{d}En-líl [a-na(?) ^{f}M]a-q[a]r-ti iš-mé-ma
5 GÍN KÙ.GI i[d]-[ni]m-m[i i]q-ba-ši-im-ma
^{f}Ma-q[ar]-t[u$_4$ š]a na-d[a]-an-ni ul i-šu-ma
^{I}Q[u-nu-nu(?) DUMU(?) ^{I}UD.D]U(= È)-a-[n]a-ZALÁG-^{d}IM
[^{f}]Ma-qar-ta
[^{G}]^{IŠ}BÁN 5 SÌLA
[G]ÍN KÙ.GI
Rs [x x x x x (x)] MEŠ ki-i 2 GÍN KÙ.GI
[x x x x x (x)] ^{I}Qu-nu-nu ki-mu ^{f}Ma-qar-ti
[a-na ^{I}TUKUL-t]i-^{d}En-líl id-din^{in}-ma KI.MIN ú-za-ak-ki
u[l] i-t[a]r-ma ^{I}TUKUL-ti-^{d}En-líl
a-na ^{f}Ma-qar-ti ul i-rag-gu-um
ù ^{I}Qu-nu-nu a-na KÙ.BABBAR id-din-nu
a-na ^{I}TUKUL-ti-^{d}En-líl ul i-rag-gu-um

IGI ^{I}Ba-il-^{d}AMAR.UTU DUMU ^{I}Iz-kùr-^{d}PAP.SUKKAL
IGI ^{I}KAR^{ub}-^{d}AMAR.UTU DUMU ^{I}Ka-bit-ni-su
IGI ^{I}E-tel-KA-^{d}UTU DUMU ^{Id}UTU-ŠEŠ
IGI ^{Id}AMAR.UTU-MU-ŠEŠ DUMU ^{I}Ša-ì-lí-ma-SIG$_5$
IGI ^{I}TI-su-^{d}AMAR.UTU DUMU ^{I}GAL-šá-^{d}Ba-ba$_6$
DUB.SAR ^{ITU}NE.NE.GAR UD 16.KAM
MU 9 ^{d}Šá-garak-ti-šur-ia$_4$-ši LUGAL
UMBIN ^{f}Ma-qar-ti ù UMBIN
^{I}Qu-nu-nu GIM ^{NA_4}KIŠIB-šu-nu

Auf dem linken Rand fünf parallele Nagelabdrücke.

Tukulti-Enlil, der Sohn des Ešemēa,
und die Maqartu, die Ehefrau des Kidin-Nusku,
hatten wegen des Ḫargubšē aus Elam [1],
der entflohen ist, Klag[e] vor
Ninu[r]ta-r[ēṣ]ūš[u, dem Bür]germeister von Nippur,
erhoben, [und der Bürgermeister] hatte ihren [Re]chtsstreit geprüft und
die Maqart[u und(?) den Tukul]ti-E[n]l[i]l(?) zum Ordal
geschickt. [Ab]er(?) [die M]aqartu
hatte zu T[ukulti-Enlil fo]lgender[ma]ßen gesprochen:
„Zum O[rd]a[l werde ich nicht g]e[hen](?). ⟨Frei⟩willig(?)
w[ill ich] dir(!) 5 Sekel Gold [geben(?)]", hatte sie gesprochen.
Tukulti-Enlil hatte [auf(?) die M]aq[a]rtu gehört und
zu ihr [ges]prochen: „5 Sekel Gold g[ib] mir!" Aber
die Maq[ar]t[u] hatte nicht[s] zu ge[b]en. Deshalb

---

1 Zu NIM.MA^{KI} = *elamû* „Elamiter" als Gentilicium und Berufsbezeichnung (?) Kupper, ARM VI S. 34 Nr. 21, 7; 117f.; Birot, ARM IX S. 287 unten; Bottéro, RlA 4, 27b.

[hat] Q[unnunu(?), der Sohn(?) des Līṣ]i-a[n]a-nūr-Adad
[ ] Maqartu (Akkus.)
[ ] (im) Seah-[M]aß(e) (zu) 5 Qa,
[Se]kel Gold,
Rs [ ] für 2 Sekel Gold,
[ ] gab Qunnunu anstelle der Maqartu
[dem Tukult]i-Enlil und er machte diese (von ihrer Verpflichtung) frei.
Tukulti-Enlil wird n[icht] (darauf) zurü[ckko]mmen und
nicht gegen die Maqartu klagen;
und Qunnunu wird hinsichtlich des „Silbers", das er gegeben hat,
gegen Tukulti-Enlil nicht klagen.

Vor Ba'il-Marduk, dem Sohne des Izkur-Papsukkal;
vor Šūzub-Marduk, dem Sohne des Kabit-nīssu;
vor Etel-pî-Šamaš, dem Sohne des Šamaš-nāṣir;
vor Marduk-šuma-uṣur, dem Sohne des Ša-ilīma-damqā;
vor Uballissu-Marduk, dem Sohne des Rabâ-ša-Baba,
dem Schreiber. Den 16. Ab (= V.),
Jahr 9 des Königs Šagarakti-Šuriaš.
Fingernagel der Maqartu und Fingernagel
des Qunnunu anstelle ihres Siegels.

Z. 4 und 14: Die Schreibungen *pa-an-ni* und *na-d[a]-an-ni* mit verdoppeltem n hier wohl fehlerhaft; vgl. aber auch – allerdings außerbabylonisch – Jucquois, Phonétique comparée des dialectes moyen-babyloniens du nord et de l'ouest (1966) 163f.; 195.

Z. 6ff.: Die Ergänzungen sind nach den Raumverhältnissen möglich.

Z. 10: Am Zeilenende vielleicht zu emendieren: *i-[n]a* ⟨*mi-*⟩*ta-gu-ri-ia* (?) (Vorschlag Aro und v. Soden).

Z. 11: Zur Verwendung des Akkusativsuffixes für den Dativ bereits im mB s. F. R. Kraus, Symbolae... Martino David 19f. sowie die Beispiele bei Aro, Glossar 50 s. v. *libbu*, 121 zu S. 55. Zu *-ka(m)* für Dativ jung- und spätbabylonisch s. GAG § 42 j mit Anm. 8, vgl. Anm. 7.

Z. 22f.: Zu *ul itârma PN ... ul iraggum* vgl. Peiser 117; 141; UM VIII/2, 163 Rs 5'ff. (Šagarakti-Šuriaš Jahr 11), sowie den etwas jüngeren Viehkauf UET VII 29, 8ff.: *V ul i-tar-ma i-[n]a muḫḫi alpi ul i-da-ab-bu-ub* „V(erkäufer) wird nicht (darauf) zurückkommen und wegen des Rindes nicht klagen" und neubabylonisch *ul itârma PN ... ul idabbub* VS VI 47, 1 (dazu NRV S. 563 Anm. ad 1; Glossar NRV 164 „*târu*"); 51, 1ff.

Z. 24f.: Zu *ana* Objekt *ragāmu* „klagen wegen eines Objekts" vgl. altbabylonisch VAB 5, 289 Z. 1/13; AHw 48 links unten; zum mittelbabylonischen Sprachgebrauch Peiser 141, 17. – *id-din-nu* ist ein weiteres Beispiel für die von Aro, Studien 73, 74 mit Anm. 4 behandelten gleichartigen Formen bzw. Schreibungen.

Z. 27: Zum Namen ^{I}*Ka-bit-ni-su* s. AHw 416 „*kabātu*" 5c.

Z. 29: Zum Namen Ša-ilīma-damqā vgl. BE XIV 167, 31: ^{I}*Ša*-DINGIR-*ma*-SIG$_5^{qá(!)}$ (Kopie: *ta*, s. aber Duplikat UM II/2, 34, 31: ^{I}*Ša*-[DINGIR-*ma*-]*d[a]m-qá*; zu letzterem freundlicher Hinweis v. Sodens); zum Namenstyp s. Stamm 236.

9. – HS 139

Rückgängigmachung eines Tausches

Zwiegesprächsurkunde

Die Tafel ist teilweise schwer leserlich und bereitet daher dem Verständnis Schwierigkeiten.

Z. 1–6 berichten über die Vorgeschichte: U. und T. hatten eine Eselin und einen Esel miteinander getauscht. Im folgenden Jahre will T. den Tausch rückgängig machen und gibt die empfangene Eselin an U. zurück. Dieser lehnt nach Z. 6–9 die Annahme der Eselin ab, aber eigenartigerweise nicht etwa, weil der Tauschvertrag rechtswirksam sei und nicht einseitig wieder aufgelöst werden könne, sondern weil das Tier (schwer) verletzt ist. Anscheinend hatte danach T. eigentlich die Berechtigung, den Tausch durch Rückgabe des Tauschobjekts rückgängig zu machen; leider ist uns der Rechtsgrund dafür nicht erkennbar. Wohl zwei Gründe sind denkbar. Vielleicht hatten T. und U. nur zu bestimmten Zwecken „auf Zeit" getauscht mit der Abrede, daß beide Tiere nach Fristablauf oder nach Erreichung des Vertragszweckes je an ihren Eigentümer zurückzugeben seien. Es würde sich dann um eine tauschweise Gebrauchsüberlassung handeln. Eine andere Möglichkeit wäre, daß ein endgültiger Tausch beabsichtigt war, daß aber bereits zur Zeit der Besitzübertragung der Eselin an T. ein anderer Mangel an dem Tier bestanden hatte, der T. zur Auflösung des Tauschvertrags berechtigt hätte. Leider läßt der Text nichts nach beiden Richtungen erkennen. Hinsichtlich der zweiten Möglichkeit kommt hinzu, daß wir nicht wissen, inwieweit die Tauschpartner überhaupt für Sachmängel hafteten und bejahendenfalls für wie lange Zeit. Denn im vorliegenden Falle dürfte der Tausch wohl eine ganze Anzahl Monate zurückgelegen haben, da unsere Urkunde erst aus dem neunten Monat des auf den Tausch folgenden Jahres datiert ist.

Trotz der Weigerung des U., die Eselin wegen ihrer Beschädigung zurückzunehmen, will T. daran festhalten, den Tausch aufzuheben. Sein – in der Urkunde Z. 9–15 in wörtlicher Rede referierter – Vergleichsvorschlag geht deshalb dahin, daß U. die Eselin bis zu ihrer Wiedergenesung(?) füttern (und pflegen) und nach ihrer Genesung behalten und den Esel(?) zurückgeben soll. Nur im Falle des Todes der Eselin soll U. den Esel „nehmen" dürfen.

U. behält schließlich beide Tiere (Z. 16ff.), die Eselin aber zunächst nur zur Pflege. Bleibt die Eselin am Leben, wird er sie behalten und den Esel an T. herausgeben; er erhält jedoch anscheinend Ersatz für 1 Kor Gerste Futterkosten, die er für die Wiederherstellung der Eselin aufwenden soll. Keinen Ersatz für die Futterkosten erhält er wohl, wenn die Eselin stirbt und U. als Ersatz den Esel behält, vielleicht wegen eines höheren Wertes des Esels, so daß die – vergeblichen – Aufwendungen für das Futter für die Eselin abgegolten werden durch die Preisdifferenz zwischen Esel und Eselin. Trifft dies zu, so würde dies dafür sprechen, daß der ursprüngliche Zweck des „Tausches" in einer tauschweisen Gebrauchsüberlassung (s. oben) bestanden hatte.

Zur Zwiegesprächsform s. Exkurs zu HS 149 (Nr. 11).

1 EMÈ *ša* ^{I}TI-*sú*-^{d}AMAR.UTU
a-na ^{I}*Ta-ri-bi a-na pu-uḫ/ḫa-ti-ša*[1]
i-na MU *3 Ka-dáš-man*-^{d}*En-líl i-din-ma*
ANŠE *im-ḫur-ma i-na* MU *4*.KAM
EMÈ ^{I}*Ta-ri-bu a-na* ^{I}TI-*su*-^{d}AMAR.UTU
ú-te-er-ma ^{I}TI-*sú*-^{d}AMAR.UTU
a-na ^{I}*Ta-ri-bi ki-a-am iq-bi*
EMÈ *ul a-ma-ḫar-ka* EMÈ
ḫe-pa-ti ^{I}*Ta-ri-bu a-na* ^{I}TI-*sú*-^{d}AMAR.UTU
ki-a-am iq-bi 1 (GUR) ŠE.BAR *i-na* ŠÀ
ku-šar-ti EMÈ *šu-ki-il-ma*
ANŠE(?)[2] *šu-bi-la ù šu-ma*
Rs EMÈ *mi-ta-ti* ANŠE *le-qé*
ù šu-ú-ma EMÈ *ba-al-ṭa-ti*
2 TÚG *ša*(?)-*muḫ-ti* ŠÁM[3] *1* GUR[4] ŠE.BAR(?) SUM-*ku*[5] (?)
ki-i an-ni-ta ^{I}*Ta-ri-bu*
iq-bu-ú EMÈ *ù* ANŠE
^{I}TI-*su*-^{d}AMAR.UTU *im-ḫur*
ù ^{NA_4}KIŠIB ^{I}*Ta-ri-bi ša mi-tu-ti*
EMÈ *iṣ-bat*

IGI ^{I}*Ḫu-nu-bi-ia* DUMU LÚ.TÚG.BAR (AZALAG!?)
IGI ^{I}GISSU-*a-ka-di* DUMU ^{I}*Ki-iṣ-ri*
IGI ^{I}*I-ga-ar-*^{d}*Sîn*-UŠ *sa-bi-i*
IGI ^{Id}*Nusku*-ŠEŠ DUMU ^{I}È-⟨*ana*-⟩ZALÁG-^{d}*Nusku*
25 I⟨GI⟩ ^{I}EN-*um-ma-a* DUB.SAR
DUMU ^{Id}*En-líl*-ŠEŠ
OR ^{ITU}GAN.È UD *13*.KAM MU *4*
Ka-dáš-man-^{d}*En-líl* LUGAL.E
LR ⟨UMBIN⟩ ^{I}*Ta-ri-bi* GIM ^{NA_4}KIŠIB-*šú*

Hinter Z. 28 5 parallele Nagelabdrücke.

[1] Die letzten fünf Zeichen der Zeile sind stark verdrückt und kaum leserlich. [2] Das Zeichen ist sehr undeutlich; möglich wäre auch EMÈ „Eselin". [3] Die kaum lesbaren Zeichen hinter ŠÁM stehen auf dem Rand. [4] GUR zwischen Z. 15 und 16 unter ŠE. [5] Unter SUM-*ku* anscheinend ein unleserliches Zeichen (-*ak*- ?).

Eine Eselin, gehörig dem Uballissu-Marduk,
hatte er dem Tarību zum Tausch
im Jahre 3 des (Königs) Kadašman-Enlil gegeben und
(dafür) einen Esel empfangen. Und im Jahre 4
6/5 gab Tarību die Eselin dem Uballissu-Marduk
6 zurück. Uballissu-Marduk aber
sprach zu Tarību folgendermaßen:
„Die Eselin nehme ich von dir nicht an; die Eselin
9/10 ist verletzt (beschädigt)". Tarību sprach (daraufhin) zu Uballissu-Marduk
10 folgendermaßen: „1 Kor Gerste während
der „Wiederherstellung" (Genesung) laß die Eselin fressen und
schick mir (dann) den Esel(?); aber wenn
Rs die Eselin gestorben ist, nimm den Esel.
Und wenn die Eselin gesund ist (am Leben bleibt),
15 werde ich dir 2 *šamuḫtu*-Kleider(?) als Kaufpreis für 1 Kor(?) Gerste(?) geben(?)".
Weil Tarību dies
17/18 gesagt hatte, nahm die Eselin und den Esel
18 Uballissu-Marduk an,
und die (oder: eine) gesiegelte Urkunde des Tarību über die
(im) „Zustand der Sterbenden" (befindliche)
20 Eselin nahm er.

Vor Ḫunnubīja, dem Sohne des Wäschers(?);
vor Ṣilli-akkadi, dem Sohne des Kiṣru;
vor Igār-Sîn-ēmid, dem Schankwirt;
vor Nusku-nāṣir, dem Sohne des Līṣi-⟨ana-⟩nūr-Nusku;
25 vor Bēlummā, dem Schreiber,
dem Sohne des Enlil-nāṣir.
OR Den 13. Kislīm (= IX.), Jahr 4
des Königs Kadašman-Enlil.
LR ⟨Fingernagel⟩ des Tarību anstelle seines Siegels.

Z. 9, 13, 14: Zu den Stativformen *ḫe-pa-ti*, *mi-ta-ti* und *ba-al-ṭa-ti* vgl. Aro, Studien 74f.

Z. 10: Zu *ina libbi* (ŠÀ) temporal „während, im Verlaufe von" Aro, Studien 103 B 2; AHw 550 rechts Z. 13f.

Z. 11: Zu *ku-šar-ti* Aro brieflich „Wiederherstellung(?)" zu *kašāru* „wiederherstellen"; s. dazu CAD Ḫ 203/4 „small repairs"; anders AHw 516 s. v.; unentschieden F. R. Kraus, Symbolae ... Martino David 14 lit. f).

Z. 14: Zu *šu-ú-ma* für *šumma* „wenn" vgl. die Schreibung in BE XIV 41, 10: *a-nam-din-na-a-ku*.

Z. 15: Die Lesungen der Zeile sind unsicher.

Z. 16: Zu *kī* mittelbabylonisch am Anfang von Kausalsätzen „weil" Aro, Studien 153f.; Glossar 43; 56 Z. 4; AHw 469 rechts vor 5).

Z. 19/20: Zu $^{\text{NA}_4}$KIŠIB ... *iṣbat* vgl. Aro, Glossar 46 s. v. „*kunukku*"; BBSt 3 III 30–33. Zu *mi-tu-ti* EMÈ vgl. Aro, Studien 66 Ziff. 4; AHw 663 *mītūtu(m)* „Todeszustand, Tod, Zustand eines Sterbenden".

Beachtlich ist die auch sonst in mB Texten zu beobachtende volle Deklination der eingliedrigen Personennamen Tarību/i (Z. 5, 9, 16 bzw. 2, 7, 19, 29) und z. B. in HS 149 (Nr. 11) Rīmūtu/i/a (Z. 5 bzw. 1, 8, 14 bzw. 13) und HS 150 (Nr. 8) Maqartu/i/a (Z. 2, 8, 14 bzw. 12(?), 20, 23, 33 bzw. 16). Dazu Aro, Studien 65.

10. – HS 2391

Sklavenflucht. Haftentlassung. „Gestellungsbürgschaft".

Ein Sklave des Enlil-kidinnī, Appajju, war mehr als acht Jahre vor Ausstellung der vorliegenden Urkunde geflohen. N. hatte ihn später bei dem *tamkāru* „Kaufmann" M. gefaßt, ihn aber dann offenbar bei M. belassen. Der in Z. 7 für letzteres angegebene Grund bleibt uns unklar, ob etwa N. zur Zeit kein Schiff zwecks Transportes nehmen wollte oder ob eine Flucht des A. zu Schiff verhindert werden sollte. Nach Z. 10 – falls richtig ergänzt – hatte N., wohl zur Rückgabe des Sklaven, eine Frist bis zum Monat Nisan (= I.) gesetzt. Anscheinend war M. seinen Verpflichtungen nicht nachgekommen; dies dürfte in den zerstörten Z. 11–14 referiert gewesen sein. Nach Z. 15 hatte ihn deshalb N. offenbar in (Schuld-)Haft genommen. M_2, der Sohn des Šamaš-qarrād, verbürgt sich nun in der vorliegenden Urkunde für M. und erreicht dadurch dessen Freilassung. Dazu und zu BE XIV 2 s. Bemerkungen zu HS 155 (Nr. 14). In wörtlicher Rede (Z. 18–20) verspricht M_2 dafür, den M. dem N. wieder zu (über)„geben" (Fall einer sogen. „Gestellungsbürgschaft"), sobald der Sklaveneigentümer Enlil-kidinnī nach Babylon gehen wird. Anscheinend wollte sich damit N. die Möglichkeit sichern, dem Enlil-kidinnī mit dem entflohenen Sklaven auch den M. für weitere Maßnahmen auszuliefern. Für den Fall, daß der Bürge seinem Versprechen nicht nachkommt, beziehungsweise nicht nachkommen kann etwa wegen einer Flucht des M., soll der Bürge verpflichtet sein, den (oder: einen) Sklaven und, offensichtlich als Schadensersatzleistung, die (üblichen) Mietzinsen für letzteren für alle Jahre seit seiner Flucht dem N. als Bürgschaftsgläubiger zu zahlen. Vielleicht ist das der Betrag, der sonst dem M. als Strafe drohte, falls er nachweislich den Flüchtling verborgen oder sonst unberechtigt seinem Eigentümer vorenthalten hatte. – Zu Z. 18 – 20 s. Exkurs zu Nr. 11. Der Bürge benutzt anscheinend das Siegel seines Vaters.

1/2 ⌊^{I}*A*⌋*p-pa-a-a-ú* SAG.ARAD *ša* ^{Id}*En-líl-ki-di-ni*
iš-tu MU *15*.KAM *ḫa-li-iq-ma*
^{Id}*Nin-urta*-SAG DUMU ^{I}*I-din*-^{d}U.GUR
i-na qāt ^{Id}AMAR.UTU-*li-su* DUMU ^{I}*E-ṭi-r*[*i*] DAM.GÀR
i-na ^{URU}BÀD-^{d}*En-líl*^{KI} *iṣ-bat-su-ma*

aš-šu[*m*] ^{GIŠ}MÁ *la le-qé-e*
^{Id}*Nin-urta*-SAG *ṣe-eḫ-ra*
[*a-na*(?) ^{I}]^{d}AMAR.UTU-*lí-su ip-qí-id*
⌊x(x) *a-d*]*a*(?)-*an-nam a-na* ^{ITU}BÁR.ZAG.GAR *iš-ku-un*
[x x x x x] x *a-na a-d*[*a*]-*an-ni iš-ku-nu*
[ ] *ul il-li-ik*
[ ] x x-*ri-ik-tì*
[ ]x-*ma*
Rs ^{Id}*Nin-urta*-SAG *ik-la-šu-ma*
^{I}Ma-an-sum-^{d}URAŠ DUMU ^{Id}UTU-*qar-rad*
pu-us-su i-mi-id-ma ú-še-ṣi-šu
i-na u₄-mi ^{Id}*En-líl-ki-di-ni*
a-[*n*]*a* KÁ-DINGIR.RA^{KI} *il-la-ku*
^{Id}AMAR.UTU-*lí-su a-na-ad-din-ak-ku iq-bi*
^{Id}AMAR.UTU-*lí-su ul it-ta-din-ma*
ṣe-eḫ-ra ù i-da-ti-šu
ša iš-tu u₄-um ḫa-al-qú DUMU ^{Id}UTU-*qar-rad*
i-na-ad-din
IGI ^{I}*Ú-bal-lí-su*-^{d}AMAR.UTU DUMU ^{I}*I-lu-ni*
IGI ^{I}*Ṣa-ap-rù* DUMU ^{I}*Be-lí-i-din-nam*
IGI ^{Id}*Nusku-ni-šu* DUMU ^{I}*I-din*-^{d}*Nin-urta*

---

^{ITU}SIG₄.GA UD *25*.KAM
MU *24*.KAM ^{d}*Bur-ra-bu-ri-ia-aš*
[^{NA₄}KIŠI]B(?) ^{Id}UTU-*qar-rad*

Keine Siegelabdrücke.
Auf dem OR rechts ein Nagel(?)-Eindruck.

[A]ppajju, der Sklave des Enlil-kidinnī,
war seit dem 15. Jahr (des Königs Burna-Buriaš) entflohen und
Ninurta-ašarēd, der Sohn des Iddin-Nergal,
hatte ihn in der Hand des Marduk-līssu, des Sohnes des Ēṭiru, des Kaufmanns,
in Dūr-Enlil ergriffen. Und
um ein Schiff nicht zu nehmen,
hatte Ninurta-ašarēd den Diener („Kleinen")
[dem(?)] Marduk-līssu anvertraut/übergeben.
[Und(?) einen T]ermin(?) bis zum Monat Nisan hatte er (ihm) gesetzt.
[ ] . . zum Te[r]min, den er gesetzt hatte,
[ ] er ging nicht;
[ ] . . . .
[ ] . . .
Rs Ninurta-ašarēd hielt ihn (dann) (gefangen) zurück;
Mansum-Uraš, der Sohn des Šamaš-qarrād, aber
verbürgte sich/garantierte (dann) und erwirkte (so) seine Freilassung[1].

---

[1] Wörtlich: „. . . und ließ ihn (aus der Haft) herausgehen"; vgl. HS 155 (Nr. 14) (Vorbem. zu) Z. 30′ff. und S. 34 Anm. 14.

„Sobald Enlil-kidinnī
n[a]ch Babylon gehen wird,
werde ich dir den Marduk-līssu (über)geben“, sprach er.
Wenn er den Marduk-līssu nicht (über)geben wird,
wird den (oder: einen) Diener („Kleinen“) und den Mietzins für ihn
vom Tage seiner Flucht an[1] der Sohn des Šamaš-qarrād
geben.
Vor Uballissu-Marduk, dem Sohne des Iluni;
vor Ṣapru, dem Sohne des Bēlī-iddinam;
vor Nusku-nīšu, dem Sohne des Iddin-Ninurta.

Den 25. Sīmān (= III.),
Jahr 24 des (Königs) Burna-Buriaš.
[Siege]l(?) des Šamaš-qarrād.

Z. 7: Zur Zeichenform *šum* vgl. BE XIV 7, 34.

Z. 10: Zur Schreibung *nam* mit „Mimation“ vgl. Aro, Studien 24, vgl. 32.

Z. 11: Zum Status constructus *a-da-an-ni iš-ku-nu* vgl. Aro, ebenda 66 Ziff. 4; VAT 4920, 13 bei Peiser, Urkunden 33, dazu CAD A I 99 links Z. 9ff.

Z. 22: Zur mittelbabylonisch seltener belegten Pluralform *idātu* „Mietzinsen“ für einen Zeitraum von mehreren Zeiteinheiten (hier Jahren) vgl. CAD I/J 16 „*idū*“, 20 links unten.

Z. 21–24: Vgl. dazu formal und sachlich HS 158b (= Nr. 13) Z. 29–32.

Z. 25: Derselbe Zeuge wie oben im Sklavenkauf Nr. 1 (Z. 25) aus dem Enlil-kidinni-Archiv; vgl. auch BE XIV 2,26.

Exkurs zu HS 2391

HS 2391 bietet einen neuen Beleg für jene Gruppe mittelbabylonischer Urkunden, nach denen in Haft befindliche Personen gegen Garantie-/Bürgschaftsleistung durch Dritte freigelassen werden[2]. Die Haftgründe dürften unterschiedlich gewesen sein, sind jedoch nur vereinzelt näher angegeben, so in TCL IX 48, wo ein Gläubiger seinen Schuldner *ki-mu* „anstatt“ einer Gersteschuld von über 90 Kor *ina kīli* „in Haft“[3] bzw. „im Gefängnis“[4] zurückgehalten hatte. Um die Haftentlassung eines entflohen gewesenen ^{LÚ}*nuḫatimmu* „Kochs“ handelt es sich in UM VIII/2, 161, 1ff.[5]. In VAT 4920 (= Peiser S. 32/3) ist Anlaß der Inhaftierung die Nicht-

---

[1] Wörtlich: „(Mietzins), der vom Tage an (ist), da er flüchtig ist“.

[2] Vgl. BE XIV 2 (dazu HS 155 = Nr. 14, 30′ff. mit Vorbem.); 11; 135; TCL IX 48; HS 2391 (Nr. 10) (dazu HS 155, 4′?); UM VIII/2, 161; VAT 4920 (= Peiser S. 32/3); Peiser Nr. 116 (fragmentarisch, aber vielleicht ebenfalls hierher gehörig; zur Stelle vgl. AHw 114b; 808b; CAD B 163/4). Anders BE XIV 127. – In der zeugenlosen Urkunde UM II/2, 89 scheint es sich um die Überstellung einer Familie (s. dazu S. 34 Anm. 11) aus einer Verwahrung in die Haft bei einer anderen Person zugunsten oder in der Obhut eines Vierten zu handeln: E entläßt (Z. 9: *ušēṣâmma*) 4 Leute (Z. 8) [*ištu*] *bīt A* „[aus] dem Hause des A“ und „vertraut (*ipqid*)“ sie *i-na ki-lu* „im Gefängnis/in der Haft“ des N dem Ḫ an.

Zur Haftentlassung aus dem *bīt kīli* „Gefängnis“ oder aus der Verwahrung beim Gläubiger in neubabylonischer Zeit s. Cardascia, Murašû 161ff.; Petschow, NPR 35ff.

[3] AHw 476 s. v. „*kīlu*“: „Festhalten“, „Haft“; CAD A II 379 lit. f): „detention“.

[4] CAD I/J 265/6: „in prison“; A II 379 lit. f) „detention house“.

[5] Zwar ursprünglich angegeben, aber wegen der Textlücke Z. 12ff. unklar ist der Haftgrund in HS 2391 (Nr. 10), dazu oben Vorbem. zu Nr. 10. Wegen Textzerstörung unklar BE XIV 11 (Anlaß ein geschuldetes Rind?).

lieferung zweier geschuldeter Werkzeuge, einer Axt und eines Beiles[1]. Um die Nichtherausgabe einer Kuh handelte es sich in Peiser Nr. 116, 1–8, wo anscheinend die Tochter des „Schuldners" festgehalten wird[2]. In BE XIV 2, 7 werden die fünf zu entlassenden Personen (vgl. unten Anm. 6; 7) als ARAD *ardū* „Sklaven" des Enlil-kidinnī bezeichnet, von dem die beiden Garanten die Gewährung freien Aus- und Eingangs[3] für die Sklaven erbitten. Der Zweck dessen ist nicht zu erkennen; vielleicht sollten sie (mittelbar zugunsten des Enlil-kidinnī oder gegen Entgelt?) den Garanten irgendwie dienen. Hier wird also die Entlassung der Freizugebenden aus den Händen ihres eigenen Herrn erbeten; der „Haftgrund" ist nicht erkennbar. Beides ist auch in BE XIV 135[4] der Fall; möglicherweise war hier der „Haftgrund" eine mit Z. 8ff. im Zusammenhang stehende Schuld oder eine frühere Flucht des freizugebenden Mannes, eines *iššakku*(ENSÍ)-Bauern (Kolonen). Der die Freigabe erbittende Garant soll nach Z. 8ff. $13^1/_3$ Sekel Gold an eine vierte Person zahlen und – unklar wann – den *iššakku* und/oder seine Ehefrau(!) dem Herrn (zurück)geben.

Bei den freizustellenden Personen handelt es sich teils um Einzelpersonen[5], teils um Personenmehrheiten bzw. Familien[6]. Sie befinden sich[7] *ina kīli*[8] oder *ina bīt* PN „im Hause des PN", bei ihrem Herrn,[9] bei einem Gläubiger[10] oder bei einem sonstigen „Verwahrer"[11]. Von ihnen erbitten eine[12] oder mehrere[13] Personen die Entlassung der Verwahrten bzw. die Gewährung der Freizügigkeit für diese und garantieren für sie[14]. Die Garantie bezieht sich teilweise darauf, daß die

[1] Z. 7f.: *kalmak/qru u pāšu ana nadānišu jānumma* „ein (das) Beil und eine (die) Axt, die er geben könnte, gab es nicht"; s. dazu CAD I/J 323 lit. b); A I 99 links oben; AHw 426 „*kalmak/qru(m)* eine Streitaxt".

[2] S. auch S. 33 Anm. 2.

[3] Z. 14: *amēlūtu līṣi līrub* „das Gesinde (die Sklaven) möge(n) herausgehen und eintreten", d. h. laß es (sie) sich frei bewegen, vgl. CAD E 143 links lit. n).

[4] Zur Stelle vgl. CAD I/J 265/6.

[5] TCL IX 48, 1; HS 2391 (Nr. 10), 15; BE XIV 135, 1f. (ein *iššakku*-Bauer, Kolone); VAT 4920 (Peiser S. 32/3), 12 (eine Ehefrau); Peiser Nr. 116 (die Tochter des Leistungspflichtigen); UM VIII/2, 161, 1.

[6] BE XIV 2, 1ff. (Mutter, 3 Söhne, 1 Schwiegertochter). Vgl. UM II/2, 89, 1′–6′ (Mutter, 2 Töchter, 1 Sohn); BE XIV 135, 12f., dazu S. 35 Anm. 4.

[7] Terminologie: *PN (ina kīli) iklāšu/ima* „(den/die) PN hat er (in Haft, oder: im Gefängnis) zurückgehalten und ...", TCL IX 48, 4; UM VIII/2, 161, 5; HS 2391 (Nr. 10), 15; BE XIV 11, 4; 135, 3f. (vgl. CAD I/J 265/6); VAT 4920 (Peiser S. 32/3), 9f. Analog BE XIV 2, 8: *ina bīt PN kalūma* „(die Sklaven) sind im Hause (ihres Herrn) PN zurückgehalten". Vgl. CAD A II 379 lit. f). Variante Peiser Nr. 116, 10, dazu unten Anm. 10.

[8] TCL IX 48, 4, vgl. 7; BE XIV 135, 3; UM II/2, 89, 10; VIII/2, 161, 5; VAT 4920 (Peiser S. 32/3), 9. Dazu S. 33 Anm. 3; 4.

[9] BE XIV 2; 135, 3; dazu oben nach Anm. 2.

[10] Vgl. z. B. TCL IX 48; wohl auch Peiser Nr. 116, 10 (*ina bītišu iklāšima* „in seinem Hause hat er sie zurückgehalten"; zur Stelle CAD B 163/4 „he held her in his house").

[11] So anscheinend in UM II/2, 89, wo vielleicht die Häftlinge durch den Haft-„Gläubiger" aus einem Verwahrungsort an einen anderen „Verwahrer" überstellt werden.

[12] TCL IX 48, 5; HS 2391 (Nr. 10), 16; Peiser Nr. 116 (nach Z. 4 und 11 – Rest danach zerstört – vielleicht der Vater der festgehaltenen Tochter); VAT 4920 (Peiser S. 32/3; anscheinend der Schuldner selbst); BE XIV 11; UM VIII/2, 161, 6.

[13] BE XIV 2, 9f. (zwei Brüder).

[14] Terminologie: *PN pūssu imḫaṣma ... (ultu kīli) ušēṣīšu* „PN (d. i. der Garant) garantierte/bürgte für ihn und erwirkte seine Freilassung (aus dem Gefängnis/der Haft) (wörtlich: ließ ihn (aus der Haft) herausgehen/führte ihn heraus)"; so TCL IX 48, 5–7; BE XIV 135, 4–7. Zur obigen Formel vgl. auch CAD A II 379 lit. f). Nur *pūssu imḫaṣma* in BE XIV 11, 6; 127, 6. – Eine andere Formulierung bieten HS 2391 (Nr. 10), 16f.; HS 155 (Nr. 14), 30′–32′; UM VIII/2, 161, 8: *PN pūssu īmidma ušēṣīšu* „PN garantierte und ... (wie oben)"; CAD E 143 lit. n): „he guaranteed (for the slave) and freed him (from jail)"; das Suffix *-šu* in *pūssu* bezieht sich hier auf den Garanten, wie BE XIV 2, 15f. zeigt, wo die wörtliche Rede der zwei Garanten wiedergegeben wird: *ana ḫalāqi pūtni nītemid* „für das (Nicht-)Entfliehen haben wir garantiert"; auf BE XIV 2 aber bezieht sich der Eintrag in HS 155, 30′ff. Vgl. dazu auch CAD E 143 lit. n); AHw 212 links unten. – Eine weitere Variante bietet BE XIV 2,9–12: *PN u* PN_2 *aḫūšu ana šūṣi amēlūti .... izzizu* „PN und PN_2, sein Bruder, haben eingestanden/garantiert (sc. für das Nichtentfliehen), um die Freilassung der Leute zu erwirken"; dazu CAD A II 379 lit. f).

Freizugebenden nicht entfliehen[1], oder daß der Garant dem Versprechensempfänger verspricht, ihm jene wieder zu „geben“, also zu stellen („Gestellungsbürgschaft“)[2]. Für den Fall der Flucht bzw. der Nichterfüllung seiner Verpflichtungen leistet der Garant ein Strafversprechen[3]. In anderen Fällen verspricht der Garant anscheinend die geschuldete Leistung, so in BE XIV 11, 7ff. diejenige eines Rindes (ÁB.GAL) im nächsten Monat[4]; bei Nichterfüllung – wohl zum vorgesehenen Termin – sind zwei Rinder zu leisten, also das duplum, davon eines als Vertragsstrafe[5]. In BE XIV 135,8 verspricht wohl der Garant die Zahlung von 13$^1/_3$ Sekel Gold an eine vierte, in Z. 9 genannte Person; der Grund dafür ist leider nicht erkennbar[6].

Der Garant drückt regelmäßig – nach Zeugen[7] und Datierung[8] – zur Bekräftigung und Untersiegelung seiner Verpflichtung sein Siegel (*kunukku*)[9] oder *kīma* $^{\text{NA}_4}$*kunukkīšu* „anstelle seines Siegels“ seinen Fingernagelabdruck (*ṣupru*[10]) bei.

Vereinzelt sind diese Garantieübernahmen oder Gestellungsversprechen in wörtlicher Rede wiedergegeben, die Urkunden damit in einer Sonderform der sogenannten „Zwiegesprächsurkunde“ abgefaßt, mit der Besonderheit, daß hier nur das Ersuchen um Freigabe der Sklaven

---

[1] BE XIV 2, 17: *amēlūtu iḫall[iqma]* „wenn das Gesinde (die Sklaven) entflieht (entfliehen)“, die Rechtsfolge ist nicht mehr sicher erkennbar zerstört. UM VIII/2, 161, 10f.: *J iḫalliqma G(arant) ītanap⟨pal⟩* „wenn J (der freigelassene ehemalige Flüchtling) entflieht, wird G Ersatz leisten“.

[2] BE XIV 135, 11ff. (den Freigelassenen und/oder seine Ehefrau); HS 2391 (Nr. 10), 18–20.

[3] HS 2391 (Nr. 10), 22–24: Leistung des flüchtig gewesenen Sklaven (oder Ersatz für ihn?) und Mietzins für ihn seit dem Tage der Flucht; UM VIII/2, 161, 10f. (dazu s. oben Anm. 1); BE XIV 2, 17ff. (dazu oben Anm. 1). Wahrscheinlich eine Vertragsstrafe auch in Peiser Nr. 116 Rs 5′ [*i-*]*ta-na-pal* „er wird ersetzen“. – Auch in BE XIV 127 übernimmt der Garant die Haftung.

[4] Nach Z. 7–9 soll „er“ im Monat Sīmān ein Rind (ÁB.GAL) *i-le-qa-am-ma i-nam-di-in* „bringen (vgl. AHw 545 links unten) und geben“; Satzsubjekt dürfte der Garant aus Z. 5f. sein wie ausdrücklich in dem Strafversprechen Z. 11. Terminologisch entspricht dieses *ileqqamma inamdin* offenbar der jüngeren, neubabylonischen Phrase *ibbakamma inamdin* „er (z. B. der Bürge) wird (den Sklaven, Schuldner usw.) bringen/herholen und (dem Gläubiger) geben“; zu letzterer Phrase s. z. B. die Belege in CAD A I 6f.; Petschow, NPR 36; NRV 643; YBT VII 144.

Ähnlich wie in BE XIV 11, 7ff. soll in BE XIV 135, 8 „er“ – offenbar auch hier der Garant – die 13$^1/_3$ Sekel Gold (s. oben im Text nach Anm. 5) *i-leq-*[*qé*/*qa-*]*ma* „bringen“ und einem Vierten als Empfänger „geben“. Darüber hinaus weisen Z. 11ff. auf ein Zugriffsrecht des Garanten auf die Person des Häftlings – und/oder vereinbarungsgemäß seiner Ehefrau –, wenn dort vermerkt wird: *u* M *u* [X] DAM.A.NI *i-leq-qa-am-ma ana A inamdin* „und den M (den Freizugebenden) und/oder die [X], seine Ehefrau, wird er (der Garant) bringen und dem A (dem Herrn des M, vgl. Z. 3 a. E.) geben“. Wahrscheinlich setzt dies voraus, daß der Garant ein Zugriffsrecht auf den Schuldner und seine Familie und wohl auch auf sein Vermögen – so vielleicht im Falle der oben genannten Tafel BE XIV 11, 7ff. – hatte. Offen bleibt, ob diese Klauseln entweder nur ein Recht des Gläubigers gegen den Garanten zum Ausdruck brachten, die garantierte Leistung von ihm zu fordern – neben seinen (des Gläubigers) Rechten unmittelbar gegen den Schuldner selbst –, oder ob sie voraussetzten, daß bei solchen Garantieübernahmen der Gläubiger sich nur noch an den zwischen ihn und den Schuldner getretenen Garanten/Bürgen halten konnte und nicht mehr direkt an den Schuldner selbst (Fall einer sogenannten „Ersatzbürgschaft“; zum Problem s. NPR 81 Anm. 242; 86 Anm. 247).

[5] Vertragsstrafversprechen auch in VAT 4920 (Peiser S. 32/3): zunächst Leistungsversprechen des Schuldners selbst (dazu S. 36 Anm. 4), anschließend für den Verzugsfall Verprechen der Zahlung von Mietzins für die (nicht rechtzeitig gelieferten) Werkzeuge (dazu s. o. S. 33f. mit Anm. 1 von S. 34); CAD I/J 20 links Z. 7ff.; A I 99 links.

[6] Siehe oben Anm. 4 Abs. II.

[7] UM VIII/2, 161, 12ff.; HS 2391 (Nr. 10), 25ff.; Peiser Nr. 116, 19f.; VAT 4920 (Peiser S. 32/3), 20ff.; BE XIV 2, 21ff.; 11, 13ff.; 127, 11ff.; TCL IX 48, 20ff. Ohne Zeugen: BE XIV 135; UM II/2, 89 (dazu oben S. 33 Anm. 2).

[8] UM VIII/2, 161, 15f.; HS 2391 (Nr. 10), 28f.; Peiser Nr. 116, 22ff.; VAT 4920 (Peiser S. 32/3), 25ff.; BE XIV 2, 28f.; 11, 20f.; 127, 16ff.; 135, 17ff.; TCL IX 48, 24f.

[9] BE XIV 2, 30f.; 127, 20; HS 2391 (Nr. 10), 30 (?, Siegel des Vaters des Garanten?).

[10] BE XIV 135, 21f.; UM VIII/2, 161, 17; VAT 4920 (Peiser S. 32/3), 28f.; Peiser Nr. 116 a. E.; BE XIV 11; TCL IX 48, 27.

und/oder die einseitige Garantieübernahme[1] oder das Gestellungsversprechen[2] in wörtlicher Rede beurkundet werden, nicht aber auch die Vertragsannahme durch die Gegenpartei[3]. Eine Mittelstellung zwischen dieser Stilisierung und der rein objektiven Formulierung nimmt UM VIII/2, 161 ein, insofern als zwar auf die wörtliche Verpflichtung Bezug genommen wird, sie aber nicht wörtlich zitiert ist: (Z. 6–9) *U* (der Garant) [*ana*?] *R iqbima* [*p*]*ūssu īmidma* [*ušē*]*ṣīšu* „U sprach [zu?] R und [ga]rantierte (für den Mann) und [erwirk]te seine Freilassung".[4]

11. – HS 149

Leistungsversprechen und Dienstantichrese (?)

Zwiegesprächsurkunde

N. hatte – vielleicht unberechtigt – einen dem R. (aus uns unbekanntem Rechtsgrund) zustehenden Anteil von drei Kor Gerste an sich genommen. N. verspricht in einem in wörtlicher Rede wiedergegebenen Zwiegespräch Zahlung zur nächsten, in etwa vier Monaten zu erwartenden Ernte und überläßt seinen Knecht (Sklaven) (zu ARAD-*ia* s. Anm. zu Z. 9) dem R., problematisch, ob (pfandweise?) zur zinsantichretischen Nutzung seiner Arbeitskraft bis zur Schuldtilgung. Letzterenfalls wäre der Wert der Arbeitsleistung des Knechtes als „Verzinsung" für das niedrige „Kapital" (als Strafe?) ziemlich hoch. Nach dem Wortlaut Z. 10 ì-á g a = *imaddad* „er wird darmessen" soll der Knecht/Sklave die 3 Kor Gerste leisten (s. aber auch Anm. zu Z. 10), vielleicht aus einem von ihm selbst – auf einem von ihm bewirtschafteten Felde – erarbeiteten Ernteertrag. Für den Fall, daß der Versprechensempfänger R. zur Erntezeit nicht befriedigt wird, verspricht der Schuldner N. Leistung des *duplum*, das heißt also eine Vertragsstrafe von 100 % des Schuldbetrags; zum *duplum* beim Kauf s. HS 121 (Nr. 3) Z. 8f. mit Anm. Die Strafe des *duplum* im Falle des Zahlungsverzugs findet sich in Nippur bereits im ausgehenden 3. Jt. in Ur III in beeideten Strafklauseln; vgl. z. B. NRVN 49, 111, 115, 117, dazu Edzard, BiOr 25 (1968) 355; Wilcke, WdO 4 (1968) 159 mit Anm. 16; Limet, Or 38 (1969) 520ff.; für die Stadt Ur in Ur III vgl. z. B. UET III 37, dazu Falkenstein, NG II S. 224 ad 11; s. auch NG I 120 Ziff. 3.

Der Schuldner fügt als aus der Urkunde Verpflichteter seine Fingernagelabdrücke bei.

Formulartechnisch wichtig ist die Urkunde als mittelbabylonischer Beleg für den Rechtsgeschäftstyp der Zwiegesprächsurkunde. In HS 149 erfaßt die Zwiegesprächsform – anders als bei HS 150 (Nr. 8) – das vorliegende Rechtsgeschäft selbst, nicht nur seine Vorgeschichte[5]; s. dazu den anschließenden Exkurs zur mittel- und neubabylonischen Zwiegesprächsurkunde.

3 (GUR) ŠE ^{GIŠ}BÁN.GAL ḪA.L[A ^{I}*R*]*i-mu-ti*
DUMU ^{I}AN-*lu-mu-ṣab-bit*-DINGIR-U[R]U(?)-M[U](?)
^{Id}*Nin-imma*(SIG$_7$)-ŠEŠ-SUM^{na1}
DUMU ^{I}LÚ-^{d}*nanna it-bal-ma*
^{I}*Ri-mu-tu*$_4$ *ù* ^{Id}*Nin-i*[*m*]*ma*(S[I]G$_7$)-ŠEŠ-SUM^{na}

---

[1] BE XIV 2, 13–16: *u akanna iqbû amēlūtu līṣi līrub ana ḫalāqi pūtni nītemid* „und so sprachen sie (die Garanten): 'die Sklaven (das Gesinde) mögen sich frei bewegen (s. dazu oben S. 34 Anm. 3); für das (Nicht-) Entfliehen haben wir garantiert' ".

[2] HS 2391 (Nr. 10), 18–20.

[3] Siehe dazu im einzelnen unten Exkurs zu Nr. 11.

[4] Siehe auch VAT 4920 (Peiser S. 32/3), 10ff.: *pâšu ikūnma adanna . . . iškunma aššassu ušēṣi* „er machte ein Versprechen(?) und setzte einen Termin (bis zum 2. Araḫsamnu = VIII., d. h. 40 Tage Frist seit Errichtung der Urkunde am 22. VI.) und erwirkte die Freilassung seiner Ehefrau". Vgl. CAD A I 99 links; II 379 lit. f).

[5] In beiden Fällen aber handelt es sich um die Wiedergabe von Leistungsversprechen.

GUR(?)-*nim*(?!)-*ma* ŠE.BAR *ana*[2](?) UGU-*ka bi-lam-mi*
iq-bi-ma ^{Id}*Nin-imma*(SIG$_7$)-ŠEŠ-SUM^{na}
a-na ^{I}*Ri-mu-ti ki-a-am iq-bi*
ARAD-*ia ṣa-bat-ma i-na* u$_4$-buru$_x$(EBUR)-šè
10 *3* (GUR) ŠE.BAR ^{GIŠ}BÁN.GAL ì-ága
i-na u$_4$-buru$_x$-šè *ul it-ta-din-na*[*m*(?)-*m*]*a*
6 (GUR) ŠE.BAR ^{GIŠ}BÁN.GAL ^{Id}*Nin-imma*(SIG$_7$)-ŠEŠ-SUM^{na}
Rs ^{I}*Ri-mu-ta i-ta-nap-pal*

14/15 IGI ^{I}*Ri-mu-ti* DUMU ^{Id}IM-*še-mi*
IGI ^{Id}AMAR.UTU-*ba-ni*-ŠEŠ^{MEŠ}
IGI ^{I}TI-*su*-^{d}AMAR.UTU DUB.SAR
^{ITU}AB UD *14*.KAM MU *10*.KAM
^{d}*Šá-garak-ti-šur-ia$_4$-ši*
20 *ṣu-pur* ^{Id}*Nin-imma*(SIG$_7$)-ŠEŠ-SUM^{na}
GIM $^{\text{NA}_4}$KIŠIB-*šú*

LR *5 Nagelabdrücke*

1 Ein senkrechter Keil zuviel. 2 Ein schwacher senkrechter Keil, vom Winkelhaken des UGU überlagert.

3 Kor Gerste, (gemessen im) großen Seah-Maß(e), den Ante[il des R]īmūtu,
des Sohnes des A.,
hatte Ninimma-aḫa-iddina,
der Sohn des Amīl-Nanna, weggetragen, und
5 Rīmūtu und Ninimma-aḫa-iddina
6/7 kamen(?) (darauf) zurück(?), und er (Rīmūtu) sprach: „Du bist die Gerste schuldig, bring (sie)".
7/8 Darauf sprach Ninimma-aḫa-iddina
8 zu Rīmūtu folgendermaßen:
„Meinen(!) Knecht (Sklaven)(!) ergreife (nimm), und zur Erntezeit
10 wird er 3 Kor Gerste, (gemessen im) großen Seah-Maß(e), darmessen".
[We]nn er zur Erntezeit (das Getreide) nicht gegeben haben wird,
wird Ninimma-aḫa-iddina 6 Kor Gerste, (gemessen im) großen Seah-Maß(e),
Rs dem Rīmūtu jeweils erstatten.

14/15 Vor Rīmūtu, dem Sohne des Adad-šēmi;
vor Marduk-bāni-aḫḫī;
vor Uballissu-Marduk, dem Schreiber.
Den 14. Ṭebēt (= X.), Jahr 10
(des Königs) Šagarakti-Šuriaš.
20 Fingernagel des Ninimma-aḫa-iddina
anstelle seines Siegels.

Z. 6: Zu *bi-lam-mi* vgl. die Parallele in BE XIV 41,6 *alpa bi-lam-ma* „bring den (gemieteten?) Ochsen".

Z. 9: ARAD-*ia* wohl fehlerhaft für ARAD-*i* „meinen Knecht"; die mögliche Lesung *ardīja* „meine Knechte" ist unwahrscheinlich, da angesichts des geringen Betrags kaum damit zu rechnen ist, daß mehrere (unbenannte) Sklaven/Knechte dem Gläubiger überlassen werden sollten.

Z. 10: ì-ága „er (der Knecht) wird darmessen" oder „(3 Kor Gerste . . . .) wird dargemessen werden".

Exkurs
zur mittel- und neubabylonischen Zwiegesprächsurkunde

Unter den neu-/spätbabylonischen Zwiegesprächsurkunden [1] finden sich im wesentlichen drei Typen von Zwiegesprächsurkunden: Der häufigst belegte Typ (A) ist derjenige, bei dem der Vertragsantrag der einen Partei in wörtlicher Rede wiedergegeben und sodann – nicht in wörtlicher Rede – die Annahme des Vertragsangebots durch die Gegenpartei beurkundet wird. Angeschlossen wird daran der Vertragsinhalt in objektiver Stilisierung, soweit möglich entsprechend den sonst üblichen nicht in Zwiegesprächsform stilisierten Vertragsformularen.

So heißt es etwa beim Grundstückspachtvertrag (mit Varianten) – in verkürzter Form wiedergegeben –:

A sprach (*iqbi*) zu B folgendermaßen: „Das und das Grundstück (mit Grundstücksbeschreibung) gib mir zur Gärtnerei auf so und so viel Jahre (= Vertragsangebot in wörtlicher Rede)"; B (er)hörte ihn und (*išmēšuma*) gab ihm (dem A) das (in gleicher Weise beschriebene) Grundstück auf so und so viel Jahre zur Gärtnerei usw.

Vom „Zwiegespräch" der Parteien wird hier nur die Erklärung der einen Partei als Vertragsofferte in wörtlicher Rede wiedergegeben; der andere Teil „(er)hört" den Offerenten. Die Vertragsofferte erfolgt regelmäßig von derjenigen Partei, die sich gegenüber dem Vertragspartner sozial, wirtschaftlich oder sonst rang- oder altersmäßig (z. B. als Bräutigam beim Ehevertrag) in minderer Stellung befindet. Das ist zumeist – die Ausnahmen bestätigen die Regel – derjenige, der um die Überlassung eines Grundstücks zu Pacht oder Miete oder als Bräutigam um die Braut nachsucht; umgekehrt ist es dagegen meist bei den einschlägigen Kaufverträgen, wo der in Not befindliche Veräußerer das Kaufobjekt dem potentiellen Käufer anbietet. S. dazu JCS 19 (1965), 105ff.; 115f.

In einer geringeren Zahl von „paritätischen" Zwiegesprächsurkunden (Typ B) erhören beide Vertragsteile einander (*aḫāmeš iltemmû* A und B „haben jeweils (Gtn!) einander erhört"), d. h., daß eine Vertragsannahme beider Parteien beurkundet wird. Dabei wird auch hier zumeist die Vertragsofferte der einen oder beider Parteien in wörtlicher Rede wiedergegeben. Vgl. dazu JCS 19, 110ff.

In einer dritten Gruppe (Typ C) fehlt eine Klausel über einseitiges oder wechselseitiges „Erhören" der Parteien, d. h. über die Vertragsannahme. Hier werden gewisse Erklärungen beider Parteien in wörtlicher Rede referiert: Teilweise handelt es sich dabei nur um Erklärungen, die dem eigentlichen Vertragstext – als Begründung, Erläuterung oder Motivierung – vorangestellt werden. Teilweise übernimmt aber auch die angesprochene zweite Partei in ihrer Erklärung rechtsgeschäftliche Verpflichtungen, so etwa in TuM II/III 204[2]: hier schildert der zuerst sprechende Angehörige des Hauses Muraššû den Sachverhalt, die Angesprochenen übernehmen in wörtlicher Rede eine Garantieverpflichtung in Bürgschaftsform; anschließend wird die Bürgschaft nochmals in objektiver Stilisierung wiederholt.

Unter den hier vorgelegten Texten zeigen HS 2391, 149, 139 und 150 (Nrn. 10, 11, 9, 8) sowie z. B. BE XIV 2 und 41, daß jene neu- und spätbabylonischen Zwiegesprächsurkunden bereits mittelbabylonische Vorläufer haben und dort entwickelt worden sein dürften, wenn auch teilweise etwas anders gestaltet.

In HS 149 werden die rechtsgeschäftlichen Erklärungen beider Parteien in wörtlicher Rede wiedergegeben. Zuerst spricht hier der Fordernde, der Gläubiger; der Schuldner verpfändet(?) in seiner nachfolgenden Erklärung seinen Knecht und verspricht Tilgung der

---

[1] Einzelheiten hierzu JCS 19 (1965) 103ff.

[2] Dazu s. Cardascia, Murašû 167f. und AHw 145 s. v. „*bu''û*" Dt b) und 302 s. v. „*ḫabālu* II Dt". Zum Typ C s. JCS 19, 111 rechts.

Schuld zu bestimmtem Termin, zur Erntezeit. Für den Fall der Nichterfüllung wird anschließend in objektiver Stilisierung – nicht in wörtlicher Rede – eine Strafvereinbarung angefügt. Formal liegt im Aufbau eine Parallele zu der vorgenannten spätbabylonischen Urkunde TuM II/III 204 vor.

Entsprechend ist auch BE XIV 41 (Nazi-Maruttaš Jahr 1) aufgebaut: Der Mieter(?) eines Rindes hat dieses beschädigt; der Eigentümer fordert es (oder ein Ersatzrind?) für die nächste Feldbestellung zurück; der Schädiger verspricht Rückgabe im nächsten Monat Ab (zur Zeit der Feldbestellung). Beide Erklärungen werden in wörtlicher Rede (*kīam iqbi* „er sprach folgendermaßen") referiert; angeschlossen wird – nicht in wörtlicher Rede – das Versprechen des Schädigers, im Falle der Nichterfüllung den Ernteertrag zu ersetzen, d. h. den durch den Verzug und damit durch den Ausfall der Feldbestellung entstehenden Schaden. Ähnlich – modifiziert durch den völlig anders gearteten Sachverhalt – im Aufbau auch HS 139 (Nr. 9, s. dort).

Die Erklärungen nur einer Partei werden in wörtlicher Rede referiert in HS 2391 und BE XIV 2 (zu beiden vgl. die Vorbemerkungen zu HS 155 = Nr. 14)[1]: Hier werden nach der Schilderung der Vorgeschichte jeweils nur die Verpflichtungserklärungen der Bürgen in wörtlicher Rede wiedergegeben, daß der Bürge die haftentlassene Person zu einem bestimmten Zeitpunkt dem Vertragspartner wieder übergeben wird („Gestellungsbürgschaft", HS 2391) bzw. daß die haftentlassenen Leute nicht entfliehen werden („Stillesitzbürgschaft", BE XIV 2). Angeschlossen wird als Ende des Vertragskontextes in HS 2391 – und wahrscheinlich auch in der insoweit fragmentarischen Tafel BE XIV 2 – in objektiver Stilisierung die Rechtsfolge für den Fall, daß die in wörtlicher Rede übernommene Verpflichtung des Bürgen nicht erfüllt werden wird oder werden kann. Daß hier nur die Erklärungen der verpflichteten Bürgen und nicht auch diejenigen ihrer Vertragspartner in wörtlicher Rede wiedergegeben werden, wird sachlich bedingt sein. Letztere erscheinen hier nicht als fordernde Gläubiger, deren Forderung vielleicht zweckmäßig ebenfalls in wörtlicher Rede wiederzugeben wäre, sondern „Fordernde" oder richtiger Bittende sind hier vielmehr die sich verpflichtenden Bürgen selbst. Daher wird nur ihre Verpflichtungserklärung wörtlich referiert.

In HS 150 schließlich ist das „Zwiegespräch" nicht unmittelbar Bestandteil des beurkundeten Rechtsvorgangs, sondern gehört zum Referat von dessen Vorgeschichte. Insofern weicht diese Urkunde von den vorigen und auch von den oben als Typ A und B bezeichneten neubabylonischen Zwiegesprächsurkunden ab. Andererseits bietet HS 150 terminologisch und im Aufbau des Zwiegesprächs eine Parallele zu jenen neubabylonischen Urkunden: Die Schuldnerin (als der rechtlich und wirtschaftlich schwächere Teil – vgl. Z. 14) hatte hier ein Vertrags- bzw. Vergleichsangebot gemacht, das der Gläubiger „(er)hörte" (Z. 12 *iš-mé-ma*). Die für die neubabylonische Zwiegesprächsurkunde typische Terminologie *qabû* „sprechen" und *šemû* „(er)hören" (für die Annahme der Vertragsofferte) findet sich daher bereits in kassitischer Zeit.

Insgesamt gesehen ist festzustellen, daß die neu- und spätbabylonischen Zwiegesprächsurkunden ihre Vorläufer bereits in kassitischer Zeit haben und wohl dort entwickelt worden sind. Dem entspricht es, daß die älteste neubabylonische Zwiegesprächsurkunde – VS I 70 = KB IV 158ff. – zugleich mit zu den ältesten der neubabylonischen Urkunden seit dem ausgehenden 8. Jh. (721) v. Chr. gehört. Auch in Nippur selbst, in dem Herkunftsort der oben angeführten mittelbabylonischen Urkunden, ist die neubab. Zwiegesprächsurkunde schon im 7. Jh. v. Chr. belegt. Dort geht sie anscheinend auf die mittelbabylonische Nippurer Urkundenpraxis zurück.

---

[1] Sachlich unklar Peiser 138 (Z. 5: *iq-bi*).

12. – HS 123

Zahlungs- oder Quittungsnotiz

Nach der Tafelkrümmung zu urteilen fehlen mindestens zwei bis drei Zeilen am oberen Tafelrand.

[x G]ÍN KÙ.BABBAR [*š*]*a* [^{Id}*Nin-urta*-SUM-MU (?)]
ù ^{I}TI-*su*-^{d}AM[A]R.[UT]U(?) x [x (x x)]
a-na KÙ.BABBAR ^{f}*Ki-din-ni-ti* x (=[GE]M[É]?)
^{f}*I-na*-TE-UNUG^{KI}-*šar-ru-sa-ṭa-a-ba*[*t*]
ù ^{I}*Ki-din-*^{d}*Nin-urta im-ḫu-ru*
28 (GUR) ŠE.BAR ^{GIŠ}BÁN *5* SÌLA *i-na* É
^{I}KAR^{ub}-^{d}IM ^{LÚ}MUŠEN-DÙ MAN ZA x (x)
6 (GUR) ŠE.BAR ^{GIŠ}BÁN *5* SÌLA *i-na* É
^{I}*Qa-qa-da-an-ni ki-i 3* GÍN KÙ.GI
1 ŠUDUN(?) *ki-i 3* GÍN KÙ.GI
i-na ŠU ^{Id}U.GUR-ŠEŠ-SUM^{na}
[D]UMU ^{I}*E-ra-mi-iq* in-ši-šám-*ma*
id-di-in

PAP *13* GÍN KÙ.GI *ša i-na* ŠU
Rs ^{Id}*Nin-urta*-SUM-MU *ù* ^{I}TI-*su*-^{d}AMAR.UTU
^{f}⟨*I-na-*⟩TE-UNUG$^{⟨KI⟩}$-*šar-ru-sa ù* ^{I}*Ki-din-*^{d}*Nin-urta*
maḫ-ru

TA MU *6 Ku-dur-*^{d}*En-líl*
EN MU SAG NAM.LUGAL ^{d}*Šá-garak-ti-šur-ia-ši*
na-ad-nu

Rest – etwa 2/3 – der Rs unbeschrieben.

[x S]ekel Silber [d]es [Ninurta-nādin-šumi(?)]
und des Uballissu-M[a]r[du]k(?) . .[. . . . .]
haben als „Preis“(Silber) der Kidinnītu [‚der Sklavin(?),]
Ina-lēt-Uruk-šarrūssa-ṭâbat
und Kidin-Ninurta in Empfang genommen.
28 Kor Gerste, (gemessen im) Seah-Maß(e) (zu) 5 Qa, im (oder: aus dem) Hause
des Šūzub-Adad, des Vogelfängers, ...,
6 Kor Gerste, (gemessen im) Seah-Maß(e) (zu) 5 Qa, im (oder: aus dem) Hause
des Qaqqadannu für 3 Sekel Gold,
1 Joch(?) für 3 Sekel Gold
aus der Hand des Nergal-aḫa-iddina,
des [S]ohnes des Erra-mīq, hat er gekauft und
gegeben.

Insgesamt 13 Sekel Gold (sind es), die aus der Hand
Rs des Ninurta-nādin-šumi und des Uballissu-Marduk
die ⟨Ina-⟩lēt-Uruk-šarrūssa und Kidin-Ninurta
empfangen haben.

Vom Jahre 6 des Kudur-Enlil (an)
bis zum Regierungsantrittsjahr des Šagarakti-Šuriaš
sind sie gegeben.

Z. 4: Die Lesung *lēt-Uruk* verdanke ich v. Soden.
Z. 12: Erra-mīq „Erra, erlahme (= laß nach)!", vgl. AHw 675 *muqqu(m)* III; Hinweis v. Soden.

13. – HS 158b

Prozeßprotokoll

Nūr-ilīšu (N_1) und Nūr-Bēlet-Agade (N_2) prozessieren vor Enlil-kidinnī (als GÚ.EN.NA von Nippur?, vgl. den Prozeß vor einem anderen GÚ.EN.NA von Nippur in BE XIV 39) um einige Leute (Z. 14f.), die sich im Besitze des N_1 befinden (arg. Z. 29–32, wonach N_1 verpflichtet sein soll, die Leute herauszugeben, falls er die Eidesleistung im Tempel verweigert). Der vorliegenden Entscheidung war eine andere anderslautende Entscheidung vorausgegangen. In dieser hatte Enlil-kidinnī (Z. 8) die zwei Z. 6f. aufgeführten, von N_1 (Z. 5f.) benannten Zeugen zu(r Eidesleistung i)m Tempel „gebunden"/verpflichtet (Z. 8 *rakāsu* D). N_2 hatte nach Z. 9ff. gegen diese Entscheidung bei E(nlil-kidinnī) protestiert und beantragt, nicht die Zeugen, sondern den N_1 selbst zu(r Eidesleistung i)m Tempel zu schicken. E und wahrscheinlich der in Z. 3 genannte Beisitzer Ilī-iddina (Z. 19 wahrscheinlich so zu ergänzen) stoßen daraufhin das Urteil betreffend die Zeugen um (Z. 20) und erlassen ein neues Urteil, wonach N_1 die umstrittenen Leute im Tempel (unter Eid) für sich reklamieren (vgl. Z. 29: *N_1 ina bīt ili ul iqtabima* „wenn N_1 im Tempel nicht gesprochen haben wird"), „ihre Hände ergreifen und (die Leute) herausführen" soll (Z. 24f.). Nimmt N_1 dieses Eidesritual vor, hat er im Rechtsstreit endgültig gesiegt. Das dürfte der Sinn der Formulierung Z. 25 *amīlūta ... leqi* (als „Urteilsformel"?) sein und wird bestätigt durch die Z. 26–28 folgende gegen N_2 als Verlierer des Rechtsstreits gerichtete Strafdrohung, in der N_2 mit der Todesstrafe bedroht wird, falls er nach der Eidesleistung durch N_1 (und damit nach dessen Siege) wegen der Leute nochmals klagen sollte.

Lehnt umgekehrt N_1 die Eidesleistung ab (Z. 29, s. oben), geht er des Prozesses verlustig. Nach Z. 30–32 wird N_1 für diesen Fall verurteilt, die umstrittenen Leute dem N_2 herauszugeben und ihm den (üblichen oder gesetzlich fixierten) Mietzins für sie seit dem Tage ihrer (nunmehr als unrechtmäßig „erwiesenen") Inbesitznahme durch N_1 zu zahlen.

Unklar ist leider für das Problem der Rechtskraftwirkung mittelbabylonischer Urteile, ob das Verbot der Wiederholung einer Klage ipso iure galt, also allgemein auch ohne eine besondere ausdrückliche Anordnung, so daß eine zweite Klage ohne weiteres abgewiesen werden konnte oder mußte. Träfe dies zu, so hätte es sich hier um die Androhung einer besonders harten Strafsanktion für einen Verstoß gegen das schon ipso iure geltende „gesetzliche" Verbot einer nochmaligen Klage gehandelt. Es wäre aber auch denkbar, daß hier nur für den vorliegenden Spezialfall eine nochmalige Klage verboten wurde und dieses spezielle Verbot zugleich mit der Sanktion der Todesstrafe für den Fall der Zuwiderhandlung versehen wurde. Zweifelhaft ist auch, ob die angedrohte Todesstrafe für derartige Fälle allgemeiner Rechtspraxis entsprach; es wäre nämlich auch möglich, daß diese nur gegen N_2 gerichtete Strafsanktion hier darauf zurückzuführen ist, daß bereits eine Entscheidung des GÚ.EN.NA(?) vorgelegen hatte, die auf Antrag des N_2 nachträglich wieder aufgehoben bzw. abgeändert worden war. Immerhin erinnert die Androhung der Todesstrafe für die „Auflehnung" gegen die richterliche Entscheidung des GÚ.EN.NA an § 173 (Hroznýscher Zählung) bzw. § *58A (Friedrichscher Zählung[1]) der etwa zeitgenössischen

[1] Vgl. J. Friedrich, Die Hethitischen Gesetze, Leiden 1959.

„Hethitischen Gesetze". Danach wird derjenige, der ein *DĪN* LUGAL „Königsurteil" anficht, irgendwie an „seinem Hause (É-*SU*)" bestraft; wenn er (aber nur) das *DĪN* [LÚ]DUGUD „Urteil eines ‹Ehrwürdigen›" anficht, SAG.DU-*ZU I-NA-AK-KI-ZU* „wird man seinen Kopf abschlagen", es wird ihm also persönlich die Todesstrafe angedroht. Zur Todesstrafe für die Anfechtung einer Entscheidung in neubabylonischer Zeit vgl. den Text Nebukadnezars II. in CT 46,45 III 3ff., dazu W. G. Lambert, Iraq 27 (1965) 5f., 8; AHw 1062 „*surrātu(m)*".

Auch sonst ist die Urkunde prozessual von besonderem Interesse; leider ist sie in ihrem für das Verständnis wichtigen Mittelstücke nur ganz schlecht erhalten. Der Prozeß wird anscheinend wie in BE XIV 39 und UM VIII/2, 163 (letzterenfalls aber auf königliche *šipirtu* „Botschaft"/ Anweisung) vor dem GÚ.EN.NA von Nippur abgewickelt, wohl unter Zuziehung eines Beisitzers oder Gehilfen; vgl. dagegen HS 150 (Nr. 8), wo der Prozeß sich vor dem *ḫazannu* „Bürgermeister" von Nippur abgespielt hatte. Die Eidesleistung durch Zeugen oder eine Partei erfolgt – wie altbabylonisch – im Tempel vor der Gottheit. Der Parteieid geschieht bei Mobilien (Sklaven) in Gegenwart der Streitobjekte, indem die eidbelastete Partei offenbar unter beeideter wörtlicher Rechtsbehauptung bzw. Angabe des Rechtsgrundes (hier) die umstrittenen Personen anfaßt und („in Gegenwart der Gottheit"?) wegführt.

Die Entscheidung ist – modernrechtlich gesprochen – als eine Art „Beweisurteil" bzw. „bedingtes Endurteil" anzusprechen: sie ordnet einerseits die Eidesleistung an und ist insofern Teil des Beweisverfahrens. Andererseits entscheidet sie zugleich den Rechtsstreit für die beiden möglichen Eventualitäten, daß der Eid von N_1 geleistet oder verweigert wird; insofern ist das Urteil Endurteil. Unser Text ist damit ein besonders guter Beleg und zugleich ein zeitliches Verbindungsglied für die für die alt- und spätbabylonischen Bereiche schon ermittelte babylonische Prozeßpraxis der „Beweis"- oder „bedingten Endurteile"; allerdings sind die Belege in diesen beiden Perioden – wohl mitbedingt durch die jeweilige Prozeßsituation – formal anders als in unserer (deutlicheren) mittelbabylonischen Fassung. Für die altbabylonische Zeit vgl. Lautner, Die richterliche Entscheidung und die Streitbeendigung (1922) 38f.[1]; für die spätbabylonische Periode vgl. San Nicolò, ArOr 4 (1932) 328ff.

N_2 wird in Z. 9 als *re-du-ú* (vgl. auch Z. 26: [I]*re-du-ú*; Z. 32: *a-na re-di-i*) – d. i. wohl das Partizip *rēdû* – bezeichnet. Da die Gegenpartei N_1 sich nach Z. 31f. im Besitze der umstrittenen Leute befindet, könnte *rēdû* den „Verfolger" der Leute meinen, wenn für die Wurzel *rdī* die Bedeutung „verfolgen" zugrunde gelegt wird[2]. Bei Annahme der Grundbedeutung „führen" würde *rēdû* denjenigen bezeichnen, der den verklagten Prozeßgegner vor Gericht „führt", d. h. den Kläger; daß N_2 der Kläger ist, ergibt sich auch aus Z. 16f. – wenn die nach den Zeichenresten wahrscheinliche Ergänzung *a[d]-b[u-b]u* zutrifft –: „(die Leute), deretwegen ich ge[kl]ag[t ha]be". Nicht auszuschließen ist allerdings auch für die vorliegende Stelle die Bedeutung „etwa Verwalter, Vertreter eines Amtes", so AHw 968 "*rēdû* 3".

Besonders bemerkenswert an unserer Tafel ist, daß sie – falls richtig interpretiert – für mittelbabylonische Zeit den Fall der Abänderung eines bereits ergangenen „Beweisbeschlusses", wahrscheinlich sogar eines ebenfalls „bedingten" Endurteils bietet. Leider bleibt offen, ob dies im Zuge ein und desselben Verfahrens erfolgte oder in einer Art Berufungs-/Rechtsmittelverfahren (zuerst Entscheidung des Enlil-kidinnī allein – Z. 8 –, dann mit dem „Boten des Dajjān-Marduk" – Z. 3, 19 –). Termini technici scheinen hier für das Abändern eines Urteils *dīna abāku* „ein Urteil umstoßen/abändern" und für das „Erlassen/Fällen eines Urteils" *dīna ṣabātu* (Z. 20,21f.)

---

[1] Allerdings sind die Ausführungen zu VAB 5, 312 auf S. 15 Anm. 43 und S. 38 zu modifizieren, vgl. vorerst CAD B 127 a/b. Für die parallelen Verhältnisse in den neusumerischen ditilla-Gerichtsurkunden in Ur III vgl. Falkenstein, Die neusumerischen Gerichtsurkunden I (1956) 66f.

[2] Weniger wahrscheinlich ist, daß N_2 der „Verfolgte" (*redû*) wäre, gegen den N_1 früher im Wege der Selbsthilfe vorgegangen war und der ihm die Leute weggenommen hatte, so daß N_2 nunmehr den Klagweg gegen N_1 beschreiten mußte.

zu sein. Auffällig ist, daß die Abänderung der ersten Beweisentscheidung auf Antrag des N_2 erfolgt, indem er die eidliche Vernehmung der Zeugen des N_1 ablehnt und anstelle dessen die eidliche Vernehmung des Prozeßgegners N_1 selbst beantragt, ihm also, modernrechtlich gesprochen, den Eid zuschiebt. Offenbar muß sich N_2 mit dieser Verschiebung der Beweismittel die Möglichkeit einer für ihn günstigeren Prozeßsituation versprochen haben; welcher Art diese war, bleibt leider für uns nicht erkennbar. Denkbar wäre, daß es sich um die Einsparung von Eides-„Gebühren" bei *einer* Eidesleistung gegenüber der von *zwei* Zeugen gehandelt hatte[1]; möglich wäre aber auch, daß N_2 sich eher eine Ablehnung des Eides durch N_1 und damit den Prozeßgewinn erhoffte, nicht aber eine ihm günstige Aussage durch die Zeugen.

Die Tafel HS 158b ist wahrscheinlich in den fragmentarischen Zeilen 6'–8' des Urkundenregisters HS 155 (Nr. 14) verzeichnet.

di-nu ša ^{Id}*En-*[*l*]*íl-ki-di-ni*
^{I}ZALÁG-DINGIR-*šu ù* ^{I}ZALÁG-NIN-*a-ga-dè*^{KI}
ù ^{I}DINGIR-SUM^{na} DUMU *šip-ri ša* ^{I}DI.KU$_5$-^{d}AMAR.UTU
iz-zi-zu-ma i-di-nu-šu-nu-ti
ši-bu-tu$_4$ *ša* ^{I}ZALÁG-DINGIR-*šu a-na* ^{I}ZALÁG-NIN-*a-ga-dè*^{KI}
iš-ku-nu ^{I}*Ki-ip-pi-*^{d}UTU
^{Id}*Nin-urta-mu-tir-*ŠU DUMU ^{I}*I-qí-iš-*^{d}*En-líl*
^{Id}*En-líl-ki-di-ni a-na* É.DINGIR *ú-re-ki-is-su-nu-ti-ma*
^{I}ZALÁG-NIN-*a-ga-dè*^{KI} *re-du-ú*
a-na ^{Id}*En-líl-ki-di-ni ki-a-am iq-bi*
ši-bu-tu-šu a-na É.DINGIR *la ir-ru-b*[*u*]
^{I}ZALÁG-DINGIR-*šu-ma a-*[*n*]*a* É.DINGIR-*ma/šu lu-qé-rib-šu-ma*
li-ru-ub-ma qá-ti a-mi-lu-ti
$^{I(?)}$x-NI(?) ^{I}*I-qí-ša-*^{d}*É-a*
ù ^{I}*I-ri-ma-an-ni-*^{d}IM
ša a-na-ku i-na mu-uḫ-ḫi-šu-nu
a[*d*]*-b*[*u-b*]*u li-iṣ-ba-at*[*-m*]*a*

1 Zeile nur Zeichenspuren (lišēṣâššunu?)

Rs ^{Id}*En-líl-ki-di-ni ù* ^{I}DINGI[R-SUM^{na}](?)
di-na ša ši-bu-ti i-bu-ku-[*ma*]
di-na ša ^{I}ZALÁG-DINGIR-*šu a-na* É.DINGIR
e-re-ba iṣ-ba-tu
^{I}ZALÁG-DINGIR-*šu a-na* É.DINGIR *ir-ru-ub-ma*
qá-ti a-mi-lu-ti i-ṣa-ba-ta-am-ma
ú-še-ṣa-am-ma a-mi-lu-ta ki-i le-qú-ú le-qí
^{I}*re-du-ú i-ta-ar*
i-na mu-uḫ-ḫi a-mi-lu-ti i-da-ab-bu-ub-ma
id-da-ak
^{I}ZALÁG-DINGIR-*šu i-na* É.DINGIR *ul iq-ta-bi-ma*
a-mi-lu-ta ù i-da-ti-ša
ša iš-tu u$_4$*-mi na-šu-ú*
a-na re-di-i i-nam-di-in

---

[1] Dazu, zur Eidesleistung im Tempel und zur Ablehnung der Vereidigung von Zeugen durch eine Prozeßpartei im altbabylonischen Recht zuletzt Leemans, RA 64 (1970) 65 mit Anm. 3 zu BE VI/2, 49 (= UAR 298).

^{ITU}NE.NE.GAR UD *10*.KAM
MU *24*.KAM *Bur-ra-bu-ri-ia-aš*
KIŠIB ^{Id}*En-líl-ki-di-ni*
KIŠIB ^{I}DINGIR-SUM^{na} DUMU *šip-ri ša* ^{I}DI.KU$_5$-^{d}AMAR.UTU

Keine Siegelabdrücke.

Prozeß, in dem Enlil-kidinnī,
Nūr-ilīšu und Nūr-Bēlet-Agade
und Ilī-iddina, der Bote des Dajjān-Marduk,
„gestanden" (aufgetreten) sind und (in dem) er (= E., oder: sie = E. und I.) ihnen (dem N_1 und N_2) Recht gesprochen hat (haben).
Die Zeugen, die Nūr-ilīšu gegen Nūr-Bēlet-Agade
gestellt hatte, waren Kīppī-Šamaš (= Kīn-pī-Šamaš) (und)
Ninurta-mutīr-gimilli, der Sohn des Iqīš-Enlil.
Enlil-kidinnī hatte sie zu(r Eidesleistung i)m Tempel verpflichtet. Aber
Nūr-Bēlet-Agade, der *rēdû*,
hatte zu Enlil-kidinnī folgendermaßen gesprochen:
„Seine Zeugen sollen in den Tempel (zur Eidesleistung) nicht eintret[en].
Nūr-ilīšu selbst will ich z[u] seinem (?) Tempel hin/vorführen, und
er möge (dort) eintreten und die Hände der Leute,
X.(?), Iqīša-Ea
und Irēmanni-Adad,
deretwegen ich
ge[kl]ag[t ha]be, möge er ergreifen [u]nd
. . . . (sie herausführen?)".
Rs Enlil-kidinnī und Il[ī-iddina] (?)
haben das Urteil betreffend die Zeugen geändert/umgestoßen [und]
das/ein Urteil, Nūr-ilīšu betreffend, daß er in den Tempel (zur Eidesleistung)
eintreten soll, erlassen/gefällt:
Wenn Nūr-ilīšu in den Tempel (zur Eidesleistung) eintreten und
die Hände der Leute ergreifen und (die Leute)
herausführen wird, (dann) hat er die Leute, wie er (sie) genommen hatte, (zu Recht als ihm zustehend) genommen.
Wenn der *rēdû* (dann) wiederum
wegen der Leute Klage erheben wird,
wird er getötet werden.
Wenn (dagegen) Nūr-ilīšu im Tempel nicht (seinen Parteibehauptungen entsprechend eidlich) gesprochen haben wird,
wird er die Leute und den Mietzins für sie
seit dem Tage, da sie weggeführt/fortgenommen sind,
dem *rēdû* geben.

Den 10. Ab (=V.),
Jahr 24 (des Königs) Burna-Buriaš.
Siegel des Enlil-kidinnī,
Siegel des Ilī-iddina, des Boten des Dajjān-Marduk.

Z. 1–4: Vgl. die Einleitung unserer Prozeßurkunde mit dem leider nur unvollständigen Entwurf (oder Abschrift?) einer Prozeßurkunde BE XIV 39, 1–3: *dīnu ša U.* [^{LÚ}]GÚ.EN.NA NIBRU^{KI} (Richter) *N u E* (Prozeßparteien) *idīnu* „Recht/Urteil, das U., der GÚ.EN.NA von Nippur, dem N und dem E gesprochen hat"; vgl. CAD D 102 rechts Mitte zur Stelle („(this is) the verdict rendered by . . ."); AHw 167f. Der Z. 36 mit Enlil-kidinnī (Z. 1, 35) mitsiegelnde Bote des Dajjān-Marduk (Z. 3) gehört zum Gericht, nicht zu den Prozeßparteien; dementsprechend wohl Z. 19 (= Rs Z. 1) a. E. zu ergänzen.

Z. 8: *urekkis* < *urakkis*; vgl. Aro, Studien 40; 43.

Z. 9: Zu *rēdû* s. oben Vorbemerkungen.

Z. 12: Für *qurrubu* „hinführen, (König, Richtern usw.) vorführen" s. AHw 917 links D 1c), d).

Z. 20: Zu *dīna abāku* „ein Urteil umstoßen, ändern" vgl. CAD A I 8 „*abāku* B" to upset; 8f. overturned; 9 rechts to overthrow, to turn over; AHw 2 rechts unten vor D.

Z. 21f.: Zu *dīna ṣabātu* s. o. Vorbem.; CAD Ṣ 26a/b: „MB Alalakh, RS and Nuzi only" „to sue in court"; vgl. aber CAD D 151, 1,1′ a. E. (*dīna*) *ṣabātu* „to accept (a verdict)".

Über die mB Konstruktion des Infinitivs als Akkusativobjekt vgl. Aro, Studien 125; 127 d; 146c; Aro, Infinitiv 84, 3.35ff.

Z. 25: Zur Wendung *ki-i le-qú-ú le-qi* vgl. eine gleichartige Satzkonstruktion in MDP 23, 242, 16 (*ki-i ak-lu a-ki-il*, dazu CAD A I 253 links). Eine andere Lesungsmöglichkeit wäre *ki i-le-qú-ú le-qi* = *kî ileqqû leqi* „(und die Leute) hat er (dann), wenn er (sie) nehmen wird, . . . genommen".

Zu *leqû* „(etwas Zustehendes) nehmen" s. AHw 545 links Mitte; zum Stativ ebenda links oben.

Z. 26: DIŠ am Zeilenanfang ist wohl der „Personenkeil", entweder fehlerhaft oder eine Schreibweise analog ᴵKI.MIN, oder der Personenname von Z. 9 ist versehentlich ausgefallen.

Z. 29–32: Vgl. dazu formal und sachlich sowie zu *idātiša* HS 2391 (Nr. 10), 21–24 mit Anm. 1 und Bem. ad 22.

14. – HS 155

Verzeichnis über Urkundentafeln betreffend Rechtsgeschäfte und Prozesse aus dem Archiv des Enlil-kidinnī

Nach der Tafelkrümmung zu urteilen, dürfte etwa das obere Drittel der Tafel fehlen. Der Text enthält ein kurzgefaßtes Verzeichnis (Register) von Urkundentafeln über Rechtsgeschäfte und erledigte Prozesse.

Die Zeilenanfänge *1* KI.MIN „*1* dito" beziehen sich auf den entsprechenden Zeilenanfang der nicht mehr erhaltenen Zeile 1 der Tafel, der wahrscheinlich „*1 ṭuppi*(/*u ša*) 1 Tafel (betreffend) . . . . ." lautete. So ist dann z. B. Z. 9′ zu übersetzen:

„*1* dito (= Tafel) (betreffend den) Taklāku-ana-Kamulla
von (KI = *itti*) [Ad]ag[gal-pāni-ilī], dem Kaufmann".

T. ist der in der Sklavenkaufurkunde BE XIV 1 Z. 3 von dem Verkäufer A. (Z. 4; danach ist unsere Z. 9′ ergänzt) an den Käufer Enlil-kidinnī verkaufte Mann. Wie damit schon angedeutet, ist uns die in Z. 9′ registrierte Tafel in der Sklavenkaufurkunde BE XIV 1 erhalten geblieben. Dasselbe gilt auch mindestens für die Z. 10′ f., 30′ff. und 36′ f. verzeichneten Urkunden: Z. 10′ f. und 36′ f. betreffen unsere Sklavenkaufurkunden HS 2068 (oben Nr. 1) und 151 (oben Nr. 2); die in Z. 10′ und 36′ an erster Stelle genannten Männer sind – wie in Z. 9′ – die in 2068 Z. 1 bzw. 151 Z. 1 als Kaufobjekte genannten Sklaven, der zweite Name in beiden Zeilen referiert den jeweiligen Verkäufer. Der Verkäufer von Z. 36′ = HS 151 erscheint auch in Z. 33′, wohl als Verkäufer eines anderen Sklaven. Sklavenkäufer ist in allen jenen Fällen Enlil-kidinnī, Sohn des Ninurta-nādin-aḫḫī; er wird in keiner dieser Stellen unserer Tafel und auch sonst hier nur selten namentlich erwähnt, weil das Urkundenregister HS 155 sein oder seiner Familie eigenes Urkundenarchiv registriert.

Z. 30′ bezieht sich auf die Bürgschaftsurkunde BE XIV 2 (Jahr 6 des Königs Burna-Buriaš): Enlil-kidinnī hatte den in Z. 30′ zuerst genannten Tukulti-Ninurta nebst vier weiteren Leuten in seinem Hause in Haft gehalten; der in Z. 30′ genannte Ninurta-bānī (derselbe wie der Sklaveneigentümer in Z. 14′?) hatte zusammen mit seinem Bruder die Entlassung der Häftlinge erbeten und in wörtlich referierter Rede die Bürgschaft dafür übernommen, daß jene nicht fliehen werden (sogen. „Stillesitzbürgschaft"). Jene Bürgschaft(stafel) wird hier in Z. 30'ff. aufgeführt. Obwohl in BE XIV 2 für Enlil-kidinnī keine Filiation angegeben ist, handelt es sich nach HS 155 in Verbindung mit den übrigen Belegen überall um dieselbe Person. Eine ähnliche Bürgschaft enthielt die Tafel HS 2391 (oben Nr. 10), die vielleicht in den leider nur am Anfang erhaltenen Z. 4'f. von HS 155 registriert wird (wohl zu ergänzen nach Nr. 10 Z. 5).

Weiterhin dürfte uns die in HS 155 Z. 15' verzeichnete Urkunde über eine Frau Kaššītu erhalten geblieben sein, und zwar in der Sklavenkaufurkunde UM VIII/2, 162 (Jahr 24 des Burna-Buriaš). In ihr werden eine Sklavin ^{f}*Kaš-ši-tu*$_{4}$ (Z. 1) sowie zwei weitere Sklavinnen und ein Sklave für insgesamt 24 Sekel Gold verkauft. Verkäufer ist Gimillu, Sohn des Ubajja (geschrieben: ^{I}*Ú-ba-a-a*); die Kaššītu und jener Gimillu dürften mit den gleichnamigen Personen von HS 155, 15' personengleich sein. Allerdings erscheint in UM VIII/2, 162 als Käufer und damit Vertragspartei nicht Enlil-kidinnī selbst, sondern Adad-šar-ilāni, der ^{LÚ}SAG (=*ša rēši*[1]) des Enlil-kidinnī; letzterer wird dort als É[2].DUB.BA.A NIBRU^{KI} bezeichnet (Z. 8, 18). Dieser Hinweis auf die Zugehörigkeit des Käufers zum Hause des Enlil-kidinnī aber macht es wahrscheinlich, daß HS 155,15' diesen Kaufvertrag meint. Vielleicht hatte Adad-šar-ilāni den Kaufvertrag nur als – formal indirekter – Stellvertreter für seinen Herrn abgeschlossen. Träfe dies zu, so wäre damit auch für die mittelbabylonische Zeit die Möglichkeit des Abschlusses von Rechtsgeschäften durch indirekte Stellvertreter bezeugt, wie z. B. auch für die neubabylonische Zeit erwiesen (dazu Petschow, NPR 47f.; SZ 76 (1959) 49ff.).

Des weiteren ist die in HS 155 Z. 22' erwähnte Tafel vielleicht mit der Prozeßurkunde BE XIV 8 (Burna-Buriaš Jahr 21) identisch. Letztere enthält das Protokoll über einen Prozeß mit einem anschließenden Klageverzicht. Danach hatte ein gewisser A. einen Mann namens ^{Id}IM-*re-ša-šu* DUMU ^{LÚ}Ì.ŠUR „Adad-rēšāšu, Sohn des Ölpressers" (Z. 3) dem Enlil-kidinnī „gegeben" und letzterem wegen dieses Mannes einen Klageverzicht geleistet (Z. 23–25). Man wird vermuten dürfen, daß jener ^{Id}IM-*re-ša-šu* identisch ist mit der gleichnamigen Person von HS 155, 22'; damit wäre auch die hier erwähnte Urkunde in BE XIV 8 erhalten geblieben. Dagegen spricht auch nicht, daß das Determinativ vor Ì.ŠUR „Ölpresser" in HS 155, 22' der „Personenkeil" (die Berufsbezeichnung also bereits als „Familienname" verwendet) ist, in BE XIV 8,3 aber das Zeichen LÚ das Determinativ bildet. Falls nicht in HS 155, 22' ein Schreibfehler vorliegen sollte, wären beide Tafeln unmittelbare Belege dafür, daß Berufsbezeichnungen bereits im 14. Jh. v. Chr. mit dem „Personenkeil" versehen und zu „Familiennamen" werden konnten. Zum Beginn der Verwendung von „Familiennamen" in vorneubabylonischer Zeit vgl. Brinkman, History 247 Anm. 1577; W. G. Lambert, JCS 11 (1957) 9f.; 112.

Schließlich dürfte unsere Prozeßurkunde HS 158b (= Nr. 13) in den leider sehr fragmentarischen Zeilen 6'–8' registriert gewesen sein, die lauten:

„1 dito (= Tafel) (betreffend den) Prozeß, (in) dem E[nlil-kidinnī, Nūr-ilīšu und] Nūr-[B]ēlet-Akka[di] und I[lī-iddina, der Bote] des Dajjān-Marduk gestanden (aufgetreten) sind und er/sie [ihnen Recht gesprochen hat/haben]"

(vgl. dazu HS 158b Z. 1–4). Die Ergänzungen zu Z. 6'–8' sind nach den Raumverhältnissen möglich. Bemerkenswert ist hier, daß (nur?) eine – nicht gesiegelte – Abschrift der Prozeßentscheidung des Enlil-kidinnī offensichtlich in seinem Archiv niedergelegt und registriert worden war, die gesiegelten Exemplare (vgl. die Siegelungsvermerke in HS 158b Z. 35, 36) aber anscheinend den Parteien ausgehändigt oder im Gerichtsarchiv verwahrt worden waren.

Beachtlich ist die verschiedene Schreibung des Personennamens Z. 7': ^{I}ZALÁG-[G]AŠAN-*ak-ka-[di]* gegenüber HS 158b 2,5 und 9 ^{I}ZALÁG-NIN-*a-ga-dè*^{KI} (vgl. auch BE XIV 8, 14).

---

[1] Dazu Landsberger in Festschrift für W. Baumgartner (1967) 199, 202; Brinkman, History 310 mit weiteren Belegen aus kassitischer Zeit. S. auch Nr. 29 Bem. zu Z. 35.

[2] Zu GÁ/É.DUB.BA.A s. Landsberger, Brief 75f.

Vermutlich werden auch die Zeilen 12′, 16′, 23′, 24′f., 28′f., 33′f. – 42′ und 44′ Sklavenkaufverträge betreffen: Sie nennen jeweils die Kaufsklaven[1], -sklavinnen und Veräußerer. Damit würden uns – einschließlich BE XIV 7 – nicht weniger als 16 Sklavenkaufverträge des Enlil-kidinnī oder seines Hauses bekannt. Von ihnen hatten mindestens einige – aus nur etwas über sechs Jahren stammend – je mehrere Sklaven zum Gegenstande: HS 151 und 2068 je zwei, UM VIII/2,162 vier und BE XIV 7 sogar acht Sklaven. Die letztere Urkunde war vielleicht in dem verlorenen oberen Drittel unserer Tafel verzeichnet gewesen.

Die Z. 13′f. angeführte Tafel enthielt wahrscheinlich einen Heiratskontrakt, bemerkenswerterweise für ein anscheinend freies Mädchen und einen namentlich nicht genannten *ardu* „Knecht, Sklave“ eines gewissen Ninurta-bānī (vgl. zu diesem Z. 30′); terminologisch geschieht auch hier – wie altbabylonisch – das *aḫāzu* „nehmen“ (= heiraten) durch den Mann (nicht umgekehrt):

„1 dito (= Tafel) (betreffend die) Sîn-ludlul, die Tochter des Tarībat-ili, die der Knecht/Sklave des N. genommen (geheiratet) hat“.

Der auf BE XIV 2 bezügliche Eintrag Z. 30′ff. (s. oben) bedeutet:

„1 dito (betreffend den) Tukulti-Ninurta: Ninurta-bānī, der Sohn des Ilu-ippašra, hat gebürgt und ihn (aus der Haft) herausgehen lassen (herausgeführt)“.

Zu BE XIV 2 vgl. auch oben Exkurs zu HS 149 (Nr. 11); Petschow, NPR 38 mit Anm. 89b. Um Prozeßurkunden scheint es sich Z. 19′–21′, 22′ (s. oben) und 26′f. gehandelt zu haben. Z. 19′ bis 21′ lauten:

„1 dito (= Tafel) (betreffend den) Ninurta-dajjān, den Sohn des Ardūtu, den (oder: des) Töpfer(s): Enlil-kidinnī hatte mit Sîn-mutabli geklagt und ihn (aus der Haft?) herausgehen lassen“.

Z. 22′ (s. oben):

„1 dito (= Tafel) des Adad-rēšāšu, des Sohnes des Ölpressers“.

Z. 26′f.:

„1 dito (= Tafel) (betreffend den) Nusku-ibni, den Sohn des Šummuḫu, der wegen der Leute (des Gesindes) des Mār-Ea-bēl-ilāni geklagt hatte“.

Inhaltlich unbestimmt sind die Einträge Z. 17′f. und Z. 43′. Letzterer lautet ebenso lakonisch wie Z. 22′:

„1 dito (= Tafel) (betreffend den) Ina-Ekur-rīšātu“.

Z. 17′f. betraf vielleicht einen ähnlichen Sachverhalt wie Z. 30′ff.:

„1 dito (betreffend die) Tochter des Awīlīja, des Sohnes des Aḫlu: aus dem Stadthause (*bīt āli*) hat der Nūr-Marduk, der Sohn des Nūr-Dilbat, sie herausgehen lassen (herausgeführt)“.

Als terminus post quem für die (nicht erhaltene oder nicht vorhanden gewesene) Datierung der Tafel ergeben sich nach dem oben Gesagten aus Z. 6′–8′, 15′ und 4′f. in Verbindung mit HS 158b (= Nr. 13) bzw. UM VIII/2, 162 bzw. HS 2391 (= Nr. 10) der 10. V. bzw. 29. IV. bzw. 25. III. des Jahres 24 des Königs Burna-Buriaš.

[1 K]I.[MIN
1 KI.MIN ^{I}x[
1 KI.MIN ^{I}ARAD-$^{d(?)}$x[
1 KI.MIN ^{I}*Ap-pa-a-a-*[*ú*(?)
DUMU ^{I}*E*(?)-[*ṭi-ri*(?)
1 KI.MIN *di-nim ša* ^{Id}*E*[*n-líl-ki-di-ni* ^{I}ZALÁG-DINGIR-*šu ù*]
^{I}ZALÁG-[G]AŠAN-*ak-ka-*[*di*] *ù* ^{I}D[INGIR-SUM^{na} DUMU *šip-ri*]

[1] Darunter einen Töpfer: Z. 33′.

ša ^{I}DI.KU$_5$-^{d}AMAR.UTU *iz-zi-zu-ma i*(?)[*-di-nu-šu-nu-ti*]
1 KI.MIN ^{I}*Tak-la-ku-a-na-*^{d}*Ka-mul-la* KI ^{I}[*A-d*]*a-g*[*al-pa-ni*-DINGIR] DAM.GÀR [1]
1 KI.MIN ^{I}*I-mé-ni-ze-en-ni* KI ^{I}*Ra-i-mi* [2]
DUMU ^{I}*A-ḫi-iu-ú-a* [2] DAM.GÀR
1 KI.MIN ^{f}*Me-at-a-ma-as-sa* KI ^{I}*Za-ki-rù* DUMU ^{I}EN-*ú-sa-a-tu*$_4$
1 KI.MIN ^{fd}*Sîn-lu-ud-lul* DUMU.SAL ^{I}*Ta-ri-bat*-DINGIR
ša ARAD *ša* ^{Id}*Nin-urta-ba-ni i-ḫu-zu-ši*
1 KI.MIN ^{f}*Kaš-ši-ti* KI ^{I}*Gi-mi-il-li* DUMU ^{I}*Ú-ba-a-a*
1 KI.MIN ^{I}DI.KU$_5$-DINGIR KI ^{I}*Iz-kùr-*^{d}*Nin-imma* [3] DUMU ^{I}NÍG.BA-^{d}AMAR. UTU
1 KI.MIN DUMU.SAL ^{I}LÚ-*ia* DUMU ^{I}*Aḫ-li i-na* É URU ^{I}ZALÁG-^{d}AMAR.UTU
DUMU ^{I}ZALÁG-^{d}*dele-bat ú-še-ṣa-aš-ši*
1 KI.MIN ^{Id}*Nin-urta*-DI.KU$_5$ DUMU ^{I}*Ar-du-ti* BAḪÁR
^{Id}*En-líl-ki-di-ni* KI ^{Id}*Sîn-mu-tab-li id-bu-um-ma*
ú-še-ṣa-aš-šu
1 KI.MIN *ša* ^{Id}IM-*re-ša-šu* DUMU ^{I}Ì.ŠUR

Rs 1 KI.MIN ^{Id}UTU-ŠEŠ KI ^{I}*Be-la-ni* DUMU ^{I}*Bi-su-ú-ti*
1 KI.MIN ^{I}*Bu-un-na*-DINGIR KI ^{I}ITU-*šu*-ŠEŠ ^{I}DUG^{ab}-*ki-din-šu*
ú ^{I}*Ki-din-*^{d}AMAR.UTU DUMU^{MEŠ} ^{I}*Sa-ni-ia*
1 KI.MIN ^{Id}*Nusku-ib-ni* DUMU ^{I}*Šum-mu-ḫi ša i-na* UGU NAM.LÚ.LU$_x$(ULÙ)
ša DUMU-^{Id}*É-a-be-lí*[4]-DINGIR^{MEŠ} *id-bu-bu*
1 KI.MIN ^{I}*Ki-din-*^{d}*Gu-la* KI ^{I}*Ma-ad-mi-šu-uḫ*
DUMU ^{I}*Ki-in-Iš*$_8$*-tár*
1 KI.MIN ^{I}*Tu-kul-ti-*^{d}*Nin-urta* ^{Id}*Nin-urta-ba-ni*
DUMU ^{I}DINGIR-*ip-pa-aš-ra pu-us-su i-mi-id-ma*
ú-še-ṣi-šu
1 KI.MIN ^{Id}*Sîn-ib-ni* BAḪÁR KI ^{I}*Muš-te-šim-*^{d}IM
DUMU ^{I}È-*a-na*-ZALÁG-^{d}IM
1 KI.MIN ^{I}*Ki-din-*^{d}*Nin-urta* KI ^{I}*Za-ki-rù* DUMU ^{I}ARAD-*nu-bat-ti*
1 KI.MIN ^{I}*A-di-ma-ti*-DINGIR *ša* ^{I}*Muš-te-šim-*^{d}IM
DUMU ^{I}È-*a-na*-ZALÁG-^{d}IM
2 KI.MIN ^{I}*Šum-ma-an-la-*^{d}*Nin-urta* KI ^{I}*I-gar-šu-e-mi-id* DUMU ^{I}*Ša-ḫi-i*
1 KI.MIN ^{Id}IM-MU-APIN KI ^{Id}*Sîn-ra-im-ze-ri*
DUMU ^{I}*Ta-ri-bat-*^{d}*Sîn*
1 KI.MIN ^{I}*Še-en-ni-ia* KI ^{Id}*En-líl-ra-im-ni-ši-šu* [2]
DUMU ^{I}*A-ḫi-ie-e-a* [2] DAM.GÀR
1 KI.MIN ^{I}*I-na-é-kur-ri-ša-a-tu*
1 KI.MIN ^{Id}UTU-*da-bi-bi* KI ^{I}*Ku-na*-DINGIR^{MEŠ} DUMU ^{I}SAG-^{d}*E*[*n-líl*(?)]

Rest der Rs – soweit erhalten – unbeschrieben. Siegelabrollungen über die gesamte Tafel, vor der Beschriftung der Tafel angebracht.

[1] Auf der Tafelrückseite; sehr lange Zeile. – Bemerkenswert ist, daß in BE XIV 1, 3 die – nichtkassitische(?), s. Balkan, Kassitenstudien I 100, 108 mit 193 Anm. 22 und 94f. – Gottheit Kamulla = ^{d}Ea (vgl. Balkan 3) ohne Gottesdeterminativ, in HS 155, 9 dagegen mit Determinativ geschrieben wird; zur Schreibung der (kassitischen) Gottheiten ohne Gottesdeterminativ in den kassitischen Personennamen in den Urkunden dieser Zeit in Nippur Balkan 99, 192 Anm. 13 mit Belegen für Ausnahmen (zu beachten dort der gleiche Befund für den Gott Šiḫu wie für unseren Kamulla). [2] Siehe dazu HS 2068 (Nr. 1) Anm. 2. Der Kaufmann Rā'imu von Z. 10′ dürfte nach der Filiation mit dem Kaufmann Enlil-rā'im-nišīšu von Z. 41′ identisch sein. [3] SIG$_7$. [4] Sandhi-Schreibung.

Das Siegelbild ist – soweit erkennbar – das gleiche wie auf HS 134 (Nr. 31, s. dort) und UM II/2, 20 (Abbildung UM II/2 S. 66). Es ist mehrfach auf der Tafel abgerollt. Die Siegellegende ist jeweils nur bruchstückhaft sichtbar, ziemlich deutlich über dem Siegelbild die Filiationsangabe DUMU ᵈ*Nin-urta-na-di-in-aḫ-ḫi*. Von der Zeile darüber sind nur ganz schwache Zeichenspuren erkennbar, die – allerdings mit gewissen Schwierigkeiten hinsichtlich der Raumverteilung – die Ergänzung zu [ᵈ*En-lí*]*l-k*[*i*(?)-*di-in*-]*ni* möglich erscheinen lassen. Auf HS 134 und UM II/2, 20 ist auf der ersten Zeile unter dem Siegelbild ARAD NIN.SAR „Diener der (Gottheit) Ninsar" zu erkennen. Ob die Siegelabdrücke auf HS 134 und UM II/2, 20 einerseits und HS 155 andererseits vom gleichen Siegel stammen, kann ich aus den nur bruchstückhaft sichtbaren Abdrücken nicht ermitteln. Zeitlich wäre beachtlich, daß HS 155 vielleicht noch aus den letzten Jahren des Burna-Buriaš II. stammt, HS 134 und UM II/2, 20 dagegen erst – etwa drei Jahrzehnte später – aus den Jahren Nazi-Maruttaš 8 bzw. 4.

II. WIRTSCHAFTSURKUNDEN*

15. – HS 142/141

Listen über Verpflegungsrationen für die „Torleute“

Der nachfolgende Text gibt die Tafel HS 142 wieder. Mit ihr zusammen gehören HS 141 und die bei K. Balkan, Kassitenstudien I 137f. behandelte Tafel UM II/2, 56. HS 142 und 141 stimmen wörtlich überein, ausgenommen die Summierung der Spalte 1 (s. u. Anm. 1 dazu) und die um einen Tag differierende Datierung (23. bzw. 22. Addar = XII.). UM II/2, 56 ist nur wenige Tage älter vom 16. Addar desselben Jahres. Alle drei (Buchhaltungs-)Listen verzeichnen die ausgegebenen „Verpflegung(sration)en für die Torleute“ (ŠUK ERÍN$^{\text{ḪI.A}}$ KÁ = *kurummat ṣāb bābi*, so Spalte 4 Z. 7) an Gerste (ŠE.BAR; Spalte 2) und Mehl (ZÌ.DA; Spalte 3) für den 16., 22. und 23. Addar des Jahres 1 des Königs Kaštiliaš IV. Spalte 4 Z. 2–6 nennt die jeweils empfangende Personengruppe, Spalte 1 die Zahl der zugehörigen Leute; Z. 7/8 enthalten die jeweiligen Summierungen in Spalten 1 bis 3. Der leichteren Vergleichbarkeit wegen sind in der folgenden Umschrift hinter die Zahlen von HS 142 in eckige Klammern die entsprechenden Zahlen von HS 141 – dieser Text wird daher hier nicht nochmals umschrieben – und anschließend von UM II/2, 56 hinzugefügt worden.

HS 142 weist keinen Siegelungsvermerk auf. HS 141 und UM II/2, 56 fügen als Z. 13 an:
$^{\text{NA}_4}$KIŠIB ^{I}LÚ-^{d}AMAR.UTU GÚ.EN.NA „Siegel des Amīl-Marduk, des GÚ.EN.NA“.
Zum GÚ.EN.NA Amīl-Marduk in Nippur s. S. 26.

HS 142 und 141 fügen zwei neue Belege zu den bisher in relativ wenigen kassitischen veröffentlichten Texten (Belege bei Brinkman 305f.) genannten *sakrumaš*, Plural *sakrumašātu* (geschrieben in UM II/2, 56 *sak-ru-ma-šá-tu*$_4$, in HS 142/141 übereinstimmend *sak-ru-maš-a-tu*$_4$). Sie gehören wie in UM II/2, 56 – zweimal je 36, einmal 32 Mann – zusammen mit Aḫlamû- und Kaššû-Leuten zu den „Torleuten“ in Nippur, also wohl zu einer (ständigen?) militärischen (Wach-?) Truppe, und bilden offensichtlich eine Personen(Berufs?)gruppe oder -klasse. Ebenso neuerdings für kassitische Zeit Brinkman 305–7 abweichend von Balkan 137f. („Mannschaft der *sakrumašātum*“); zu modifizieren auch Aro, Glossar 89 „ein militärischer Beamter(?)“; s. aber zutreffend schon CAD Ṣ 49 rechts unten. Hinsichtlich der Höhe der Verpflegungsrationen, die den *sakrumašātu* in den hier behandelten drei Rationenlisten zukommen, stehen sie – wie sich aus dem folgenden ergibt (vielleicht von Z. 5 Spalte 3 abgesehen) – sozial und rangmäßig auf gleicher Stufe mit den übrigen der insgesamt 143 bzw. 144 „Torleute“, von denen sie – jeweils an erster Stelle genannt – das zweitgrößte Kontingent nach den Kaššû-Leuten stellen.

Zu den in Spalte 4 Z. 3 aufgeführten *aḫlamû* im vorliegenden Zeitabschnitt s. UM II/2, 114, 16 (15 Aḫlamû); J.-R. Kupper, Les Nomades en Mésopotamie (1957) 107ff.; 136; 109 mit Anm. 1, wo bemerkt wird: „il s'agit donc d'immigrants isolés qui se sont établis en Babylonie, se mettant généralement au service des sédentaires“; letzteres trifft auch für unsere drei Texte zu; s. weiterhin Brinkman 278 Anm. 1799 sowie Index.

---

* Die Maßeinheiten werden in den Transliterationen wie folgt abgekürzt:
G/(G) = GUR = *kurru* = Kor; P/(P) = PI = *pānu* = Pānu; (B) = BÁN = *sūtu* = Seah; S/(S) = SÌLA = *qû* = Qa.

Die empfangenden Personengruppen sind: *sakrumašātu*, Aḫlamû, „große Kaššû", „verstreute" dito (= Kaššû) und Verschiedene. (Lesung BIR = *sapḫu* in Spalte 4 Z. 5 nach Vorschlag v. Sodens, *sapḫu* ausgesagt von „zerstreuten Menschengruppen". Zur Stelle s. auch CAD Ṣ 49 rechts unten.)

Die Person, zu deren Verfügung die Gesamtrationenmenge ist (Spalte 4 Z. 8), ist in HS 142/141 dieselbe (Etel-pî), in UM II/2, 56 dagegen eine andere (Kidin-Adad).

Ein Vergleich der Personenzahlen in Spalte 1 mit den jeweils zugehörigen Gerste- und Mehlzuteilungsbeträgen zeigt, daß die Gerstezuteilungen sämtlich nach einem Seah-Maße zu 5 Qa erfolgten, dagegen wurden die Mehlzuteilungen nach einem Seah-Maße zu 7 Qa gerechnet. Legt man diese Maße zugrunde, dann ergibt sich nämlich, daß die Verpflegungsration pro Mann aller „Torleute" pro Tag jeweils 1 Qa Gerste nach dem Seah-Maße zu 5 Qa und in Z. 2, 3, 4 und 6 1 Qa Mehl nach dem Seah-Maße zu 7 Qa betragen hatte. Eine Ausnahme von letzterem machte nur die Mehlzuteilung Z. 5 in allen drei Tafeln: sie mußte aus einem nicht erkennbaren Grunde (andere Ausgabestellen?) nach dem Seah-Maße zu 5 Qa erfolgt sein. Die Gesamtsumme der Mehlspalte in Z. 7 wurde aber ungeachtet dessen nach dem Seah-Maße zu 7 Qa addiert, so jedenfalls in UM II/2, 56; in HS 141 und 142 müßte allerdings in der Addition ein Rechen- oder Schreibfehler 4 (BÁN) statt richtig 3 (BÁN) vorliegen. Versucht man allerdings, die Mehlgesamtsumme in Z. 7 – in HS 141/2 mit dem Sollbetrag von 3 (PI) 3 (BÁN) 6 SÌLA – auf die Personengesamtzahl umzurechnen und legt man dabei eine Menge von 1 Qa pro Person zugrunde, dann ergibt sich für HS 141/142 und UM II/2, 56 eine Personenzahl von 153 bzw. 154, also 10 Personen mehr als in Spalte 1 Z. 7 angegeben. Die Differenz ist auf das andersartige Maß in Z. 5 zurückzuführen: Wäre in Z. 5 ebenfalls das Seah-Maß zu 7 Qa zugrunde gelegt worden, dann wäre der entsprechende Betrag in HS 142/141 26 Qa = 3 (BÁN) 5 SÌLA und die Gesamtsumme in Z. 7 3 (PI) 2 (BÁN) 3 SÌLA = 143 Qa = 143 Personen/1 Qa (wie in HS 141 Spalte 1 Z. 7). Zum Seah-Maß zu 7 Qa bei Mehl s. auch S. 94 zu HS 167, 12ff.

	ERÍN$^{ḪI.A}$	ŠE.BAR		ZÌ.DA		MU.NE
	36 [*36*; *32*]	*1* (P) *1* (B) *1* (S)	[*1*/*1*/*1*; *1*/–/*2*]	*5* (B) *1* (S)	[*5*/*1*; *4*/*4*]	*sak-ru-maš-a-tu*$_4$
	13 [*13*; *14*]	2 (B) *3* (S)	[*2*/*3*; *2*/*4*]	*1* (B) *6* (S)	[*1*/*6*; *2*/–]	*aḫ-la-mu-ú*
	38 [*38*; *40*]	*1* (P) *1* (B) *3* (S)	[*1*/*1*/*3*; *1*/*2*/–]	*5* (B) *3* (S)	[*5*/*3*; *5*/*5*]	*kaš-šú-ú* GAL^{MEŠ}
	26 [*26*; *28*]	*5* (B) *1* (S)	[*5*/*1*; *5*/*3*]	*5* (B) *1* (S)	[*5*/*1*; *5*/*3*]	KI.MIN BIR
	30 [*30*; *30*]	*1* P	[*1*; *1*]	*4* (B) *2* (S)	[*4*/*2*; *4*/*2*]	MU DIDLI
Rs	PAP *1* ME *42*[1] [*143*; *144*]	*4* (P) *4* (B) *3* S[2]	[*4*/*4*/*3*; *4*/*4*/*4*]	*3* (P) *4* (B) *6* (S)	[*3*/*4*/*6*; *3*/*4*/–]	ŠUK ERÍN$^{ḪI.A}$ KÁ
						ŠU ^{I}*E-tel-pi*
						^{ITU}ŠE.GUR$_{10}$.KUD
						UD *23*.KAM
						MU *1*.KAM
						Kaš-til-ia-šú

Zwischen den Zeilen der Vs, nicht auf der Rs sind Querstriche. Beide Tafeln HS 141 und 142 sind ohne Siegelabdrücke. Z. 5 der Spalte 4 ist auf HS 141 teilweise zerstört.

[1] Irrtümlich 142 statt richtig (wie in HS 141) 143; Schreiberversehen. [2] SÌLA fehlt auf HS 141.

16. – HS 152

Jahres-*tēlītu*-Einkünfte der NIN.DINGIR-Priesterinnen an Gerste und Sesam

	še-um	ŠE.GIŠ.Ì	MU.BI.[I]M
	1 LIM *2* ME *1* (G) *1* (P) *2* (B) *9* S	*8* (G) *4* (P) *2* (B) *5* (S)	MU *7*.KAM
	6[+*2* ME] *42* (G) *2* (P) *3* (B) *8* (S)	*16* (G) *4* (P)	MU *8*.[KAM]
	PAP *2* LIM *43* (G) *4* (P) *7* (S)	*25* (G) *3* (P) *2* (B) *5* (S)	NIN.DINGIR.GAL ŠU ^{I}*I-qí-šá-*^{d}U.GUR
Rs	*2* ME *77* (G) *1* (P) *1* (B) *9* (S)	*1* (G) *4* P *5* (S)	MU *7*.KAM
	1 ME *8* (G) *3* (P) *1* (B) *4* S	*8* (G) *4* (P) *1* (B) *3* (S)	MU *8*.KAM
	PAP *3* ME *85* (G) *4* (P) *3* (B) *3* (S)	*10* (G) *3* (P) *1* (B) *8* (S)	NIN.DINGIR.TUR

OR *še-um ù* ŠE.GIŠ.Ì ^{GIŠ}BÁN *10* SÌLA *te-li-tu* É NIN.DINGIR^{MEŠ}
MU *7*.KAM *ù* MU *8*.KAM *Ša-ga-ra-ak-te-šur-ia-aš* LUGAL

Keine Siegelabdrücke.

Z. 1 gibt die Überschriften der drei Spalten: „Gerste, Sesam, sein Name (= Bezeichnung)".

Z. 2–13 notieren die sehr beträchtlichen *tēlītu*-Gesamtjahreseinkünfte in Gerste und Sesam der NIN.DINGIR.GAL und der NIN.DINGIR.TUR für die Jahre 7 und 8 des Königs Šagarakti-Šuriaš und die jeweiligen Summierungen. Wie in BE XIV 136 (dazu s. unten S. 54ff.) stehen die Eintragungen für die NIN.DINGIR.GAL auf der Vorderseite, die für die NIN.DINGIR.TUR auf der Rückseite der Tafel.

Z. 2f.: „1201 Kor 1 Pānu 2 Seah 9 Qa (Gerste), 8 Kor 4 Pānu 2 Seah 5 Qa (Sesam), (vom) Jahr 7",

Z. 4f.: „842 (6[00 + 200] + 42) Kor 2 Pānu 3 Seah 8 Qa (Gerste), 16 Kor 4 Pānu (Sesam), (vom) Jahr 8",

Z. 6f.: „Summe: 2043 Kor 4 Pānu 7 Qa (Gerste); 25 Kor 3 Pānu 2 Seah 5 Qa (Sesam), (für die) NIN.DINGIR.GAL (*ēntu*?), (in der) Hand des Iqīša-Nergal";

Z. 8f. (Rückseite): „277 Kor 1 Pānu 1 Seah 9 Qa (Gerste), 1 Kor 4 Pānu 5 Qa (Sesam), (vom) Jahr 7",

Z. 10f.: „108 Kor 3 Pānu 1 Seah 4 Qa (Gerste), 8 Kor 4 Pānu 1 Seah 3 Qa (Sesam), (vom) Jahr 8",

Z. 12f.: „Summe: 385 Kor 4 Pānu 3 Seah 3 Qa (Gerste); 10 Kor 3 Pānu 1 Seah 8 Qa (Sesam), (für die) NIN.DINGIR.TUR (*ugbabtu*?)".

Z. 14f. auf dem oberen Rand: „Gerste und Sesam (gemessen im) Seah-Maß(e) (zu) 10 Qa, Ertrag/Abgaben(-Einkünfte) (*tēlītu*) des „Hauses" der NIN.DINGIR-Priesterinnen des Jahres 7 und des Jahres 8 des Königs Šagarakti-Šuriaš".

HS 152 und 154 (s. u. Nr. 17) sowie BE XIV 136 gehören sachlich zusammen. Die Einkünfteposten der *tēlītu* an Gerste und Sesam der NIN.DINGIR.TUR für das Jahr 8 in HS 152 Z. 10f. Spalten 1 und 2 erscheinen als Einnahmeposten der NIN.DINGIR.TUR für das 8. Jahr in der

Abrechnung des GÚ.EN.NA Amīl-Marduk von Nippur HS 154 (Nr. 17), die dieser im Monat Ab wohl des 9.(?) Jahres des Šagarakti-Šuriaš für die NIN.DINGIR.TUR aufgestellt hatte; vgl. dort Z. 7 und 22. Aus HS 154 Z. 10f., 19 und 23f. ergibt sich, daß diese *tēlītu* des Jahres 8 der Verwaltung des DUB.SAR (vgl. BE XIV 136, 1) Ḫuzālu unterstanden hatten.

Zur Unterscheidung der NIN.DINGIR.GAL und NIN.DINGIR.TUR, in Z. 14 zusammengefaßt als NIN.DINGIR^{MEŠ}, vgl. neben BE XIV 136 (Z. 1, 16, 29) auch die Viehliste BE XIV 99a, dazu Torczyner, ATR 34ff. (S. 36 mit weiteren Belegen); die Bemerkung dort S. 36, daß beide Bezeichnungen nur in Verbindung mit Viehherden auftreten, wird durch HS 152 und 154 in Verbindung mit BE XIV 136 widerlegt.

Bemerkenswert ist der sehr beträchtliche Mengenunterschied in den *tēlītu* der beiden Priesterinnen; dazu unten zu HS 154 (Nr. 17). Zu *tēlītu* vgl. Torczyner 16, 24, 31/2, 110 „Einkommen, Ertrag, Aufgebrachtes"; s. dazu BE XIV 41, 13 *te-li-it eqli* „Ertrag des Feldes", F. R. Kraus, Edikt 129 mit Anm. 5 „Ernteertrag"; AHw 238 links Z. 11/10 von unten „(Korn- usw.) Abgabe"; CAD I/J 203 links unten „tax-delivery from GN" zu BE XV 5,1; neubabylonisch: CAD E 120 links Z. 10ff.; Ungnad, Glossar s. v. „Spende, Art freiwillige Steuer (an . . . Tempel)"; Ebeling, Glossar s. v. „Steueraufkommen, Abgabe"; AHw 209 Ziff. 6f. „Ertragsabgabe".

Zu den altbabylonischen NIN.DINGIR-Priesterinnen (*ēntum* und *ugbabtum*) und ihrem Rangunterschied s. jetzt Renger, ZA 58 (1967) 134ff.; CAD E 172 s. v. „*ēntu*", besonders 173; v. Soden, AHw 220 „*entu(m)*" vermutet in der vorliegenden mittelbabylonischen graphischen Unterscheidung zwischen NIN.DINGIR.GAL und NIN.DINGIR.TUR die Unterscheidung zwischen der *entu* „hohe Priesterin" (N. D. GAL) und der im Range darunter stehenden *ugbabtu* (N.D. TUR); unentschieden dazu Renger 135 Anm. 173. Über die wirtschaftliche Stellung und die „Tempelwirtschaft" der altbabylonischen NIN.DINGIR-Priesterinnen Renger 140f.

Im übrigen s. Erläuterungen zu Nr. 17.

Nicht eingegangen werden kann hier auf das neuestens aufgetretene Problem, ob ŠE.GIŠ.Ì = *šamaššammū* wirklich – wie oben angenommen – Sesam bedeutet oder Leinsamen und das Wort *š.* erst im 1. Jt.n.Chr. auf Sesam übertragen wurde, weil Sesam im Gegensatz zu Leinsamen im vorchristlichen Mesopotamien bisher archäologisch nicht nachweisbar ist. Für *š.* = Sesam F. R. Kraus, JAOS 88 (1968) 112ff. mit literarischer Begründung; JESHO 12 (1969) 202 Anm. 5; die andere Möglichkeit nicht ausschließend A. L. Oppenheim, JCS 21 (1967) 245; Letters from Mesopotamia (Chicago 1967) 19; offen gelassen von B. Landsberger, Symbolae . . . M. David II (1968) 69 mit Anm. 2. Für „linseed" neuerdings CAD K (1971) 548 lit. d zu dem mB Brief BE XVII 84.

17. – HS 154

Abrechnung über Naturalien für die NIN.DINGIR.TUR

Die nachfolgende Wirtschaftsurkunde HS 154 bildet zusammen mit der oben Nr. 16 behandelten Tafel HS 152 und mit der seit langem bekannten, von Torczyner ATR 58ff. bearbeiteten „Reste-Liste" BE XIV 136 eine sachlich, zeitlich und personell zusammengehörige Textgruppe. Sie gewährt einen gewissen Einblick einerseits in die Organisation und den Umfang der mittelbabylonischen Tempelwirtschaften der beiden NIN.DINGIR-Priesterinnen – der NIN.DINGIR. GAL (NDG) und der NIN.DINGIR.TUR (NDT) – im allgemeinen und in die für jene und wohl auch anderweit übliche Buchhaltungstechnik der einschlägigen großen zeitgenössischen Wirtschaftsverwaltungen im besonderen.[1]

[1] Für einen ganz anderen bedeutenden Wirtschaftszweig Babyloniens aus altbabylonischer Zeit, die staatliche Viehwirtschaft, und die dortige Buchhaltungstechnik vgl. die grundlegende Studie von F. R. Kraus, Staatliche Viehhaltung im altbabylonischen Lande Larsa (1966).

Mindestens HS 154 und BE XIV 136, vielleicht auch HS 152, sind aus der „Buchhaltung" der für die Verwaltung und/oder Überwachung jener Tempelwirtschaften zuständigen „Behörde" des GÚ.EN.NA von Nippur hervorgegangen und erfaßten bilanzmäßig Natural-Einkünfte und -Vermögensbestände dieser Priesterinnen aus den Jahren 6 bis Ende 8/Anfang 9 (etwa 1250 bis 1247 v. Chr.) des Königs Šagarakti-Šuriaš. Die in HS 154 und BE XIV 136 als Verwalter von Naturalienbeständen der NDT erscheinenden *ṭupšarrū* „Schreiber" (vgl. BE XIV 136 Z. 1 und 5) Ḫuzālu und Martuku sind auch aus der wohl zeitgenössischen Notiz über den Empfang von Gerste BE XV 26 (dazu ATR 72) als Verwalter von Naturalien(-Magazinen) bekannt. Dort verausgaben sie gemeinsam an zwei Leute die sehr beträchtliche Menge von 1050 Kor Gerste *a-na ipir*(ŠE.BA) *Nippur*^{KI} *ù Dūr-Ku-ri-gal-zu* „als Verpflegung/Gersterationen für Nippur und Dūr-Kurigalzu". Sie sind wohl auch identisch mit den gleichnamigen Personen in dem von Aro, WZJ 8 (1958/9) 567 f. bearbeiteten Briefe HS 110[1].

Die oben Nr. 16 bearbeitete Liste HS 152 registrierte (Z. 2–5; 8–11) und addierte (Z. 6f., 12f.) die Jahres-*tēlītu*-Erträge an Gerste und Sesam (zum „Sesam-Problem" s. o. S. 54) für die Jahre 7 und 8 des Königs Šagarakti-Šuriaš, jeweils getrennt für die NDG und die NDT. Der Zweck der Addition der Erträge von jeweils zwei Jahren ist hier nicht ersichtlich. Dieser Zusammenstellung voraufgegangen sind offenbar Detailaufzeichnungen in den betreffenden Jahren über die zugrunde liegenden Einzelvorgänge sowie periodische Abrechnungen, letztere mindestens als Jahresendabrechnungen der Erträge je für die Jahre 7 und 8. Diesen sind dann die Zahlen für HS 152 entnommen worden. Konzipiert worden ist diese undatierte Liste vermutlich kurz nach Ablauf des Jahres 8, aber wohl noch vor HS 154.

Gegenstand von HS 154 ist dagegen die bilanzmäßige Vermögensentwicklung der der Verwaltung des Ḫuzālu und des Martuku unterstehenden Teile der Naturalienbestände in den Jahren 6–8/9 nur für die NDT. Dabei erscheinen die Gerste- und Sesamposten der NDT von HS 152 Z. 10f. für das Jahr 8 – nicht aber für das Jahr 7[2] – in HS 154 Z. 7 und 22 wieder; aus HS 154 werden dann schließlich die Bilanz-End- bzw. -Restposten in die „Reste-Liste" BE XIV 136 übertragen. Daraus ergibt sich, daß entweder die oben vermutete Jahres-*tēlītu*-Abrechnung für das Jahr 8 unmittelbar oder unsere Tafel HS 152 – wohl neben anderen Zweckbestimmungen – als Grundlage und Vorstufe für die bilanzmäßige Abrechnung HS 154 dienten; diese wiederum bildete die Vorstufe zu der „Reste-Liste" BE XIV 136, die offenbar die Gesamtaufstellung („Vermögensbilanz") über das auf die verschiedenen Verwalter verteilte Naturalvermögen der beiden ND darstellte[3].

Aus BE XIV 136 ergibt sich, daß für die NDG mindestens drei *ṭupšarrū* „Schreiber" als Verwalter der Naturalien(-Magazine) tätig waren (vgl. Z. 7ff.), für die NDT – obwohl dort er-

---

1 Dafür spräche, daß nach HS 110, 19f. ein Ḫuzālu die Anweisung zur Ausgabe von alter und neuer Wolle gegeben hatte; nach HS 154 und BE XIV 136 unterstand dem dortigen Ḫ. auch die Verwaltung von Wollevorräten der NDT. Damit wäre auch HS 110 etwa in die Zeit des Šagarakti-Šuriaš zu datieren. Anders allerdings Aro, der als Briefempfänger einen Martuku aus der Zeit des Nazi-Maruttaš vermutet. Die Datierungsfrage mag von Interesse sein wegen des Briefschreibers Làl-úr-alim; zu diesem Aro 568. Der in HS 110 erwähnte Ort Šēlibu erscheint ebenfalls zusammen mit Ḫuzālu und Martuku auch in der eben genannten Verwaltungsurkunde BE XV 26 aus einem Jahre 10, wohl des Šagarakti-Šuriaš.

2 Unklar bleibt, warum nicht auch diese übernommen wurden, obwohl Ausgangsjahr das Jahr 6 war (so insbesondere auch für den Sesam, s. HS 154, 21). Vielleicht betrafen die Zahlen für Jahr 7 nicht Ḫuzālu und Martuku, sondern einen anderen der vier (s. das folgende) Verwalter der NDT, etwa den in BE XIV 136, 18 genannten. Dafür spräche, daß – anders als für die NDG in HS 152, 6f. – bei der Summierung für die NDT in HS 152, 12f. kein Verwaltername verzeichnet ist. Auffällig ist allerdings, daß in HS 154 für das Jahr 7 überhaupt nur der Ausgabeposten Z. 13f., aber keine sonstigen „Vermögensbewegungen" erscheinen.

3 HS 154 und BE XIV 136 geben – obwohl im 5. Monat des Jahres 9 aufgestellt – vielleicht die fraglichen Vermögensstände für das Ende des Jahres 8 wieder. Zwar werden in HS 154, 15f. als Ausgabeposten Gersterationen bis einschließlich des ersten Monats des Jahres 9 erwähnt; indessen könnte die Ausgabe durch das Magazin im voraus für jenen Monat erfolgt und daher noch im Jahre 8 verbucht worden sein.

heblich geringere Mengen verzeichnet werden (s. dazu unten) – mindestens vier (Z. 18ff.), zwei von ihnen allerdings für beide NIN.DINGIR. HS 154 bildet nun – wie gesagt – die „bilanzmäßige" Abrechnung nur für den Verwaltungsbereich von zwei der vier *ṭupšarrū* der NDT: Ḫuzālu und Martuku, die zwei, die in BE XIV 136 nur für die NDT erwähnt werden (vgl. Z. 21, 22f., 24). Dementsprechend besteht die Abrechnung in HS 154 aus zwei Hauptteilen mit der Zäsur in Z. 34:

I) zu Lasten des (Verwalters) Ḫuzālu (Z. 4–34) über Gerste (Z. 4–19), Sesam (Z. 20–24), Butter (Z. 25–29), Schaf- und Ziegenwolle (Z. 30–33) sowie

II) zu Lasten des (Verwalters) Martuku nur über Gerste (Z. 35–45),

jeweils nach Anfangsbestand, gegebenenfalls Zu- und Abgängen und Restbeständen aufgerechnet (ausgenommen Z. 30–33, wo sich nur Altbestände an Wolle aus dem Jahre 6 finden). In diese Abrechnung sind auf Z. 7 und 22 die Jahresposten an Gerste und Sesam des Jahres 8 der NDT aus HS 152 Z. 10f. aufgenommen worden, wie der Wortlaut der Tafel auf S. 60 f. zeigt.

Die etwas schematisierte Übersetzung ergibt folgendes Bild[1]:

1/3 [Abrechnung d]er (oder: [für d]ie) NIN.DINGIR.TUR, welche im Monat Ab (= V.) des [9. (?)] Jah[res des (Königs) Šagara]kti-Šuriaš Amīl-Mar[duk, (der) GÚ.]EN.NA von Nippur, gema[cht] (ausgefertigt) hat.

(I. für Ḫuzālu (Z. 4–34):)

	4	[*Gerste*, {. . .},]	Bezeichnung:
AB	5/6	685.3.5.2	alte Gerste, Rest der Abrechnung [d]es Ja[hres x] des Königs Š.;
Z	7	108.3.1.4	*tēlītu* der NDT des Ja[hres] 8 (= HS 152, 10f. linke Spalte);
Z	8/9	68.0.3.0	Saatgut, d[as] im Jahre 8 au[s] der [Ha]nd des Martuk[u] Ḫuzālu empfangen hat (in Z. 40/41 als Ausgabe des M. verbucht);
ZS	10/1	862.2.3.6[2]	Gerste, {. . .}, (richtig) festgestellter disp[on]ibler Bestan[d][3] (= richtige Summe aus Z. 5–9) (für die) NDT, (in der) „[Ha]nd" des Ḫ.;
	12	Ger[ste], {. . .},	di[e] davon (aus)ge[ge]ben ist: .

[1] Gemessen werden Gerste, Sesam und Butter jeweils im „Seah(-Maße zu) 10 Qa", buchhaltungstechnisch vermerkt jeweils am Anfang eines „(Unter-)Abschnitts" (Z. [4], 12, 20, 39 auf den linken, Z. 25 und 35 auf den rechten Spalten) und am Schluß wiederholt bei den (Zwischen-)Summierungen und (Rest-)Endposten (Z. 10, 17, 19, 23, 28, 44, 45 rechte Spalten). In der folgenden Übersicht werden diese gleichlautenden Vermerke zur Vereinfachung jeweils nur durch {. . .} gekennzeichnet. –

Die Hohlmaße werden zur leichteren Übersicht verkürzt wiedergegeben, so z. B. Z. 5/6: 685.3.5.2 = 685 Kor 3 Pānu 5 Seah 2 Qa; Z. 8/9: 68.0.3.0 = 68 Kor (0 Pānu) 3 Seah (0 Qa). – Die Buchstaben am linken Rand geben zur besseren Übersicht der „Buchhaltungstechnik" an: A = Abgang; AB = Anfangsbestand; D = Differenzbetrag; ES = Endsumme; Z = Zugang; ZS = Zwischensumme; ZSA = Zwischensumme Abgänge; die Zahlen rechts daneben bezeichnen die Zeilen in HS 154. Š = Šagarakti-Šuriaš. Ergänzung Z. 4 am Anfang analog Z. 12, 20 und 25.

[2] Am Zeilenanfang PAP = *napḫar* „Summe:". Ebenso Z. 17/8, 23/4, 28/9.

[3] Zu SAG.NÍG.GA (= *rēš namkūri*) vgl. Oppenheim, AOS 32 (1948) 56 E 34; F. R. Kraus, Ein Edikt des Königs Ammiṣaduqa von Babylon (1958) 130: etwa „(zu Buche stehendes) disponibles Total"; Viehhaltung 10: „(verbuchter) disponibler Bestand"; AHw 727 s. v. *namkūru* „Verzeichnis von Verfügbarem"; Birot 50; 148: „actif, capital"; Matouš, ArOr 37 (1969) 454: „Bestand". Ebenso Z. 13/4, 23/4, 28/9, 40/1, 42/3.

A	13/4	303.1.2.0	Saatgut, „Eingefordertes“[1], das im Jahre 7 aus der Hand des Ḫ. der Iqīša-Nergal empfangen hat; zum disponiblen Bestand des I. ist das „Silber“ (auf das Konto) gesetzt;
A	15/6	44.1.3.0	Gersterationen des Gesindes(?) (für) 7 Mona[te (x)] vom Monat Tašrīt (= VII.) des Jahres 8 bis zum Monat Ni[s]an (= I.) des Jahres 9 (für die) NDT;
ZSA	17/8	347.2.5.0[2]	Gerste, {. . .}, ist (aus)gegeben; „Hand“ des Ḫ., . . . (= richtige Summe aus Z. 13–16);
D/ES	19	514.4.4.6	Gerste, {. . .}, übrig (in der) „Hand (Verwaltung)“ des Ḫ., (richtig Z. 10/1 minus Z. 17/8);
	20	*Sesam*, {. . .},	Bezeichnung:
AB	21	42.0.4.4	alter, Rest der Abrechnung des Jahres 6, (in der) „Hand (Verwaltung)“ des Ḫ. und des Martuku;
Z	22	8.4.1.3	*tēlītu* (der) NDT (des) Jahr(es) 8 (= HS 152, 10 rechte Spalte);
ES	23/4	50.4.5.7[2]	Sesam, {. . .}, (richtig) festgestellter disponibler Bestand (richtige Summe: Z. 21 + 22) (für die) NDT, (in der) „Hand (Verwaltung)“ des Ḫ.;
	25	*Butter*	{. . .}, Bezeichnung:
AB	26	0.2.4.$6\frac{1}{2}$	alte(r Bestand), Rest der Abrechnung des Jahres 6;
Z	27	0.0.1.5	„Auflage“ (für die) Milchkühe des Jahres 8;
ES	28/9	0.3.0.$1\frac{1}{2}$[2]	Butter, {. . .}, (richtig) festgestellter disponibler Bestand (richtige Summe aus Z. 26 + 27), (in der) „Hand (Verwaltung)“ des Ḫ., (für die) NDT;
	30/1	9[3].$10\frac{2}{3}$.5	*Wolle*, Rest der Abrechnung des Jahres 6, (in der) „Hand (Verwaltung)“ des Ḫ.;
	32/3	3[3].36.15	*Ziegenwolle*, Rest der Abrechnung des Jahres 6, (in der) „Hand (Verwaltung)“ des Ḫ.;
	34	Gesamtsumme der Abrechnung	(für die) NDT, (in der) „Hand (Verwaltung)“ des Ḫ.

(II. für Martuku (Z. 35–45):)

AB	35/8	535.2.3.4	*Gerste*, {. . .}, Rest der Abrechnung des Jahres 6, die zu Lasten des Martuku, des Sohnes des Šamaš-īriš, (richtig) festgestellt ist;
	39	Gerste, {. . .},	die davon (aus)gegeben ist:
A	40/1	68.0.3.0	Saatgut, „Eingefordertes“, das im Jahre 8 aus der Hand des Mart[u]ku der Ḫ. empfangen hat; zum disponiblen Bestand des Ḫ. ist das „Silber“ (auf das Konto) gesetzt (vgl. oben Z. 8/9);

[1] *is-ru*; vgl. Torczyner, ATR 111a; AHw 389 *isru* II „eingeforderte Zahlung“; CAD I/J 203 „*isru* A“ „collected payment“.
[2] Siehe S. 56 Anm. 2.
[3] Z. 30 und 32 Abkürzungen für die Gewichtsangaben bei Wolle: 9 Talente $10\frac{2}{3}$ Minen 5 Sekel bzw. 3 Talente 36 Minen 15 Sekel.

A 42/3	[ ]	dito, das aus der Hand des Martuku der Iqīša-Nergal(?, Text: -Marduk) empfangen hat: zum disponiblen Bestand des Iqīša-Nergal ist das „Sil[ber]" (auf das Konto) gesetzt;
ZSA 44	[Summe:]	Gerste, {. . .}, ist (aus)gegeben; „Hand (Verwaltung)" des Martuku, . . .;
D/ES 45	[x].1[+x](?).0(?).4	Gerste, {. . .}, übrig (in der) „Hand (Verwaltung)" des Martuk[u].

Wie schon erwähnt, bildete HS 154 die Vorstufe zur „Reste-Liste" BE XIV 136. Beide Abrechnungen waren zwar – wenn die obige Ergänzung für HS 154 Z. 1–3 zutrifft – im gleichen Monat und von der gleichen „Behörde" (vgl. dazu unten Anm. 1) aufgestellt worden, BE XIV 136 aber offensichtlich zeitlich nach HS 154 und auf dieser – und anderen gleichartigen Abrechnungen wie HS 154 – basierend. BE XIV 136 registriert nach den Überschriften Z. 1ff., die „Resteposten der (wohl aller) Schreiber der NIN.DINGIR-Priesterinnen"[1]. In diese Bestandsaufnahme sind die in HS 154 für Ḫuzālu und Martuku festgestellten Reste bzw. Bestände der verschiedenen Naturalien übernommen worden: BE XIV 136 Z. 21–23 und 24 notieren – soweit erhalten – für gleichnamige Personen dieselben Posten, wie sie HS 154 Z. 19, 23, 28, 30/1, 32/3 und 45 als „Reste" oder „festgestellter Bestand" „(in der) Hand des Ḫuzālu" bzw. „des Martuku" berechnet und registriert sind:

für Ḫuzālu[2]:	Gerste	Sesam	Butter
BE XIV 136 Z. 21:	[514.2 +] 2.4.6[3]	50.4.5.7[4]	0.3.0.1 1/2
HS 154 Z. 19, 23, 28:	514. 4.4.6	50.4.5.7	0.3.0.1 1/2
	Schafwolle	Ziegenwolle	
BE XIV 136 Z. 21/22:	9 . 10 5/6 . 5[5]	3.36.15	
HS 154 Z. 30/1, 32/3:	9 . 10 2/3 . 5[5]	3.36.15	

[1] BE XIV 136, 1–3: (1) *ri-ḫa-a-nu ša* DUB.SAR^{MEŠ} *ša* NIN.DINGIR^{MEŠ} *ša* ^{I}LÚ-^{d}AMAR.UTU GÚ.EN.NA NIBR[U^{KI}] (2) *i-na* ^{ITU}NE *ša* MU 9.KAM *Ša-ga-ra-ak-ti-šur-ia-aš i-na muḫḫi* D[UB.SAR^{MEŠ}] (ATR 58 las ohne Ergänzung: *šarrim*) (3) *ú-kin-nu* „Reste der Schreiber der NIN.DINGIR(-Priesterinnen), welche (Reste) Amīl-Marduk, der GÚ.EN.NA von Nippu[r], (2) im Monat Ab (= V.) des 9. Jahres des Šagarakti-Šuriaš zu Lasten der Sch[reiber] (ATR 59: des Königs) festgestellt hat:" – Die obige Ergänzung D[UB.SAR^{MEŠ}] ergibt sich aus dem sachlichen Zusammenhang mit HS 154 und ist nach der Kopie möglich.

[2] Zur verkürzten Schreibweise der Hohlmaße und – bei Wolle – der Gewichtsangaben s. o. S. 56 Anm. 1 und S. 57 Anm. 3.

[3] 514 (Kor) nach HS 154, 19 zu ergänzen; der Raum der Textlücke ist nach der Kopie etwas knapp. Die Ergänzung [2 +]2 (Pānu) = 4 Pānu – wie in HS 154 – ist nach den Zeichenresten der Kopie möglich.

[4] Beachtlich ist der zugehörige Vermerk Z. 22/23: ŠU ^{I}*Ḫu-za-li ù* $^{(I)}$*Mar-tu-ki*, der sich auf den gleichartigen Vermerk in HS 154 Z. 21 am Ende bezieht. Mit letzterem erklärt sich jener; die in Unkenntnis von HS 154 gezogene und daher verständliche Schlußfolgerung Torczyners, ATR 60 ad Z. 22b, daß der Vermerk in BE XIV 136 darauf hinweise, daß beide *ṭupšarrū* Sesam, Butter und Wolle gemeinsam verwalten, erweist sich damit in dieser Allgemeinheit als unrichtig; der Vermerk gilt tatsächlich nur für diejenige Spalte, in der er steht.

[5] Die Zahlendifferenz wird auf einem bei der Übertragung aus HS 154 leicht möglichen Schreibfehler beruhen. Vielleicht liegt auch ein Kopierfehler in BE XIV 136 vor; dagegen spricht allerdings, daß die Kopie in Z. 30 dieser Wollespalte in der Summierung ebenfalls 5/6 bietet, so daß der Bruch 5/6 in Z. 22 rechnerisch richtig wäre. Dagegen ist in Z. 30 der Spalte für Ziegenwolle der in der Kopie wiedergegebene Bruch 5/6 statt richtig 2/3 rechnerisch in der Summierung falsch, wie schon Torczyner, ATR 60 ad 31c gesehen hat.

für Martuku[1]:	nur Gerste
BE XIV 136 Z. 24f.:	[x +] 47.3.0.4
HS 154 Z. 45:	[ ].1 [+ x](?).0.4

Insgesamt gesehen geben – wie schon eingangs gesagt – HS 152, 154 und BE XIV 136 zusammen einen gewissen Einblick in die Tempelwirtschaft der NIN.DINGIR-Priesterinnen im allgemeinen und in die Buchhaltungstechnik der kassitischen Wirtschaftsverwaltungen, wie sie oben S. 55f. skizziert ist, im besonderen. HS 154 bildete in diesem Rahmen eine Art „Hauptbuchblatt", das die bilanzmäßige Detailentwicklung der SAG.NÍG.GA *kunnu* „festgestellten disponiblen Bestände" und der „Reste (*rēḫānū*)" referiert; erstere entstanden aus den Ausgangsbeständen („Bilanzvortrag") plus Zugängen (Z. 10, 23, 28), letztere als „Rest" davon nach Abzug etwaiger Abgänge (Z. 19, 45). Entsprechende Abrechnungen sind auch für die anderen Verwalter der NDT (so für Iqīša-Nergal[2]) und für die Verwalter der NDG (vgl. BE XIV 136, 7ff.) zu vermuten. Diese Abrechnungen bzw. „Teilbilanzen" bildeten schließlich die Grundlagen für die Gesamtaufstellung der „Reste" der Schreiber wohl als (Teil-?)„Vermögensbilanz" über das auf die verschiedenen Verwalter verteilte Naturalvermögen der beiden ND.

Buchhaltungstechnisch bemerkenswert sind die hier erhaltenen wechselseitigen Be- und Entlastungen der Konten der Verwalter Ḫuzālu und Martuku in Z. 8f. und 40f.: Ḫuzālu hat vom Verwaltungsressort des Martuku etwas über 68 Kor Gerste erhalten; des ersteren „Konto" wird Z. 8f. bei der Ermittlung seines „disponiblen Bestands (SAG.NÍG.GA)" (Z. 10) mit der „Einnahme" (*im-ḫu-ru*) belastet, das „Konto" des Martuku in Z. 40f. entsprechend mit diesem *isru* „Eingeforderten" als Abgang/Ausgabe durch einen im Wortlaut korrespondierenden Eintrag entlastet. Gleichartige „Entlastungs"-Einträge wie Z. 40f. enthalten Z. 13f. zugunsten des Ḫuzālu und Z. 42f. zugunsten des Martuku, beide Male zu Lasten eines anderen Verwalters, Iqīša-Nergal; die Belastungseinträge auf dessen Konto sind hier nicht überliefert, weil unsere Tafel HS 154 nur die Abrechnungen für Ḫuzālu und Martuku enthält. Bei jedem Entlastungseintrag wird vermerkt, welches Konto mit dem entsprechenden Betrag als Zugang belastet worden ist (*ana* SAG.NÍG.GA . . . KÙ.BABBAR GUB); die Entlastungsvermerke sind offenbar in der „Buchhaltungssprache" terminologisch im wesentlichen stereotyp für derartige Fälle festgefügt, wie ein Vergleich von Z. 13f. mit 40f. und 42f. zeigt; bemerkenswert die Verbalformen: bei den Entlastungseinträgen jeweils Stativ *maḫru*, beim Belastungseintrag Z. 9 *imḫuru*. Terminologisch wird die Belastungsmenge – obwohl Naturalien – als KÙ.BABBAR „Silber" bezeichnet, hier bedeutungsmäßig „(Gegen-)Wert".

Die Gerste-Gesamtmengen, die BE XIV 136 jeweils für die NIN.DINGIR.GAL und die NIN.DINGIR.TUR notiert sind, verhalten sich knapp wie 5: 1, die Sesammengen knapp wie 2: 1. Ein etwa ähnliches Verhältnis weisen die Gesamtsummen der *tēlītu*-Einkünfte beider NIN.DINGIR in HS 152 für die unmittelbar voraufgehenden Jahre 7 plus 8 des Šagarakti-Šuriaš auf: für Gerste etwas über 5: 1, für Sesam etwa 5: 2. HS 152 und 154 zeigen, daß die Verschiedenheit der Einkommensmengen – entgegen der Vermutung von Torczyner 59 – nicht auf einer Verschiedenheit des Alters der Einkommensquellen, sondern auf der verschiedenartigen Vermögensstellung beider NIN.DINGIR beruhte. Dagegen bestätigt HS 154 die Vermutung Torczyners, daß die in BE XIV 136 verzeichneten Naturalienmengen nicht das Ergebnis eines Jahres gewesen sind. Sie bilden das buchhalterische Ergebnis aus älteren „Resten" (Beständen)

---

[1] Vgl. S. 58 Anm. 2.

[2] Darauf verweisen die ihn betreffenden Kontobelastungsvermerke in HS 154, 13f. und 42f. Auch in BE XIV 136, 26 erscheint er als Verwalter von Gerste und Butter der NDT. Wahrscheinlich ist er aber auch identisch mit dem in HS 152, 7 und in BE XIV 136, 10 als Verwalter der NDG – letzterenfalls von fast 10000 Kor Gerste und über 82 Kor Sesam (neben Butter und beiden Wollarten) – verzeichneten Iqīša-Nergal. Dafür spricht, daß er in BE XIV 136, 9 – ebenso wie in HS 154, 13f.; 42f. – als Empfänger von Saatgut erscheint (in BE XIV 136 von 426 Kor, in HS 154 von 303 plus x Kor).

OR [NÍG.ŠID *š*]*a* NIN.DINGIR.TUR *ša i-na* ^{ITU}NE.N[E].GAR *ša* M[U *9*(?).KAM][1]
[*Ša-ga-ra-a*]*k-ti-šur-ia-aš* ^{I}LÚ-^{d}AMAR.[UTU]
[GÚ.]EN.NA NIBRU^{KI} *i-pu-š*[*u*]

Vs [ŠE ^{GIŠ}BÁN *10* SÌLA][2]	MU.BI.[IM]
6 ME + *1*$^{\check{s}u}$ + *25* (G) *3* (P) *5* (B) *2* S	ŠE LIBIR.RA ÍB.TAG$_4$ NÍG.ŠID [*š*]*a* M[U(?) x x] *Ša-ga-ra-ak-ti-šur-ia-aš* LUGAL
1 ME *8* (G) *3* (P) *1* (B) *4* S *1*$^{\check{s}u}$ *8* (G) *3* (B)	*te-li-tu* NIN.DINGIR.T[U]R M[U] *8*.KAM ŠE.NUMUN *š*[*a*] *i-na* MU *8*.KAM *i-n*[*a*] [Š]U ^{I}*Mar-tu-k*[*i*] ^{I}*Ḫu-za-lu*$_4$ *im-ḫu-ru*
PAP *8* ME *1*$^{\check{s}u}$ *2* (G) *2* (P) *3* (B) *6* S	ŠE ^{GIŠ}BÁN *10* SÌLA S[A]G.NÍG.[GA] *kun-nu* NIN.DINGIR.T[U]R [Š]U ^{I}*Ḫu-za-li*
Š[E] ^{GIŠ}BÁN *10* SÌLA	*š*[*a*] *i-na* ŠÀ *na-*[*a*]*d-nu*
3 ME *3* (G) *1* (P) *2* (B)	ŠE.NUMUN *is-ru ša i-na* MU *7*.[K]AM *i-na* ŠU ^{I}*Ḫu-za-li* ^{I}BA$^{\check{s}\acute{a}}$-^{d}U.GUR *maḫ-ru a-na* SAG.NÍG.GA ^{I}BA$^{\check{s}\acute{a}}$-^{d}U.GUR KÙ.BABBAR GUB
44 (G) *1* (P) *3* (B)	ŠE.BA DUMU^{MEŠ} *qin-na-a-ti* *7* ITU[^{M}]^{E}[^{Š} (x x)] TA ^{ITU}DU$_6$ *ša* MU *8*.KAM EN ^{ITU}B[Á]R *ša* MU *9*.KAM NIN.DINGIR.TUR
PAP *3* ME *47* (G) *2* (P) *5* (B)	ŠE ^{GIŠ}BÁN *10* SÌLA SUM^{nu} ŠU ^{I}*Ḫu-za-li* ZI.BA
5 ME *14* (G) *4* (P) *4* (B) *6* (S)	ŠE ^{GIŠ}BÁN *10* SÌLA *ri-ḫu* ŠU ^{I}*Ḫu-za-li*
ŠE.GIŠ.Ì ^{GIŠ}BÁN *10* SÌLA	MU.BI.IM
42 (G) *4* (B) *4* S	LIBIR.RA ÍB.TAG$_4$ NÍG.ŠID *ša* MU *6*.KAM ŠU ^{I}*Ḫu-z*[*a*]*-l*[*i*] *ù* ^{I}*Mar-tuk*
8 (G) *4* (P) *1* (B) *3* S	*te-li-tu* NIN.DINGIR.TUR MU *8*.KAM
PAP *50* (G) *4* (P) *5* (B) *7* (S)	ŠE.GIŠ.Ì ^{GIŠ}BÁN *10* SÌLA S[A]G.NÍG.GA *kun-nu* NIN.DINGIR.TUR ŠU ^{I}*Ḫu-za-li*

Rs	Ì.NUN	^{GIŠ}BÁN *10* SÌLA MU.BI.IM
	2 (P) *4* (B) $6^1/_2$ S	LIBIR.RA ÍB.TAG$_4$ NÍG.ŠID *ša* MU *6*.KAM
	1 (B) *5* S	*i-mit-ti* ÁB.GAL^{MEŠ} *ša* MU *8*.KAM
	PAP *3* P $1^1/_2$ S	Ì.NUN ^{GIŠ}BÁN *10* SÌLA SAG.NÍG.GA *kun-nu* ŠU ^{I}*Ḫu-za-li* NIN.DINGIR.TUR
	9 GUN $10^2/_3$ MA.NA *5* GÍN	SÍG$^{\text{ḪI.A}}$ ÍB.TAG$_4$ NÍG.ŠID *ša* MU *6*.KAM ŠU ^{I}*Ḫu-za-li*
	3 GUN *36* MA *15* GÍN	SÍG.ÙZ ÍB.TAG$_4$ NÍG.ŠID *ša* MU *6*. KAM ŠU ^{I}*Ḫu-za-li*
	PAP NÍG.ŠID	NIN.DINGIR.TUR ŠU ^{I}*Ḫu-za-li*
	5 ME *35* (G) *2* (P) *3* (B) *4* S	ŠE ^{GIŠ}BÁN *10* SÌLA ÍB.TAG$_4$ NÍG.ŠID *ša* MU *6*.KAM *ša i-na* UGU ^{I}*Mar-tu-ki* DUMU ^{Id}UTU-APIN^{iš} *kun-nu*
	ŠE ^{GIŠ}BÁN *10* SÌLA	*ša i-na* ŠÀ SUM^{nu}
	$1^{šu}$ *8* (G) *3* (B)	ŠE.NUMUN *is-ru ša i-na* MU *8*.KAM *i-na* ŠU ^{I}*Mar-t*[*u*]*k* ^{I}*Ḫu-za-lu*$_4$ *maḫ-ru a-na* SAG.NÍG.GA ^{I}*Ḫu-za-li* KÙ.BABBAR GUB
	[ ] [ ]	KI.MIN *ša i-na* ŠU ^{I}*Mar-tu-ki* ^{I}BA^{šá}-^{d}AMAR.UTU(!) *maḫ-rù a-na* SAG.NÍG.GA ^{I}BA^{šá}-^{d}U.GUR KÙ.B[ABBAR] GUB
	[PAP[3]]	ŠE ^{GIŠ}BÁN *10* SÌLA SUM^{nu} ŠU ^{I}*Mar-tuk* ZI.BA
	[ ] *1* [+ x (?)] (P)(?) *4* S	ŠE ^{GIŠ}BÁN *10* SÌLA *ri-ḫu* ŠU ^{I}*Mar-tu-k*[*i*]

Keine Siegelabdrücke. Auf dem Original ist die zweite Spalte von der ersten durch einen Längsstrich getrennt.

[1] Z. 1 wohl so zu ergänzen. [2] Z. 4 ergänzt entsprechend Z. 12, 20 und 25. [3] Zur Ergänzung vgl. die Parallele Z. 17.

(nach Z. 21, 26, 30, 32, 36 aus dem 6. Jahre; die Jahreszahl in Z. 5 ist leider zerstört) plus Zugängen in dem der Abrechnung voraufgehenden Jahre (Z. 7, 8f., 22, 27) minus den Abgängen seit der letzten Abrechnung (Z. 12ff., 39ff.).

HS 154 erweist – zusammen mit BE XIV 136 –, daß zu den Obliegenheiten des GÚ.EN.NA von Nippur als weltlicher Gewalt die maßgebliche Verwaltung und/oder Überwachung der Tempelvermögen gehörte.[1]

18. – 30.
aklu - Texte

Die in Nrn. 18 bis 24 und 28 wiedergegebenen *aklu*-Texte[2] über Mehl und Gerste (HS 137, 125, 119, 127, 126) oder Brauereiprodukte (HS 138, 118, 120) tragen ebenso wie UM II/2, 43, 45 und XIII 74 den Siegelungsvermerk des Ninurta-nādin-aḫḫī[3], entstammen also demselben Verwaltungsressort. In HS 137, 119 und 127 werden außerdem die Naturalien übereinstimmend als *aklu* (*lā a-ša-bu*) ŠU (= *qāt*) ^{I}LÚ-^{d}AMAR.UTU „(in der) Hand des (= empfangen durch) Amīl-Marduk" bezeichnet. Obige elf Tafeln bilden zusammen eine neue zusammengehörige Gruppe solcher *aklu*-Texte, bei denen im Kontext ein Empfänger ((*qāt*) PN) genannt wird, während eine andere im Text nicht erwähnte Person ihr Siegel beifügt. Vgl. dazu die Bemerkungen in CAD A I 281 links unten; Torczyner, ATR 91; 109 („Verzehrtes, Verbrauchtes"); AHw 27 links Mitte. Zwei gleichartige, etwa drei Jahrzehnte ältere aus der späteren Regierungszeit des Königs Nazi-Maruttaš stammende Urkundengruppen tragen die Siegel eines *Ninurta-ki-(in-)pî-šu* (BE XIV 78, 80a, 83, 85; zur Schreibung des Namens vgl. Stamm, AN 232 mit Anm. 1) bzw. eines Rīmūtu (BE XIV 70, 71, 80, 82, 87).

Zeitlich erstrecken sich die Tafeln über wenige Jahre, vier Tafeln dabei auf die Monate XI und XII des Jahres Kudur-Enlil 1 DIRI:

HS	138 (Nr. 22)	BP	25. VI. – 2. VII. KaE 6[4]
HS	137 (Nr. 18)	MG	2. XI. – 17. XI. KaE 6
UM II/2,	43	BP	21. III. – 25. IV. KaE 7
	45	BP	7. XI. – 29. XII. KuE 1 DIRI
HS	118 (Nr. 23)	BP	7. XI. – 30. XII. KuE 1 DIRI
	120 (Nr. 24)	BP	1. XII. – 17. XII. KuE 1 DIRI
	127 (Nr. 21)	MGM	XII. KuE 1 DIRI
	125 (Nr. 19)	MG	28. I. – 12. II. KuE 2
	126 (Nr. 28)	MGM	IV. KuE 2
	119 (Nr. 20)	MG	20. XI. – 7. XII. KuE 2
	131 (Nr. 29)	MGH	I. – VI. KuE 3
UM XIII	74	BP	28. [x.] – 10. [x.] KuE 3

[1] Siehe dazu auch Biggs, JCS 19 (1965) 95.

[2] Vgl. dazu z. B. BE XIV 78, 85, 87; XV 14, 16, 17 sowie die einige Jahrzehnte ältere Hüllentafel BE XIV 55; UM II/2, 43, 45; zu BE XIV 55 s. u. Nr. 25.

[3] Die Siegelabdrücke sind – soweit erkennbar – in HS 118, 120, 126, 137, 138 und vielleicht 140 identisch. – Schreibvarianten des Namens: ^{Id}*Nin-urta-na-din-aḫ-ḫi*: HS 119, 138, 120 (Nrn. 20, 22, 24); ^{Id}*Nin-urta*-SUM-*aḫ-ḫi*: HS 137, 125, 127, 118, 140 (Nrn. 18, 19, 21, 23, 34); UM XIII 74, 10; II/2, 43, 45; ^{Id}*Nin-urta*-SUM-ŠEŠ^{MEŠ}: HS 126 (Nr. 28).

[4] Abkürzungen:

BP = *aklu*-Text über Brauereiprodukte;	MGH = dito, Halbjahresliste;
MG = *aklu*-Text über Mehl und Gerste;	KaE = Kadašman-Enlil;
MGM = dito, Monatsliste;	KuE = Kudur-Enlil.

Zeitlich hierher gehört der Beleg über den Empfang von Sesamöl und dessen Einbringen in das Vorratsmagazin durch den oben genannten Ninurta-nādin-aḫḫī HS 140 (Nr. 34; 15. X. KaE 6).

Auffallend ist die Datierung von HS 118, 120, 127 und UM II/2, 45 mit MU *1*.KAM DIRI „Jahr 1 überschüssig (*atru*)“ des Königs Kudur-Enlil, sämtlich aus den Monaten XI und XII. Problematisch ist, ob sie – wie prima facie anzunehmen – das Akzessionsjahr des Ku.-E. oder sein Jahr 1 sinngemäß als „Jahr mit einem Schaltmonat (2. Addar)“ bezeichnen sollte. Letzteres könnte vermutet werden, da J. A. Brinkman nach freundlicher brieflicher Mitteilung (30. XI. 1970) anhand des unpublizierten Textes N 2240 (Philadelphia) das Jahr 1 des Ku.-E. als Jahr mit einem Schalt-Addar ermitteln konnte. Dafür und gegen die Auffassung der Formel als Bezeichnung für das Akzessionsjahr könnte sprechen, daß die konventionelle Formulierung für letzteres – MU SAG NAM.LUGAL(.LA) *šanat rēš šarrūti* „Jahr des Anfangs des Königtums (des Königs PN)“ – z. B. in HS 123 (Nr. 12) 19′ und UM XIII 75 (beide Šagarakti-Šuriaš) und nach Brinkman, WdO 6 (1971) 155; 153 erstmals schon seit Kadašman-Enlil II. (ca. 1280 v. Chr.) und seinem Nachfolger Kudur-Enlil belegt ist. Allerdings wird nach Brinkman in N 2240 der Schaltmonat und damit das Schaltjahr nicht mit unserer Formel, sondern durch ITI DIRI ŠE.KIN.KUD (MU 1.KAM . . .) „Schalt-Addar (Jahr 1 Ku.-E.s)“, also in einer traditionellen alt- und später neubabylonischen Weise wiedergegeben; so auch mB in BE XIV 22, 2 für Jahr 15 eines Kurigalzu. Das wiederum läßt an der sachlichen Bedeutung „Schaltjahr“ unserer Formel zweifeln. Hinzu kommt, daß es sich bei der Bezeichnung des Akzessionsjahrs um eine mittelbabylonische Neuerung handelt, verursacht durch die Veränderung der Datierungsweise (statt bisher „Jahrnamen“ nunmehr Zählung nach Regierungsjahren des jeweiligen Königs). Dabei scheint zunächst eine Unsicherheit bestanden zu haben, wenn Brinkmans ansprechende Vermutung a. a. O. 153ff. zutrifft, daß in den Sterbejahren des Burna-Buriaš II. und noch des Nazi-Maruttaš (etwa 1347 bzw. 1298 v. Chr.) das Restjahr nach dem Tode des Königs als MU ÚS.SA . . . LUGAL.E “(Rest-)Jahr nach dem (verstorbenen) König (Burna-Buriaš bzw. Nazi-Maruttaš)“ bezeichnet wurde. Die Benennung des Restjahres als Akzessionsjahr (*šanat rēš šarrūti*) wäre danach in Übereinstimmung mit dem bisherigen Befund Brinkmans erstmals unter Kadašman-Enlil II. eingeführt worden. Es wäre daher auch denkbar, daß dann bei *dessen* Tode zwar teils die von ihm eingeführte Benennung des Restjahrs übernommen, teils aber auch eine andere Bezeichnungsweise versucht wurde, die sich aber in der Folge nicht durchgesetzt hat. Vielleicht gibt neues Material Aufschluß.

18. – HS 137

***aklu*-Text über Mehl und Gerste**

10 (G) *4* (P)(!) *1* (B) *1* S ZÌ.DA ^{GIŠ}BÁN *5* SÌLA
11 (G) *4* (P) *1* (B) ŠE ^{GIŠ}BÁN *5* SÌLA
ak-lu$_4$ ŠU ^{I}LÚ-^{d}AMAR.UTU
^{ITU}ZÍZ TA UD *2*.KAM EN UD *17*.KAM
MU *6*.KAM ^{d}*Ka-dáš-man-*^{d}*En-líl*
$^{\text{NA}_4}$KIŠIB ^{Id}*Nin-urta*-SUM-*aḫ-ḫi*

Rückseite unbeschrieben; schwache Siegelabdrücke auf allen Tafelseiten. S. dazu S. 62 Anm. 3.

10 Kor 4 Pān 1 Seah 1 Qa Mehl, (gemessen im) Seah-Maß(e) (zu) 5 Qa,
11 Kor 4 Pān 1 Seah Gerste, (gemessen im) Seah-Maß(e) (zu) 5 Qa,

Ausgabe (Verbrauch), „Hand des (= empfangen durch)" Amīl-Marduk,
(für) Monat Šabāṭ (= XI.), vom 2. bis 17. Tag,
des Jahres 6 des (Königs) Kadašman-Enlil.
Siegel des Ninurta-nādin-aḫḫī.

Z. 3: Zur Terminologie *aklu qāt PN* (s. auch oben Vorbem. vor HS 137) – nur mittelbabylonisch belegt – vgl. AHw 27 links Mitte „aufbrauchen mB Stativ"; CAD A I 280; 281 links „expenditure(?) (received) by PN"; A II 404 d); Torczyner, ATR 55; 91; 109b; nach Balkan (– Güterbock), AfO 15 (1945 – 1951) 131 handelt es sich bei diesen *aklu* um Verpflegungsrationen an Höhergestellte (Beamte usw.). Zu *aklu* von Brauereiprodukten (s. Nrn. 22, 23, 24 und 25) vgl. Torczyner 129 sub *rikkû*; CAD A I 281 links; B 96 lit. f); AHw 103/4; Bottéro, RlA 3 (1966) 303f.; Biggs, JCS 19 (1965) 98/100.

Gleichartig, aber mit anderen Naturalienmengen HS 125 (Nr. 19, Empfänger Z. 3: Zēr-kīnim-līšir) und 119 (Nr. 20); Abweichungen:

125 Z. 4–6: „vom 28. Nisan (= I.) bis zum 12. Ajjar (= II.) des Jahres 2 des (Königs) Kudur-Enlil";

119 Z. 4–6: „vom 20. Šabāṭ (= XI.) bis zum 7. Addar (= XII.) des Jahres 2 des (Königs) Kudur-Enlil".

Auffallend ist, daß die einzelnen sehr unterschiedlichen Naturalienmengen in HS 137, 125 und 119 jeweils für ungefähr die gleichen Zuteilungszeiträume bestimmt sind: 16, 15 und 18 Tage.

Zu Amīl-Marduk und Ninurta-nādin-aḫḫī s. o. S. 62.

19. – HS 125

aklu-Text über Mehl und Gerste

9 (G) *4* (P) *4* (B) ZÌ.DA ^{GIŠ}BÁN *5* SÌL[A]
7 (G) *2* (P) *3* (B) ŠE ^{GIŠ}BÁN *5* SÌLA
ak-lu$_4$ ŠU ^{I}NUMUN-*ki-nim-li-š*[*i*]*r*
TA UD *28*.KAM *ša* ^{ITU}BÁR
EN UD *12*.KAM *ša* ^{ITU}GU$_4$
MU *2*.KAM ^{d}*Ku-dur-ri-*^{d}*En-lil*
$^{\text{NA}_4}$KIŠIB ^{Id}*Nin-urta*-SUM-*a*[*ḫ*]-*ḫi*

Rückseite unbeschrieben;
schwache Siegelabdrücke auf allen Tafelseiten.

Zur Übersetzung s. Übersetzung und Bemerkungen zu HS 137 (Nr. 18).

20. – HS 119

aklu-Text über Mehl und Gerste

9 (G) *4* (P) *5* (B) ZÌ.DA ^{GIŠ}BÁN *5* SÌLA
10 (G) *2* (B) ŠE ^{GIŠ}BÁN *5* SÌLA
ak-lu[$_4$] ŠU ^{I}LÚ-^{d}AMAR.[UT]U
TA UD *20*.KAM *ša* ^{ITU}ZÍZ

EN UD 7.KAM *ša* ^{ITU}ŠE [(x)]
Rs MU *2*.KAM ^{d}*Ku-dur-*^{d}*En-líl*

(2 Zeilen Zwischenraum)

^{NA_4}KIŠIB ^{Id}*Nin-urta-na-din-aḫ-ḫi*

Keine Siegelabdrücke.

Zur Übersetzung s. Übersetzung und Bemerkungen zu HS 137 (Nr. 18).

21. – HS 127

aklu-Liste für einen Monat

ZÌ.DA	ŠE	MU.BI[.IM]
	1 (P) *4* (B)	^{I}*Kal-bu* DUMU *Ka*(?)-*ri-ia*
	1 (P) *4* (B)	DUMU ^{LÚ}ENGAR
2 (B) *5* (S)	*5* (B) *1* (S)	^{I}*In-na-nu*
3 (B) *5* (S)	*1* (P) *2*(?) (B) *4* S	^{I}*Ši-il-tu*$_4$
PAP *1* P	*1* (G) *3* (B)	*ak-lu*$_4$ *lā a-ša-bu*
UR *4*[+ *1*] S	ŠU ^{I}LÚ-^{d}AMAR.UTU	

Rs ^{ITU}ŠE M[U] *1*.[KA]M DIRI
^{d}*Ku-dur-ri-*^{d}*E*[*n*]*-líl*
^{NA_4}KIŠIB ^{Id}*Nin-urta-*SUM-*aḫ-ḫi*

Rest der Rs unbeschrieben;
auf Rändern und Rs schwach erkennbare Siegelabdrücke.

Z. 1 Spaltenüberschriften: „Mehl, Gerste, Bezeichnung (der Zweckbestimmung)".

Z. 2–6 geben in den entsprechenden Spalten die Rationenmengen an Mehl und Gerste für (die Destinatäre) Kalbu, den Sohn des Karija(?) (Z. 2/3), einen „Bauern" (*mār ikkari*, dazu AHw 368 rechts Mitte; Z. 4), Innannu (Z. 5) und Šiltu (Z. 6) an.

Z. 7/8: „Summe: 1 Pān (Mehl), 1 Kor 3 Seah 4 [+ 1] Qa (Gerste), Ausgabe (Verbrauch) *lā a-ša-bu*, „Hand des (= empfangen durch)" Amīl-Marduk".

Z. 9/10 Zuteilungszeitraum: „Monat Addar (= XII.) des Jahres 1 DIRI des (Königs) Kudur-Enlil".

Z. 11: „Siegel des Ninurta-nādin-aḫḫī".

Die 4[+ 1] SÌLA von Z. 8 links gehören zur Summierung in der mittleren Spalte. Die Endsummen Z. 7/8 stimmen als Addition der entsprechenden Spalten, wobei hier wie in HS 126 (Nr. 28) das Seah zu 10 Qa (in HS 119, 125 und 137 – Nrn. 20, 19, 18 – zu 5 Qa) gerechnet wird.

Zu *ak-lu lā a-ša-bu* vgl. BE XIV 85,2 (*ak-lu*$_4$ *a-ša-bu*); 56, 10 (*lā a-ša-bu*); 64,3; 81,9; CAD A I 281 links oben, A II 404 lit. d) (beide Male ohne Übersetzung); Torczyner, ATR 112 rechts oben: „ansässig(?)" bzw. „nicht ansässig(?)".

Zur zeitlichen Einordnung mit anderen *aklu*-Texten s. S. 62f., ebenda zu MU 1.KAM DIRI.

22. – HS 138

aklu-Text über Brauereiprodukte

17 KAŠ.SAG
1^{šu} KAŠ.UŠ
11 1/2(?) DUG
3 (B) BAPPÍR
ak-lu$_4$ ŠU ^{I}*Ba-bi-la-a-a-ú*
TA UD *25*.KAM *ša* ^{ITU}KIN
Rs [E]N UD *2*.KAM *ša* ^{ITU}DU$_6$
MU *6*.KAM ^{d}*Ka-dáš-man-*^{d}*En-líl*

(1 Zeile Zwischenraum)

^{NA_4}KIŠIB ^{Id}*Nin-urta-na-din-aḫ-ḫi*

Schwache Siegelabdrücke auf allen Tafelseiten; dazu s. S. 62 Anm. 3.

17 (Maß?) gutes Bier,
60 (Maß?) Bier zweiter Qualität (Mischbier),
11 1/2(?) DUG,
3 Seah Bierbrot,
Ausgabe (Verbrauch), „Hand des (= empfangen durch)" Bābilāju,
6/7 vom 25. Ulūl (= VI.) [b]is zum 2. Tašrīt (= VII.)
des Jahres 6 des (Königs) Kadašman-Enlil.
Siegel des Ninurta-nādin-aḫḫī.

Z. 1f. ist das Zeichen DUG = *karpatu* „Gefäß" zu ergänzen, s. für altbab. Texte Birot 76 ad 21 mit Lit.
Z. 5: Zum Eigennamen Bābilāju s. auch die Belege bei Borger, AfO 23, 22 Anm. zu I 8′.

Gleichartig, aber mit anderen Naturalienmengen HS 118 (Nr. 23; Empfänger Z. 5: Nāḫirānu) und 120 (Nr. 24; Empfänger Z. 5: Uzibu); Abweichungen:

118 Z. 6–8: „vom 7. Šabāṭ (= XI.) bis zum 30. Addar (= XII.) des Jahres 1 DIRI des (Königs) Kudur-Enlil";

120 Z. 6–8: „vom 1.–17. Addar (= XII.) des Jahres 1 DIRI des (Königs) Kudur-Enlil".

Zu *aklu* von Brauereiprodukten s. Bemerkungen zu HS 137,3 (Nr. 18). Etwa neun Monate jünger als HS 138 ist die sachlich teilweise parallele *aklu*-Tafel UM II/2, 43 desselben Verwaltungsressorts; dazu und zur zeitlichen Einordnung s. S. 62 und Bemerkungen zu HS 118 (Nr. 23).

DUG in Z. 3 ist – ebenso wie in Nrn. 23 und 24 – in diesem Zusammenhang noch unklar; s. aber CAD A I 281 links 2′; K 220 lit. d. Daher ist auch die Lesung der voraufgehenden Zahlen unsicher, ob als Kardinalzahlen (so oben und Z. 3 der Nrn. 23 und 24) oder als Hohlmaßangaben (dann oben: 10 (GUR) 1 (PI)(?) 1 (BÁN)). Gegen letzteres dürfte Nr. 23 Z. 3 sprechen: das erste Zeichen der Z. 3 müßte als „1 (PI)" gedeutet werden; das aber würde mengenmäßig wenig zu unserer Nr. 22 Z. 3 und zu Nr. 24 Z. 3 – wo 10 (GUR) 2 (PI) zu lesen wäre (ebenso wie in BE XIV 80,3) – passen.

23. – HS 118

aklu-Text über Brauereiprodukte

7 x KAŠ.SAG
26 KAŠ.UŠ
1 1/2[1] DUG
1 (B)(!) *1* (S(?)) BAPPÍR
ak-lu$_4$ ŠU ^{I}*Na-ḫi-ra-nu*
TA UD *7*.KAM *ša* ^{ITU}ZÍZ
EN UD *30*.K[A]M *ša* ^{ITU}ŠE
MU *1*.KAM DIRI ^{d}*Ku-dur-*^{d}*En-líl*
Rs $^{\text{NA}_4}$KIŠIB ^{Id}*Nin-urta*-SUM-*aḫ-ḫi*

Rest der Rs unbeschrieben. Siegelabdrücke auf Vs und Rs; dazu s. S. 62 Anm. 3.

[1] Zur Lesung s. Nr. 22 Bem. am Ende (kleiner verdrückter waagerechter Keil am ersten senkrechten Keil unten zuviel; anscheinend Schreiberversehen).

Zur Übersetzung s. Übersetzung und Bemerkungen zu HS 138 (Nr. 22).

Zu HS 118 zugehörig ist UM II/2, 45: beide Texte sind sachlich gleichartig, Z. 6, 8 und 9 wörtlich gleichlautend; Z. 7 hat in UM II/2, 45 die Zahl 29 statt wie oben 30. Empfänger ist in 45 ein gewisser Bēlšunu. Beide Texte decken also bis auf einen Tag denselben Zeitraum für zwei verschiedene Personen; die Naturalienmengen differieren jedoch erheblich. Ein dritter gleichartiger Text – HS 120 (s. Bemerkungen zu Nr. 24) – betrifft einen Teil desselben Zeitraums, vom 1. bis 17. XII., für eine dritte Person. Alle drei Tafeln tragen den Siegelungsvermerk des Ninurta-nādin-aḫḫī, ebenso wie die etwas älteren gleichartigen Tafeln HS 138 (Nr. 22) und UM II/2,43; dazu und zum Jahre 1 DIRI s. Bemerkungen zu HS 138 (Nr. 22) und oben S. 62f.

Zu obigem vgl. die zwei gleichartigen *aklu*-Texte über Mehl BE XIV 70 und 71, wo *aklu*-Ausgaben an zwei verschiedene Personen, aber über gleiche Zeiträume (19.–30. IX., Jahr 16 des Königs Nazi-Maruttaš) registriert werden; beide Tafeln tragen das Siegel des o. S. 62 genannten Rīmūtu.

24. – HS 120

aklu-Text über Brauereiprodukte

38 KAŠ.SAG
86 KAŠ.UŠ
12 DUG
4 (B) *2* S BAPPÍR
ak-lu$_4$ ŠU ^{I}*Ú-zi-bu*
^{ITU}ŠE.GUR$_{10}$.KUD TA UD *1*.KAM
EN UD *17*.KAM MU *1*.KAM DIRI
Rs ^{d}*Ku-dur-ri-*^{d}*En-líl*
$^{\text{NA}_4}$KIŠIB ^{Id}*Nin-urta-na-din-aḫ-ḫi*

Rest der Rs unbeschrieben. Siegelabdrücke auf allen Tafelseiten; auf dem rechten Rand Teil einer Siegellegende: NIN. *Siehe weiter S. 62 Anm. 3.*

Zur Übersetzung s. Übersetzung und Bemerkungen zu HS 138 (Nr. 22).

Die Ausgabetage (1.–17. XII.) decken sich vollständig mit einem Teile der Tage von HS 118 (7. XI.–30. XII.) und von UM II/2, 45 (s. Bem. zu HS 118) für verschiedene Personen. Die Naturalienmengen sind in HS 120 trotz dem erheblich kürzeren Zeitraum weitaus höher als in HS 118. – Ein gleichartiger Text mit denselben Personen (ŠU U.; Siegel des N.) aus dem 3. Jahre des Königs Kudur-Enlil – also etwa zwei Jahre jünger – ist UM XIII 74.

Zum kassitischen Namen Uzibu vgl. Balkan, Kassitenstudien 88 s. v.

25. – HS 738 und 2887 (Hülle)

aklu-Text über Bier

	2 ME *8* KAŠ.UŠ	208 (Maß?) Bier zweiter Qualität (Mischbier),
	ak-lu	Ausgabe (Verbrauch),
	^{Id}*En-líl-ṣu-lu-li*	(für) Enlil-ṣulūlī,
UR	ŠU ^{I}DI.KU$_5$-^{d}UTU	„Hand des (= empfangen durch)" Dajjān-Šamaš,
Rs	TA UD *25*.KAM	vom 25.
6	ša ^{ITU}GU$_4$	Ajjar (= II.)
	EN UD *20*.KAM	bis zum 20.
	ša ^{ITU}APIN	Araḫsamnu (= VIII.)
OR	MU *10*.KAM	des Jahres 10.

1 Z. 1: Dazu s. Nr. 22 Bem. zu Z. 1f.

HS 738 ist die ungesiegelte Innentafel zu der bruchstückhaft erhaltenen, mit Siegelabdrücken (s. Taf. II) versehenen Tafelhülle HS 2887. Soweit erhalten stimmt 2887 mit 738 zeichen- und zeilengetreu überein. Nur das Datum ist auf 2887 Z. 9–11 vollständiger:

9	MU 10[.KAM]	Jahr 10
10	*Ka-dáš-man-du*[*r-gu*]	des Kadašman-Tu[rgu],
11	LUGAL.E	Königs.

Wir haben hier – ebenso wie z. B. bei BE XIV 55 – eine Verwaltungsurkunde als Hüllentafel vor uns. Bei beiden ist nur die Tafelhülle gesiegelt (vgl. dazu Clay, BE XIV S. 12 ab Mitte) und in der Datierung mit dem Königsnamen versehen, auch letzteres offenbar eine häufigere Schreiberpraxis. Die Innenseite der Tafelhülle weist spiegelbildlich Abdrücke des Innentextes auf. – Kopie von HS 2887 (J. Oelsner) s. Taf. I. Maße der Hülle: 2,7 (Breite) × 3,4 (Höhe) × 2,5 (Tiefe) cm. Außen- und Innentafel sind – trotz Siegelung außen – ohne Siegelungsvermerk.

26. – HS 130

aklu - Fragment

Mittelstück einer Tafelvorderseite;
an allen Seiten abgebrochen.

] x (x)[

]*1*(?) [^{I}]^{TU}Š[E.G]UR$_{10}$.KUD
]*4* SÌLA *ak-lu*$_4$ *ša* ŠU ^{I}K[I(?)

]. | BÀD-^{d}*En-líl*$^{MEŠ.KI}$[
] | MU *14*.KAM *Na-zi-ma-r*[*u-ut-taš*
] | ^{I}*A-da-a-a-ú-tu*$_{4}$ S[I]PA(?) [A]NŠE.KUR.R[A
] | ^{I}*Ri-mu-tu*$_{4}$ *i-din*[

---

1 Zeile – soweit erhalten – frei;
Rest zerstört. Keine Siegelabdrücke.

Z. 4′: Zum Ort Dūr-Enlilē vgl. Ebeling, RlA 2, 244.

27. – HS 147

aklu - Viehliste

Umschrift des Textes s. S. 70f.

Z. 1–3 Rubrum: „Ausgabe (Verbrauch) des Tempels vom Monat Ab (= V.) des Jahres 9 des (Königs) Šagarakti-Šuriaš bis zum Monat Araḫsamnu (= VIII.) des Jahres 10".

Z. 4/6 Spaltenüberschriften für die Z. 7ff. registrierten Viehstücke: „Schafe/Widder (für) Ekur; Schafe/Widder (für) Parak-marri; Zicklein dito; Schafe/Widder (für) Edanna; Zicklein dito; (Quer-)Summe(n); Bezeichnung". – Zu Parak-marri s. auch HS 148, 10 (Nr. 36) mit Bem.; UM II/2, 16, 6; 68, 10 und S. 86 rechts; BBSt 3 V 15; 17; ŠL 344, 45. Zu Edanna (geschrieben: É.KAS.GÍD^{KI}) s. Ebeling, RlA 2, 266 s. v.; UM II/2, 100, 18; ŠL 324, 99; Edzard, ZZB 55 Anm. 250; 102 mit Anm. 492 (é-danna „Doppelstundenfestung"); erwähnt auch in HS 153, 23 (*ša ina* É.DANNA^{KI} *áš-bu* „die in E. wohnen").

Z. 7–27 Spalten 1–6 enthalten die Zahlen der Viehstücke. – Z. 16/7 müssen zusammen in Spalte 1 „88", in Spalte 2 „55" ergeben haben.

Z. 7–14, 20 nennen in Spalte 7 die Namen der Ablieferer oder Empfänger (Izkur-Šamaš, Mār-Šurīḫa-ilī, Mār-Qurunni, Rabâ-ša-Nergal, Erība-Ninurta, Amīl-Sîn, Mungudu, Rabâ-ša-Gula, Ebēbu).

Z. 15, 19, 21 wird das Kleinvieh als MÁŠ = *ṣibtu* (des Ea-tukultī, des Aḫu/ī-bani bzw. des Sîn-nādin-aḫḫī) bezeichnet, hier Viehsteuer; dazu vgl. CAD Ṣ 166 „*ṣibtu* C (a tax levied on domestic animals)"; F. R. Kraus, Symbolae . . . Martino David II 20 (beide für mittelbabylonische Zeit). Analog in Z. 16, 27–29 als „Viehsteuer des Jahres 9 des Adad-nāṣir" bzw. „Viehsteuer des Jahres 9 des Sîn-aḫa-īriš, „Hand des (= empfangen durch)" Iqīša-Enlil".

Z. 17f. verweisen auf Z. 16: „dito . . . Ašriqa".

Z. 22/4, 25/6: „Schafe des Meer(land)es, Mār-Ilu/ī-iz(z)iza hat(te) (sie) gegeben" bzw. „dito, Ea-ibni hat(te) (sie) gegeben".

Z. 30–34 Spaltensummierungen: „Summe: 228 (für) Ekur; 160 (für) Parak-marri; 38 Zicklein; 54 (für) Edanna; (ohne Eintrag); 481. Ausgabe (Verbrauch) vom Monat Ab des Jahres 9 bis zum Monat Araḫsamnu des Jahres 10". – In Spalte 6 Z. 31 scheint die „1" teilweise getilgt zu sein, so daß die Endsumme nur „480" beträgt, richtig als Summierung der Quersumme Z. 30/1 und der Längsspalte 6, wenn in Z. 20 Spalte 6 „17 (?)" zu lesen (unwahrscheinlich „18") und Z. 20 Spalte 1 entsprechend zu ergänzen ist.

Die Vs der Tafel ist links unten ab Z. 15 abgebrochen.

OR *ak-lu* É.DINGIR TA ^{ITU}NE.NE.GAR
ša MU *9*.KAM *Ša-ga-ra-ak-ti-šur-ia-aš*
EN ^{ITU}APIN.DU$_8$.A *ša* MU *10*.KAM

Vs

UDU.NITÁ É.KUR	UDU.NITÁ BÁR.DUMU. KI	MÁŠ KI.MIN	UDU.NITÁ É.DANNA. KI	MÁŠ KI.MIN	PAP	MU.BI.IM
	6				*6*	^{I}*Iz-kur*-^{d}UTU
	17	*11*			*28*	DUMU-^{I}*Šu-ri-ḫa*-DINGIR
9					*9*	DUMU-^{I}*Qu-ru-un-ni*
30			*45*		*75*	^{I}GAL^{a}-*šá*-^{d}U.GUR
		5			*5*	^{I}SU-^{d}*Nin-urta*
		11			*11*	^{I}LÚ-^{d}*Sîn*
	6				*6*	^{I}*Mu-un-gu-du*
		11			*11*	^{I}GAL^{a}-*šá*-^{d}*Gu-la*
[	]*13*				*13*	MÁŠ ^{Id}*É-a*-TUKUL^{ti}
[	]				*80*	MÁŠ MU *9*.KAM ^{Id}IM-ŠEŠ

	[	]*5*				*1*^{šu} *3*	KI.MIN ŠI(?).GAB.GAR^{KI} ^{I}*Áš-ri-qa*
	[*28*]			*9*		*37*	MÁŠ ^{I}ŠEŠ-DÙ
Rs	*14*[+ *3*(?)]					*17*(?)	^{I}*E-be-bu*
	21					*21*	MÁŠ ^{Id}*Sîn*-SUM-ŠEŠ^{ME}
	35					*35*	UDU.NITÁ^{MEŠ} *ša* A.AB.BA DUMU-^{I}DINGIR-GUB^{za} *id-din*
		32				*32*	KI.MIN ^{Id}*É-a-ib-ni* *id-din*
		31				*31*	MÁŠ MU *9*.KAM ^{Id}*Sîn*-ŠEŠ-APIN ŠU ^{I}BA^{šá}-^{d}*En-líl*
	PAP *2* ME *28* É.KUR	*1* ME *1*^{šu} BÁR.DUMU. KI	*30* *8* MÁŠ	*54* É.DANNA. KI[1]		*4* ME *81*	*ak-lu*$_{4}$[2] TA ^{ITU}NE.NE.GAR *ša* MU *9*.KAM EN ^{ITU}APIN.DU$_{8}$.A *ša* MU *10*.KAM

In Spalten 2 bis 5 unter den Summierungen Spuren von Keilkopfeindrücken. Keine Siegelabdrücke.

[1] Vor KI Reste eines radierten GÍD. [2] Über dieser Zeile Zeichenspuren nach Rasur.

28. – HS 126

Monatsliste, *aklu lā a-ša-bu*

Die Tafel ist wegen ihres schlechten Erhaltungszustandes stellenweise mehr oder weniger unleserlich.

	[Z]Ì.DA	*še-um*	MU.BI.IM
	2 P		*ki-is-pu gi-nu-ú*
	1 (B) *2* S		KI.MIN UD *21*.KAM
	1 G		^{I}*Eri-ba-*^{d}UTU
	3 (P) *3* (B) *3* (S)		DUMU.SAL É^{ti}
	2 [P]I	*3* P	^{I}*Ib-nu-ú-tu*$_{4}$
	1 (P) *2* (B) *4* S	*2* P	^{Id}*E*[*n*]-*l*[*i*]*l*(?)-ŠEŠ-TIN(?)[^{i}]^{i}(?)
	3 (B) *3* S	*5* (B) *2* (S)	^{Id}[E]N-x TA UD *21*.[KA]M [E]N [U]D [x +] *3*.KAM
	2 (B) *3* S	*1* (P) *3*?(B) *1* S	ŠUK ^{LÚ}GÍR *17 u*$_{4}$*-mi* [(x x x x) x+(?)]*3*.K[A]M
	2 (B) *3* S		*ša* É *ša* KASKAL TA UD *21*.KAM E[N x x x]
	1 (B) *3* S	*3* (B) *3* (S)	^{Id}*Sî*[*n*]*-mu-te-šir* TA U[D] *2*[+ x] [E]N(?) ⌊U]D(?)*12*(?)
	1 (B)	*2* (B)	^{Id}AMAR.UTU-LUGAL-DINGIR^{MEŠ}
	2 (B)	*3* (B)	^{LÚ}ENGAR *ša* ^{Id}AMAR.UTU-LUGAL-DINGIR^{MEŠ}
		1 P	ŠUK *a-a-l*[*i*]
		1 P	[x (x)] x-*mar*
		1 P	DUMU-^{I}*Šu-ri-ḫa*-DINGIR
		2 (B) *2* (S)	ŠUK ^{I}*In-na-an-ni* TA U[D] *10* [+x].[KA]M [E]N(?)
			U[D (?) x+] *3*.[K]AM[1]
		1 (B) *1* S	^{I}*Re-eš-ap-sú-ú 6 u*$_{4}$*-m*[*i*]
		1 (P) *2* (B)	^{I}*Ta-ri-ba-tu*$_{4}$
		5 (B) (?)	^{I}LÚ-*Ì-si-in*
		1 (P) *2* (B)	^{I}*Zu-ki-tu*$_{4}$
		1 P	DUMU-^{I}*Šu-ri-ḫa*-DINGIR
Rs		*1* (P) *2* (B)	^{I}*Ma-li-lu*$_{4}$
		2 (P)	Š[U]K(?) *2* $^{L[Ú](?)}$*ar-*[*r*]*u*(?)*-tu*$_{4}$(?) x *a*(?)*-an* x [(x)]
		1 (P) *2* (B)	^{Id}U.GUR-SAG
		1 (P) *2* (B)	^{I}*Ṣal-mu*
		1 (P) *2* (B)	^{I}*E-ri-šu*$_{14}$
		1 (P) *2* (B)	^{I}*Za-qu*(?)*-ú-a*
		1 (P) *2* (B)	^{I}*Iz-kùr-*^{d}IM
		1 (P) *2* (B)	DUMU-^{I}*Bu-un-ni*
		1 (P) *2* (B)	^{I}*Mu-kal-lim*
		[x (x)] x [(xx)	DU]MU.S[A]L *Aš-šur-ra-a-a-i*
		2 (P) *2* (?) (B)	[x x (x)] x x x x [x (x)] x
		1 (P) *2* (B)	[*š*]*a* LÚ GIŠ ŠU
		1 P	^{LÚ}DUM[U (x)] x x x x x (x)
	4 (?) x	*1* (P) (?) x (B)	^{Id}[x x (x)] x [x x (x)] DUMU^{MEŠ} *šip-ri*

---

[1] Z. 17a steht auf der Tafel am Ende der Z. 17.

1 Zeile Zwischenraum

P[AP] *2* (G) *1* (P)	*6* (G) *5* (B)	*ak-*lu_4 *lā a-[š]a-bu*
2 (B)[1] *1* S	*3* S	[Š]U ^{I}*Ta-ri-bi*
		$^{I[T]U}$ŠU.NUMUN.NA
		MU *2*.KAM
		^{d}*Ku-dur-*^{d}*En-líl*
		LUGAL.E

[^{NA_4}K]IŠIB ^{Id}*Nin-urta*-SUM-ŠEŠ^{MEŠ}

Siegelabrollungen des gleichen Siegels wie auf HS 118 über die ganze Tafel; s. dazu S. 62 Anm. 3. – Zwischen den Zeilen 1 bis nach 36 im Original jeweils ein Querstrich.

Z. 1: Überschriften für die Z. 2–36 in Spalten 1 und 2 angegebenen Mehl- und Gerste-Mengen, ausgegeben für die in Spalte 3 verzeichneten Zwecke oder Destinatäre: „[Me]hl (Spalte 1), Gerste (Spalte 2), Bezeichnung (Spalte 3; Zweck usw.)".

Z. 2–36 Spalte 3: Empfänger sind meist namentlich genannte Personen (Erība-Šamaš, Ibnūtu, Enlil-aḫa-uballiṭ (?), Sîn-mutēšir, Marduk-šar-ilāni, dessen „Landarbeiter/Bauer", Mār-Šurīḫa-ilī, Innannu, Rēš-apsû, Tarībatu, Amīl-Isin, Zukitu, Malīlu, Nergal-ašarēd, Ṣalmu, Ērišu, Zaqūa (?), Izkur-Adad, Mār-Bunni, Mukallim), in Z. 5 eine „Tochter des Hauses", in Z. 32 eine „Tochter des Assyrers", in Z. 36 „Boten". Andere Empfänger sind nur mit ihrem Beruf bezeichnet (Z. 9, 13, 34). Einzelne Posten sind für das „regelmäßige Totenopfer" (Z. 2; Z. 3: „dito für den 21. Tag") oder für ŠUK „Verpflegung" für eine Person (Z. 9, 17) bzw. „Futter" für Hirsche (Z. 14). Wiederholt werden dabei die Zeiträume angegeben, für die die Einzelposten bestimmt waren: „vom x. Tag bis zum y. Tag" (Z. 8, 10, 11, 17) oder „(Verpflegung . . .) (für) 17 bzw. 6 Tage" (Z. 9, 18).

Z. 37/8: „S[umme]: 2 (!) Kor 1 Pān 2 (!) Seah 1 Qa (Mehl); 6 Kor 5 Seah 3 Q[a] (Gerste), Ausgabe (Verbrauch) *lā a-[š]a-bu*, „[Ha]nd des (empfangen durch)" Tarību".

Z. 39–42: „Monat Dûzu (= IV.), Jahr 2 des Königs Kudur-Enlil".

Z. 43: „[Sie]gel des Ninurta-nādin-aḫḫī".

Z. 2: Gerste für ein *kispu* „Totenopfer" in TLB I (= SLB I/3) 92, 37; vgl Edzard, BiOr 18 (1961) 69a.

Z. 5: Zu *mārat bīti* „Tochter des Hauses" vgl. MDP 28, 471, 14; 29; 32 (Susa); dazu AHw 614 rechts Mitte.

Z. 9/10: Vielleicht gehören die Zeichen auf dem Tafelrand am Ende von Z. 9 zu Z. 10 a. E. – nach oben geschrieben –; vgl. zu Z. 9 die Z. 18 Spalte 3. Zu ^{LÚ}GÍR s. ŠL 10, 27; HS 131 (Nr. 29) Z. 7; BE XIV 120, 34.

Z. 14: Zu ŠUK „Futter" für Tiere s. ATR 83; für Hirsche CAD A I 226 links lit. b); Iraq 7, 51 A 951; 49 A 937; AHw 513 s. v. *kurummatu*.

Z. 24: Spalte 3 Rasur, in Spalte 2 wohl vergessen; vgl. auch die Summierung.

Z. 32: Spalte 2 vielleicht entsprechend der Summierung Z. 37 zu [1] P[I](?) [4 SÌLA] zu ergänzen, wenn die Bemerkungen zu Z. 24, 33 und 36 zutreffen; nach den Zeichenresten vielleicht ein Winkelhaken in die obere Zeile hineinragend (möglich wäre dann allerdings auch: 4 oder 5 (BÁN)).

Z. 33 und 36: anscheinend nachträglich wieder getilgt; vgl. die Summierung.

Z. 37f.: Die Summierung in Spalte 1 stimmt nach den obigen Einzelposten nicht ganz: 2 (BÁN) wohl Schreib- oder Additionsfehler für „1 (BÁN)", 2 (GUR) statt richtig „3 (GUR)" (1 GUR von Z. 4 als BÁN addiert?). Spalte 2 sind die drei waagerechten Keile von „5 (BÁN)" verdrückt; s. im übrigen zur Summierung die Anmerkungen zu Z. 24, 32, 33 und 36. Gerechnet wird nach dem Seah-Maße zu 10 Qa.

[1] 2(B) steht auf der Tafel noch auf Z. 37.

29. – HS 131

aklu - Liste für ein Halbjahr

[Z]Ì.DA	ŠE [^{GIŠ}BÁN x +] *4* SÌ[LA]	MU.BI.I[M]
	1 P (?)	[x x x (x)] *4* ^{ITU}BÁR.Z[A]G.GAR E[N(?) U]D(?) [x (x)]
3 (B)	*1* [P]I (?)	[Š]U[K] ^{I}[*R*]*e*(?)-*man-ni* ^{ITU}BÁR.Z[A]G.[G]A[R (x x x)]
3 (B)		Š[U]K ^{I}x-x-*ti* TA UD *3* EN UD *4* $^{I[T]U}$[x x]
3 (B) *5* S	*1* (?) P[I] (?)	ŠUK ^{I}*Ta-ri-bi* ^{LÚ}ŠU.SÌLA.GAB TA UD *4*.KAM EN UD *27*.KAM
3 (B) *4* S		ŠUK ^{LÚ}GÍR TA K[I.MI]N EN KI.MIN
3 (B) *4* S		ŠUK ^{LÚ}MU TA KI.[M]IN *ša* ^{ITU}SIG$_4$ E[N U]D *7* $^{[IT]U}$ŠU.[N]UMUN
3 (B) *4* S		ŠUK ^{I}BA$^{šá-d}$U.GUR SIPA TA KI.MIN EN UD *21*[+ *6*].KAM
6 S		ŠUK ^{I}*Na-aḫ-zi*-^{d}AMAR.UTU TA UD *15* EN UD *16* ^{ITU}S[I]G$_4$(?)
4 (B) *1* S		ŠUK ^{I}KI.MIN TA UD *13*.KAM EN UD *14* ^{ITU}ŠU.NUMUN
6 S	*3* (B)	ŠUK ^{I}KI.MIN TA UD *13*.KAM EN UD *14* ^{ITU}NE.NE
2 (P) *2* (B) *2* S	*2* (G)	NINDA-KASKAL *ša* GÚ.EN.NA ^{ITU}SIG$_4$.GA
	1 P	^{I}*Ur-ra-a-a* (Rasur) x x
1 (B)	*2* (B)	NINDA-KASKAL ^{I}NÍG.BA-^{d}*Gu-la ša a-na* ^{KUR}*Ra-ši šap-rù*
2 S	*1* (B) *3* S	DUMU *šip-ri ša* LÚ ^{URU}BÀD.[A]N^{KI} ^{I}*Na-aḫ-zi*-^{d}AMAR.UTU ^{L}[^{Ú}D]IN
1 (B)	*2* (B)	NINDA-KASKAL LÚ *ša* KI.MIN
3 (B)		NINDA-KASKAL D[UM]U-^{I}*Ši-in-na-ni ù* ^{Id}UTU(?)-x-x
5 (B)		NINDA-KASKAL KI.MIN *2* KASKAL
5 (B)	*5* (B)	NINDA-KASKAL KI.MIN *3* KASKAL
5 (B)	*5* (B)	NINDA-KASKAL ^{I}KI.MIN *ù* ^{I}*Sa-mi-*[*d*]*i* ^{LÚ}[x]
1 [+ x] (B) *4* [+ x] S		ŠUK ^{Id}*Dele-bat-lí-su* TA UD [x x x x x]
[	]	ŠUK ^{I}[ ]

UR	[ ]	*3* (B)	NINDA-KASK[AL]
			SIP[A] (?)
Rs	[ ]		ŠUK ^{I}*Mi*-x-x-x[
	1 [+x?] (B) *1* [+x SÌ]LA		ŠUK ^{Id}IM-*be-lí* x[
	1 [+ x?] (B) *3* [+ x?] (S)	*2* (B)	ŠUK ^{I}x-x S[I]PA(?) TA UD ⟨x⟩ $^{[I]TU}$x [EN UD x]
			^{ITU}N[E(?).NE(?)]
	3 (B) *2* S	*5* (B)	ŠUK ^{I}BA^{ša}-^{d}U.GUR SIPA TA U[D x (x)]
			ša ^{ITU}NE EN UD *5*.KAM $^{I[TU]}$K[IN.^{d}INANNA(?)]
	x *3* (?) [SÌ]LA		ŠUK ^{I}*Lul-l*[*u*]-*ba-a* [DAM.]GÀR(?) [x (x)] x x x
			TA UD *13* E[N U]D *16*.KAM ^{ITU}NE.NE
	2 (P) *2* (B) *2* (S)	*2* (G)	NINDA-KASKAL DUMU LUGAL.E
	3 (B)	*1* (P) *4* (B)	^{Id}*Sîn-mu-bal-li*[*ṭ* ^{L}]^{Ú}SAG DUMU LUGAL
		2 (B)	^{LÚ}*sa-li-ḫu*
	(2 Zeilen Zwischenraum)		
	PAP *3* (G) *4* (B)	*6* (G) *4* (B) *3* S	*ak-lu₄ lā a-ša-bu*
			TA ^{ITU}BÁR.ZAG.GAR EN ^{ITU}KIN.^{d}INANNA
			MU *3*.KAM ^{d}*Ku-dur*-^{d}*En-líl*
			LUGAL.E

Auf Vs und Rs schwach erkennbare Siegelabdrücke. Zwischen den Zeilen 1 bis nach 36 im Original jeweils ein Querstrich.

Z. 1 Spaltenüberschriften: „Mehl, Gerste [(gemessen im) Seah-Maß(e) (zu)] 4[+ x Q]a, Bezeichnu[ng]".

Z. 2–36 geben in den entsprechenden Spalten die Ausgabemengen an Mehl und Getreide für die in Spalte 3 genannten Zwecke bzw. Destinatäre an:

Z. 2–4 an nicht mehr lesbare Personen für Zeiträume im Monat Nisan (= I.; Z. 2, 3) bzw. „vom 3. bis zum 4. Tag des Monats [Nisan?]";

Z. 5/6 „Verpflegung für Tarību, den Mundschenk, vom 4. bis zum 27. Tage (sc. des Monats Nisan?)"; zur Schreibung ^{LÚ}ŠU.SÌLA.GAB s. ŠL 354, 71; HS 134 (Nr. 31), 21 mit Bem.

Z. 7: „Verpflegung für den ^{LÚ}GÍR vom di[t]o (Tag) bis zum dito (Tag)"; s. dazu HS 126 (Nr. 28) (zu) Z. 9.

Z. 8: „Verpflegung für den Koch vom di[t]o (Tag) des Monats Simān (= III.) bis [zum] 7. [T]ag des [Mon]ats D[û]zu (= IV.)";

Z. 9: „Verpflegung für den Iqīša-Nergal, den Hirten, (vgl. Z. 30) vom dito (Tag) bis zum 2[7]. Tag";

Z. 10: „Verpflegung für den Naḫzi-Marduk vom 15. bis zum 16. Tag des Monats Si[m]ān(?) (= III.)";

Z. 11/12: „Verpflegung für den dito vom 13. bis zum 14. Tag des Monats Dûzu" (= IV.; Z. 11) bzw. „des Monats Ab (= V.)" (Z. 12);

Z. 14, 16: Rationen für einen gewissen Urraja bzw. für den „Boten (*mār šipri*) des «Mannes von Dêr», Naḫzi-Marduk, den [Ins]pektor(?)";

Z. 13, 15, 17–21, 24 (weitgehend zerstört), 34 zählen Rationen für NINDA-KASKAL (*ṣidītu, akal ḫarrāni*) „Reiseproviant" auf:

Z. 13 und 34 für den GÚ.EN.NA im Monat Simān (= III.) bzw. den *mār šarri* „(Kron-) Prinzen", mengenmäßig gleichhoch, aber unklar, ob etwa für einen gleichgroßen Zeitraum;

Z. 15 für Qīšti-Gula, „der nach dem Lande Raši geschickt worden ist" (zum Lande Raši im babylonisch-elamitischen Grenzgebiet s. Brinkman, History 282 Anm. 1830 mit Lit. und Verweisen; zu den Schreibungen des Landesnamens s. AOAT 6, 23f. s. v. ARĀŠI);

Z. 17 für den „Mann" des dito (d. h.: der in Z. 16 – dazu s. o. – genannten Persönlichkeit), mengenmäßig gleichviel wie in Z. 15;

Z. 18ff. für M[ā]r-Šinnani und Šamaš-x $^1/_{10}$ Kor Mehl (Z. 18), fast die doppelte Menge ($^1/_6$ Kor) für beide (KI.MIN) für 2 KASKAL „2 Reisen" (vgl. die Parallele in UM II/2, 143, 13: NINDA-KASKAL PN 2 KASKAL, dazu CAD Ṣ 173 links oben: „for travel provisions for PN for two trips"; oder: die „zweite Reise"?) (Z. 19) und Z. 20 für 3 KASKAL „3 Reisen (oder die „dritte Reise"?)" $^1/_6$ Kor Mehl und $^1/_6$ Kor Gerste;

Z. 21 wiederum für beide in Z. 18ff. genannten Personen (^{I}KI.MIN = dito), diesmal aber gemeinsam mit einem gewissen Sāmidu, zusammen die gleiche Menge wie in Z. 20.

Z. 22, 23, 26–28, 32f.: „Verpflegung" für namentlich genannte, teilweise nicht mehr identifizierbare Personen (Z. 22: Delebat-līssu; Z. 27: Adad-bēlī(?); Z. 32f.: Lullubâ, den [Kauf]-mann(?), vom 13. bis 16. Tag des (Monats) Ab (= V.); Z. 28: für einen Hirten(?)).

Z. 30f.: „Verpflegung für den Iqīša-Nergal, den Hirten, vom [x.] Ta[g] des (Monats) Ab bis zum 5. Tag des (Monats) U[lūl] (= VI.); derselbe Hirt hatte bereits nach Z. 9 (s. dort) im voraufgegangenen Monat Verpflegung erhalten, dort mengenmäßig 2 SÌLA mehr Mehl ohne Gerste, jetzt dafür zusätzlich 5 BÁN Gerste; leider sind wegen der Textlücke die Verpflegungstage nicht vergleichbar.

Z. 35 ist als Empfänger ein Sîn-muballiṭ ^{LÚ}SAG DUMU LUGAL unmittelbar hinter seinem Herrn, dem (Kron-)Prinzen (Z. 34), verzeichnet. Damit findet sich auch für kassitische Zeit – nach Brinkman, History 310, dort bisher unbelegt – ein *ša rēš mār šarri* „*ša rēši* des (Kron-) Prinzen"; zu den Personengruppen der *ša rēši* und *ša rēš šarri* in den verschiedenen Perioden der babylonischen und assyrischen Geschichte s. Brinkman 309–311, zu *ša rēši* für „kastriert" vgl. Landsberger, MSL VIII/1, 74. In der Sklavenkaufurkunde UM VIII/2, 162, 7f., 16ff.

erscheint als Käufer ein ^{LÚ}SAG (*ša rēši*) des Enlil-kidinnī (dazu Vorbem. zu Nr. 14 S. 46 m.A. 1[1]). Die *ša rēši* sind damit auch für kassitische Zeit – wie später für die neuassyrische Periode, dazu Brinkman 309 – als Personal hochgestellter Persönlichkeiten des königlichen Hofes bezeugt, ohne daß aber auch hier etwas näheres über ihre Funktionen ausgesagt werden kann.

Z. 36 ist Empfänger ein ^{LÚ}*sa-li-ḫu*; vgl. für Mari altbabylonisch ARM III 19, 27, dazu Kupper, ARM III p. 114 („paraît ici désigner des agents du service des eaux") und Bottéro-Finet, ARM XV 253 s. v. *salâḫum*, part.: *sa-li-ḫu* „fonctionnaires du service des eaux(?)". Vgl. Landsberger & Gurney, AfO 18, 83, 248; mB BE XIV 102, 9; XV 168, 10 und unten Nr. 50 Vs 2'; AHw 1015 „Besprenger (Funktion?)".

Z. 37–40: „Summe: 3 Kor 4 Seah (Mehl), 6 Kor 4 Seah 3 Qa (Gerste); Ausgabe (Verbrauch) *lā a-ša-bu*, vom Monat Nisan (= I.) bis zum (Monat) Ulūl (= VI.) des Jahres 3 des Königs Kudur-Enlil".

30. – HS 153

aklu-Liste betreffend den GÚ.EN.NA

Die Spalten 1 bis 3 und Spalte 4 ab Z. 4 der Vs dieser fünfspaltigen Liste sind völlig zerstört. Die Tafel ist – soweit erhalten – auf Vs, Rs und auf den Tafelrändern mit Siegelabdrücken bedeckt. Die mehrfach lesbare Siegellegende, teils oberhalb des Siegelbildes, teils in ihm verteilt, lautet:

ina amāt ^{d}AMAR.UTU *be-lí-šu šá-kin-šu lí-bur liš-lim* „auf Befehl des (Gottes) Marduk, seines Herrn, möge der, der es trägt, in guter Gesundheit sein und heil bleiben"

(s. CAD B 126, 3'; nach freundlicher brieflicher Mitteilung von A. L. Oppenheim; Parallelen s. bei H. Limet, Les légendes des sceaux cassites (1971) 93, 7.1; 99, 7.18).

Zum GÚ.EN.NA/*šandabakku* Amīl-Marduk s. Bem. zu Nr. 8; 15 und 17.

Umschrift des Textes s. S. 78

In Spalten 1–4 Z. 1 ist vielleicht entsprechend Spalte 5 Z. 21 zu ergänzen: [ŠE ZÌ.DA ŠE(.)KA]Š DUG „[Gerste, Mehl, Gerste (für) Bie]r(?) (und) DUG (zu letzteren s. u.)". Spalte 5 Z. 1 lautet: „Ausgabe (Verbrauch) (für) Amīl-Marduk, den GÚ.EN.NA, (empfangen durch?) Ninurta-muballiṭ(?)".

Die Einzel(ausgabe)posten Z. 2ff. der Vs Spalten 1–3 sind ganz verloren, von Spalte 4 (DUG) sind nur Z. 2 und 3 teilerhalten („1 3 Qa" bzw. „[1+(?)]1 4 (Qa)"). Auf der Rs verzeichnen Z. 17–20 untereinander in Spalte 1 „5/5/5/2 (Kor)", in Spalte 2 „4/4/2/1 (Pān), 4/4/2/1 (Seah) (und) 4/4/2/1 (Qa)" und in Spalte 3 die Zahlen „20/20/10/5"; Spalte 4 ist hier leer. Z. 21f. (= Rs Z. 5f.) summieren: in Spalte 1 „Insgesamt 72 Kor 4 Pān 4 Seah $^1/_2$ Qa", in Spalte 2 „33 Kor 3 Pān 1 Seah 1 Qa"; Spalte 3 lautet „200 + 10 2 Qa", Spalte 4 „15 (die Einer mit senkrechten Keilen geschrieben, also nicht GUR-Einer) 1 Seah 2 Qa". Die Summierungen in Z. 21f. sind wegen der völligen Zerstörung der Vs Spalten 1–4 nicht nachprüfbar. Spalte 2 fügt Z. 23 an: „9 Kor 6 Qa, (gemessen im) großen(?) Seah-Maß(e)(?)". Ab Z. 24 sind Spalten 1–4 frei.

In Spalte 5 verzeichnen als Verwendungszweck:

Z. 2 „gesiegelt, Monat Ṭebēt (= X.) vom 12. bis 14. Tag, Jahr 9";

Z. 3 „nicht gesiegelt, Monat Simān (= III.) vom 23. bis 26. Tag, Ja[hr] 11";

Z. 4 „dito, Monat Ab (= V.), 9. Tag, Jahr 11";

---

1 S. jetzt AHw 974 *rēšu* 9c „etwa Haushofmeister, Vorsteher".

[		KA]Š(?)	DUG	ak-lu$_4$ ^{I}LÚ-^{d}AMAR.UTU GÚ.EN.NA ^{Id}*Nin-urta*-TIN$^{iṭ(?)}$
[			] *1* *3* S	*kan$_x$*(KAM)-*gu* ^{ITU}AB TA UD *12*.KAM EN UD *14*.KAM MU *9*.KAM
[			*1*?+]*1* *4* (S)	*lā kan$_x$*(KAM)-*gu* ^{ITU}SIG$_4$ TA UD *23*.KAM EN UD *26*⟨.KAM⟩ M[U] *11*.KAM
[			]	KI.MIN ^{ITU}NE UD *9*.KAM MU *11*.KAM
[				] KI.MIN ^{ITU}AB TA UD *20*.KAM EN UD *23*.KAM MU *11*.KAM
[				KI.M]IN ^{ITU}AB TA UD *27*.KAM EN UD *29*.K[AM] MU *11*.KAM
[				KI.MIN $^{IT]U}$BÁR UD *28*.KAM *Pa-ši-ru*^{KI} MU *12*.KAM
[				]x *11* ERÍN^{MEŠ} *ša 7 u$_4$-mi dul-la*
[				]x ^{GIŠ}I.DIB(?)^{MEŠ} *i-pu-šú*
[				]x ^{Id}*Gu-la*-LÀḪ MU *11*.KAM
[				ANŠE.KU]R.RA^{MEŠ} *ša* LUGAL TA UD 2.KAM [E]N UD *11*.K⟨AM⟩
[				]x x ITU *4* PI MU *12*.KAM
[				]^{ITU}[Š]U MU *11*.KAM
[				]^{ITU}NE MU *12*.KAM
[				]x NINDA-KASKAL ^{I}KI-^{d}A[MA]R.U[T]U(?)-TI
[				] MU *6*.KAM
Rs *5* (G)	*4* (P) *4* (B) *4* (S)	*20*		KI.MIN KI.MIN MU *10*.KAM
5 (G)	*4* (P) *4* (B) *4* (S)	*20*		KI.MIN KI.MIN MU *11*.KAM
5 (G)	*2* (P) *2* (B) *2* (S)	*10*		NINDA-KASKAL ^{I}*Ka-tar-saḫ* MU *11*.KAM
2 (G)	*1* (P) *1* (B) *1* (S)	*5*		KI.MIN ^{I}*Ša-ga-re-e-a* MU *12*.KAM
PAP *72* (G) *4* (P) *4* (B)[1] *1* 1/2 S	*33* (G) *3* (P) *1* (B)[1] *1* S	2 ME *10* *2* S	*15* MAŠ *2* S	PAP *50* (G) *3* (P) *2* (B) *7* S ŠE ZÌ.DA ŠE(.)KAŠ *ù* ŠE(.)DUG ^{GIŠ}BÁN GAL *ak-lu$_4$*
	9 (G) *6* (S) $^{GIŠ(?)}$BÁN(?) G[A]L(?)			ŠUK *i-da-a-a-i ša i-na* É.DANNA^{KI} *áš-bu*
				PAP *59* (G) *3* (P) *3* (B) *3* S ŠE ^{GIŠ}BÁN GAL *ak-lu$_4$* *2* (G) *1* (P) *1* (B) *5* S *pu-ruk-ke-e* *22* (G) *2* (P) *3*(!) (B) ZÌ.DA *i-na 1* (G) *3* (B) *1* (G) *2* (P) *pu-ruk-ke-e* *7* (G) KAŠ *i-na 1* (G) *1* P PAP *1*^{šu} *3* (G) *1* (P) *4* (B) *8* S ŠE ^{GIŠ}BÁN GAL *ak-lu$_4$* ^{I}LÚ-^{d}AMAR.UTU GÚ.EN.NA ŠU ^{Id}*Nin-urta-mu-bal-liṭ Bal-ri*^{KI} TA ^{ITU}AB *ša* MU *9*.KAM EN ^{ITU}ŠE UD *21*.KAM MU *12*.KAM ^{d}*Ša-ga-rak-te-šur-ia-aš* ^{NA_4}KIŠIB ^{Id}*Nin-urta-re-ṣu-šú*

[1] 4 (B) bzw. 1 (B) zur vorigen Zeile gehörig.

Z. 5/6 „dito, Monat Ṭebēt (= X.) vom 20. bis 23. (Z. 5)“ bzw. „27. bis 29. Tag, Jahr 11“;
Z. 7 „[dito, Mon]at Nisan (= I.), 28. Tag, (Ort:) Paširu, Jahr 12“;
Z. 8f. „[ ].. 11 Leute, die 7 Tage (lang) Arbeit [ ].. Schöpfvorrichtungen geleistet haben“; zu ^{GIŠ}I.DIB = *dilûtu* „Schöpfvorrichtung“ s. MSL VI, 65, 156f.; CAD D 142 s. v.; AHw 170 s. v.; Biggs, TCS II 18 ad 8; oder zu lesen: ^{GIŠ}KUN$_4$^{MEŠ} = *simmilātu* “Treppen, Leitern“, dazu Landsberger & Güterbock, AfO 12 (1937/9) 55ff.;
Z. 10 „[ ].. Gula-pilaḫ, Jahr 11“;
Z. 11 „[Futter(?) für(?) Pfe]rde des Königs vom 2. [bi]s 11. Tag“,
Z. 12 „[ ] x x (je) Monat 4 Pān, Jahr 12“;
Z. 13f. „[ ] Monat [Dû]zu (= IV.), Jahr 11 (sic!); [ ] Monat Ab (= V.), Jahr 12“;
Z. 15: „[ ].. Reiseproviant (für) Itti-M[ar]d[u]k(?)-balāṭu“
Z. 16: „Jahr 6“ (Fehler für 9?);
Z. 17f. je: „dito dito Jahr 10 bzw. 11“; Z. 15/8: Reiseproviant für I. für 3 Jahre!
Z. 19: „Reiseproviant (für) Katar-Saḫ, Jahr 11“;
Z. 20: „dito (für) Šagarēa, Jahr 12“;
Z. 21f. Summierung: „Insgesamt 50 Kor 3 Pān 2 Seah 7 Qa Gerste, Mehl, Gerste (für) Bier (?) und Gerste (für) DUG, (gemessen im) großen Seah-Maß(e), Ausgabe (Verbrauch)“. Ebenso wie die Summierungen Z. 21f. in Spalten 1–4 ist auch die Summierung in Spalte 5 wegen der Zerstörung der Vs Spalten 1–4 nicht nachprüfbar. – Lesung und genaue Bedeutung von ŠE KAŠ (oder ŠE.KAŠ) sind mir unklar; J. A. Brinkman erwägt nach freundlicher brieflicher Mitteilung als möglich „something like ‚grain (for) beer‘ or ‚grain (made into) beer‘ or the like“. DUG könnte sich – so auch brieflich A. L. Oppenheim und Brinkman – auf (die Aufbewahrung von Gerste in) Gefäße(n) beziehen.
Z. 23: „Verpflegung für die Idajäer, die sich in Edanna befinden“; zu $^{URU/KUR}$*i-da-a-a* s. Parpola, AOAT 6, 172 s. v. IDA;
Z. 24 summiert richtig Spalte 5 Z. 21 plus Spalte 2 Z. 23: „Insgesamt 59 Kor 3 Pān 3 Seah 3 Qa Gerste, (gemessen im) großen Seah-Maß(e) (gerechnet zu 10 Qa), Ausgabe (Verbrauch)“;
Z. 25: „2 Kor 1 Pān 1 Seah 5 Qa *purukkû* von 22 Kor 2 Pān 3 (!) Seah, (betreffend) Mehl, (nämlich) auf 1 Kor 3 Seah (= $^1/_{10}$ von der Ausgangsmenge von 1 Kor)“. Der Betrag 1 errechnet sich aus dem Betrag 2 nach dem Verhältnis von 1 Kor (= 30 Seah) zu 3 Seah (= 10: 1). Das Ergebnis ist richtig, wenn das große Seah-Maß (vgl. Z. 24 und 27) zu 10 Qa gerechnet und vor ZÌ.DA die Zahl 3 Seah statt Schreibfehler 2 Seah zugrunde gelegt wird:
22 Kor 2 Pān 3 Seah = 6750 Qa, davon 1/10
= 675 Qa = 2 Kor 1 Pān 1 Seah 5 Qa.
Unklar ist die Bedeutung des bisher nicht häufig belegten *purukkû*: v. Soden jetzt AHw 882 s. v. „‚Rücklage, Sperrbetrag‘(?)“; da es sich aber um *aklu* „Ausgabe, Verbrauch“ handeln muß, wäre auch zu erwägen ein prozentual zusätzlicher Ausgabebetrag (ähnlich wohl auch Oppenheim vermutungsweise: etwa „additional payment(?)“).
Entsprechendes wie für Z. 25 gilt für
Z. 26: „1 Kor 2 Pān *purukkû* von 7 Kor, (betreffend) Bier, (nämlich) auf 1 Kor 1 Pān (= 1/5 von der Ausgangsmenge); auch diese Berechnung ist richtig:
7 Kor = 35 Pān, davon 1/5 = 7 Pān = 1 Kor 2 Pān
wie am Zeilenanfang;
Z. 27 addiert richtig Z. 24–26: „Insgesamt 63 Kor 1 Pān 4 Seah 8 Qa Gerste, (gemessen im) großen Seah-Maß(e)“.
Z. 28–32 Unterschrift: „Ausgabe (Verbrauch) (für) Amīl-Marduk, den GÚ.EN.NA; „Hand des (empfangen durch)“ Ninurta-muballiṭ, Balri (dazu vgl. UM II/2,55,6; A. L. Oppenheim verweist mich auf entsprechende altbabylonische „Flurnamen“), vom Monat Ṭebēt (= X.) des Jahres 9 bis zum Monat Addar (= XII.), 21. Tag, des Jahres 12 (des Königs) Šagarakti-Šuriaš. Siegel des Ninurta-rēṣūšu“.

31. – HS 134

Ausgabeliste

HS 134 ist sachlich und in der äußeren Form (Vs dreispaltig, Rs zweispaltig) ein Parallelstück zu der genau vier Jahre älteren Tafel UM II/2, 20. Beide tragen das berühmt gewordene kassitische Siegel mit der Darstellung eines Saatpfluges mit Rindergespann und zugehörigem Dreimänner-Arbeitsteam (vgl. BE XIV 57 und dazu A. T. Clay, UM II/2 S. 66–68) bei der Arbeit. Wiedergaben des Siegels u. a. in UM II/2 S. 66; RlA I Tf. 3 Abb. a bei S. 16; A. Salonen, Agricultura Mesopotamica (Helsinki 1968) Tf. V 1 und 2, Tf. VI 1 und 2; vgl. 495; 37f.; vgl. auch Th. Beran, AfO 18 (1957/58) 271.

Die Zeichnung des Siegelabdrucks in UM II/2 S. 66 läßt sich durch den teilweise sichtbaren Abdruck des Saatpflugsiegels auf HS 155 (Nr. 14) insoweit ergänzen, daß der in der Mitte der Tiere befindliche Viehtreiber in seiner rechten erhobenen Hand über dem Kopf des einen Rindes einen Stock hält, mit dem er das Vieh antreibt.

Zur Siegellegende s. unten.

Umschrift des Textes s. S. 82f.

Z. 1 gibt die Spaltenüberschriften: „NÍG.LÁ = *ṣimittu* Gespann(e) (vgl. dazu Torczyner, ATR 11, 63; CAD Ṣ 198 s. v.); Gerste (gemessen im) Seah-Maß(e) (zu) 5 Qa; Futter für Pferde (vgl. AHw 513 „*kurummatu*")".

Z. 2f. betrifft die Verpflegung von drei Gespannen, „die zum Meer(lande) *ana piqdi* 'zur Übergabe' (vgl. AHw s. v. „*piqdu*") hinausgegangen sind, (für) vier Tage". Vgl. die Parallele in UM II/2, 20, 8–10. Nach BE XIV 56a, 11f. (dazu Torczyner 79; 80 ad 11–12; 134 ad 53) erhielt ein Gespann pro Tag (dazu Torczyner 80) 1 BÁN.GAL Gerste als *kurummatu*; in unserem Falle beträgt sie 3 BÁN zu 5 Qa pro Gespann und Tag, ebenso z. B. in UM II/2, 20, 8–10 sowie 5–7.

Z. 4: Ebenso für $9^1/_2$ (vgl. BE XIV 56a, 11; UM II/2, 20, 2–4) Gespanne, die (die) „Wagen hergezogen haben, (für) vier Tage"; vgl. dazu CAD Ṣ 198 rechts Mitte. – Zu den von Pferden gezogenen ^{GIŠ}GIGIR = *narkabtu* „zweirädrige (Streit)Wagen" vgl. A. Salonen, Landfahrzeuge 40ff.; 160ff.; 46ff. besonders für die 2. Hälfte des 2. Jt. v. Chr., für kassitische Zeit 48f. Vgl. auch A. Kammenhuber, Hippologia Hethitica (1961) 10ff.; 14. – Die Verpflegung beträgt hier – anders als Z. 2f. – $1^1/_2$ BÁN pro Gespann und Tag.

Von Z. 5 ab fehlen Eintragungen in Spalte 1 „Gespanne"; auf der Tafelrückseite fehlt daher eine Spalte „Gespanne" überhaupt.

Z. 5/6 geben die Gerstemenge für den Arzt Amurru-nāṣir „für den Kult des (Gottes) Latarak". Zum Gotte Latarak vgl. für die altbabylonische Zeit in Uruk Falkenstein, Baghd. Mitt. 2 (1963) 33 Anm. 145; Renger, HSAO (1967) 164 s. v.; mB Personenname mit Latarak s. HS 164 (Nr. 50) Vs Z. 22′. Zu *a-na pa-ra-aṣ* vgl. BE XV 21, 32 (*a-na par-ṣi* PN); AHw 836 links Mitte.

Z. 7ff. „Getränk(ration) der 26 Gold- und Silberschmiede, die Arbeit(en) für den Tempel verrichtet haben, vom 11. Ulūl (= VI.) bis zum 6. Schalt-Ulūl (= VIa), am Tage je $2^1/_2$ (Qa) (vgl. dazu BE XIV 56a, 14a. E.)". Zu *maltītu* von *maštītu* vgl. AHw 630 s. v. („(Gerste für) Getränk(ration)"). – Über die Getränkerationen für die (bei besonderer Hitze arbeitenden) Edelmetallschmiede, die für Tempel oder Palast tätig wurden, vgl. für die neubabylonische Zeit Dar 495; Oppenheim, JNES 6 (1947) 117 mit Anm. 5; in HS 134 entfielen auf 26 Mann 1690 Qa (1 Seah = 5 Qa, s. Z. 1) Gerste, d. h. 65 Qa pro Mann für 26 Tage, also $2^1/_2$ Qa („Liter") pro Tag und Mann. Ein neuer aB Gersteabrechnungsbeleg für *idum* „Lohn" und *maštītum* bei Edzard, Altbab. Rechts- und Wirtschaftsurkunden aus Tell ed-Dēr (1970) Nr. 151.

Z. 12 ist die Gerstemenge für Mār-Ḫambija bestimmt, davon mengenmäßig die Hälfte für „Futter der Esel, für acht Tage", d. h. je 1 BÁN = 5 Qa pro Tag für M. und Eselfutter.

Z. 13f. betrifft die Gersteration für den Siegelschneider *(purkullu)* Ina-qibīt-bēlti „einschließlich 15 Seah anstatt (der) Mehl(ration)".

Z. 15f., 17, 18, 19, 24, 35 enthalten Gersterationen (Z. 15 ŠE.BA = *ipru* „Gersteration") für einzelne namentlich genannte Personen (Mār-Enlil-rēmanni und Mār-Nūr-Šamaš, Enlil-kīna-īdi, Tarība-Gula, Mār-Martuki, Adad-dajjān Sohn des Šuḫurnu, Ilī-kibrī) meist für die Monate Schalt-Ulūl (= VIa) und Tašrīt (= VII), analog Z. 22f. für die Zeit „vom 22. Schalt-Ulūl bis 30. Tašrīt" für Nūr-Marduk, Z. 32 für den Monat Schalt-Ulūl für Lubšu, Z. 25 eine Gersteration für den kranken (?) Töpfer Šamaš-mudammiq aus dem Orte Āl-Arad-Bēlti, Z. 33 für den kranken Koch Mār-^{SAL}Jabuti, Z. 34 für den kranken Mār-^{SAL}Ḫumurti.

Z. 20: Zu *né-pe-šu*$_{14}$ vgl. BE XV 21, 29 (1 SÌLA 6 *né-pe-šu*$_{14}$); 39 (1 SÌLA 2 *né-pe-šu*$_{14}$); 33; XIV 148, 34; UM II/2, 8, 4; AHw 778 rechts Mitte („mag. Verfahren(sanweisung), Ritus, Ritual"); Torczyner, ATR 111 b; Kraus, Viehhaltung 10, 2a.

Z. 21, 25(?), 33, 34 werden die dort aufgeführten Personen als GIG = *marṣu* „krank" bezeichnet. Auch in BE XIV 148, 53 (*a-na mar-ṣú-ti* „für Kranke") und in UM II/2, 133, 6, 39 (*Kaš-šu-ú* GIG „kranker Kassit") werden Rationen für kranke Personen vermerkt; s. dazu AHw 613 links unten; vgl. auch Aro, Glossar 62 *„marṣu"*; Waschow, MAOG X/1, 25ff.; Ritter in Studies in honor of Benno Landsberger 317ff. Zur Medizin in Altmesopotamien s. Biggs, Medicine in ancient Mesopotamia (in: History of Science 8 (1969) 94ff. mit Lit.; für mittelbabylonische Zeit 97, 104 Anm. 18, 20).

Z. 21: Zur Schreibung ^{LÚ}ŠU.SÌLA.GAB vgl. BE XIV 112,19; XV 195, 23; ŠL 354, 71, für ^{LÚ}SÌLA.ŠU.GAB sagi = *šāqûm* „Mundschenk". Dazu und zu sagi s. Oppenheim, AOS 32 (1948) 61 Z. 10f.; 264; Jacobsen, ZA 52 (1957) 119 Anm. 59; Sollberger, Iraq 22 (1960) 81; TCS I (1966) 164 s. v.; HS 131,5 (Nr. 29); Landsberger & Gurney, AfO 18, 83, 238.

Z. 27 bis 31: „Reiseproviant" für den *bārû* „Opferschau(priest)er" Mār-Mudammiq-Adad, den Arzt Ibni-Marduk, einen gewissen Mār-Bēl-māti-Marduk, „der nach Dūr-Kurigalzu (gegangen ist?)", und einen Mār-Tukultijūti. Die Rationen sind – wohl je nach der leider unbekannten Reisedauer und dem „Stand" des Empfängers – unterschiedlich zwischen umgerechnet 7 und $2^3/_5$ Seah.

Z. 37 bis 40: „Summe: 36 Kor 2 Seah [1 Q]a Gerste, (gemessen im) Seah-Maß(e) (zu) 5 Qa. Enlil-usuḫ, (Ort) Zabiltu, Monat Tašrīt (= VII.), Jahr 8 des Königs Nazi-Maruttaš". Die Summierung stimmt rechnerisch, wenn die nach den Zeichenspuren mögliche Ergänzung Z. 35 zutrifft. Das Jahr 8 hatte einen Schalt-Ulūl.

Die Gersterationen pro Mann schwanken zwischen einem drittel (Z. 15, 35), einem halben (Z. 18, 21, 34(?)), einem ganzen (Z. 17, 22, 33(?), vgl. Z. 12) und anderthalbem (Z. 32) Seah pro Tag bzw. Kor pro Monat. Leider lassen sich hier wegen der meist fehlenden Berufs- oder Zeit- (s. Bem. zu Z. 27–31)Angaben aus den unterschiedlichen Rationenmengen nur beschränkte Indizien für die soziale Einstufung der Berufe gewinnen, so etwa des kranken „Kochs" (Z. 33), der anscheinend (wenn die Verpflegungsperiode für ihn ebenfalls ein Monat ist wie bei seinem Vormann in der Liste in Z. 32) die doppelte Menge wie der ebenfalls kranke „Mundschenk" (Z. 21) erhält.

[N]ÍG.LÁ	ŠE ^{GIŠ}BÁN *5* SÌLA	ŠUK ANŠE.KUR.RA
3	*1* (G) *1* P	KI.MIN *ša a-na* A.AB.BA *a-na pi-iq-di* *ú-ṣú-ú 4* u_4*-mi*
$9^1/_2$	*1* (G) *4* (P) 3 (B)	KI.MIN ^{GIŠ}GIGIR^{MEŠ} *il-du-du-ni 4* u_4*-mi*
	6 (G)	^{Id}KUR-ŠEŠ A.ZU *a-na pa-ra-aṣ* ^{d}*L*[*a*]*-ta-ra-ak*
	11 (G) *1* (P) *2* (B)	*m*[*a*]*-a*[*l*]*-ti-it 26* ^{LÚ}KÙ.DÍM^{M}[^{EŠ}] *ša du-ul-li* É.DINGIR *i-pu-šu* TA UD *11*.KAM *ša* ^{ITU}KIN.^{d}INANNA EN UD *6*.KAM *ša* ^{ITU}KIN.^{d}INANNA *2*.KAM*-ma* u_4*-mu 2* $^1/_2$ TA.ÀM
	2 (P) *4* (B)	DUMU-^{I}*Ḫa-am-bi-ia* EN *1* (P) *2* (B) ŠUK ANŠE^{MEŠ} *8* u_4*-mi*
	2 (G)	^{I}*I-na-qí-bit*-GAŠAN^{ti} BUR.GUL EN *2* (P) *3* (B) *ki-mu* ZÌ.DA
	1 (G) *1* (P) *4* (B)	ŠE.BA DUMU-^{Id}*En-lil-re-man-ni* *ù* DUMU-^{I}ZALÁG-^{d}UTU ^{ITU}KIN.DINGIR *2*.KAM ^{ITU}DU$_6$.KÙ
	2 (G)	^{Id}*En-lil-ki-na-i-di* ^{ITU}KIN.DINGIR *2*.KAM ^{ITU}DU$_6$
	1 (G)	^{I}*Ta-ri-ba-*^{d}*Gu-la* KI.MIN
	1 (P) *2* (B)	DUMU-^{I}*Mar-tu-ki*

Rs

4 (B) .	*2 né-pe-šu*$_{14}$ ^{I}[^{d}*E*]*n-líl-ni-šu*
2 (P) *3* (B)	^{LÚ}ŠU.SÌLA.GAB GIG ^{ITU}DU$_6$.KÙ
1 (G) *1* (P) *3* (B)	^{I}ZALÁG-^{d}AMAR.UTU TA UD *22*.KAM [*š*]*a*^{ITU}KIN.DINGIR *2*.KAM EN UD *30*.KAM *ša* ^{ITU}DU$_6$.KÙ
2 (G)	^{Id}IM-DI.KU$_5$ DUMU ^{I}*Šu-ḫur-ni*
1 (P) *4* (B)	^{Id}UTU-^{mu}SIG$_5$ BAḪÁR GIG(?) *ša* URU-ARAD-GAŠAN^{KI}
1 P	NINDA-KASKAL DUMU-^{I}*Mu-dam-mi-iq*-^{d}IM ^{LÚ}ḪAL
1 (P) *1* (B)	NINDA-KASKAL ^{I}*Ib-ni*-^{d}AMAR.UTU A.ZU
3 (B) *3* S	NINDA-KASKAL DUMU-^{I}EN-KUR-^{d}AMAR.UTU *ša a-na* BÀD-*Ku-ri-gal-zu*
2 (B) *3* S	NINDA(!)-KASKAL DUMU-^{I}TUKUL^{ti}-*iu-ú-ti*
1 (G) *2* (P) *3* (B)	^{I}*Lu-ub-šu* ^{ITU}KIN.^{d}INANNA *2*.KAM
1 (G)	DUMU-^{I}SAL-*ia-bu-ti* ^{LÚ}MU GIG
2 (P) *3* (B)	DUMU-^{I}SAL-*ḫu-mur-ti* LÚ GIG
2 [+ *1*] (P) *1*[+ *1*] (B)	^{I}DINGIR-*ki-ib-ri* ^{ITU}KIN.DINGIR *2*.KAM ^{ITU}DU$_6$.KÙ
PAP *36* G *2* (B) [*1*	SÌ]LA ŠE ^{GIŠ}BÁN *5* SÌLA ^{Id}*En-líl*-SUḪ ^{URU}*Za-bil-tu*$_4$ ^{ITU}DU$_6$.KÙ MU *8*.KAM *Na-zi-ma-ru-ut-taš* LUGAL

Unter der Siegelabbildung zwei Zeilen Siegellegende:
(1) ARAD ^{d}NIN.SAR (2) *ù* ^{d}x x ⌊NIBRU^{KI}⌋

32. – HS 163 + 173 + 192

Ausgabeliste

	[x x (x x) ^{GIŠ}]BÁN *5* SÌLA	MU.BI.[IM]
	[x x x (x)] ŠIM×X(?)	*ù* ANŠE.KUR.RA^{MEŠ} ^{I}*U*[*š*(?) x x x (x)]
	[ ]	TA UD *7*.KAM EN UD *10*[+ x(?).KAM(?)]
	[x x ŠUK(?) A]NŠE.KUR(?).	RA(?)^{MEŠ} *ša* ŠE.GIŠ.Ì *ú-še-lu-ú* x x [x x (x)]
5	[ ]	TA UD *10*.KAM EN UD *12*[.KAM(?)]
	[*1* P]I(?)	UD *19* K[AM]
	1 P	UD *20* KAM
	1 (P) *1* (B) *3* S	UD *21* KAM
9	*1* (P) *1* (B) *3* S	UD *22* KAM

Ebenso Z. 10 bis Z. 17 von UD 23.KAM bis UD 30.KAM.

17	*1* (P) *1* (B) *3* S	UD *30* KAM
	1 (G) *2* (P) *4* (B)	UD *17* [+ *1* oder *2*?].KAM *ša* ^{ITU}x x x[
		ša ^{ITU}[
20	*3* (P) *2* (B) ŠE.NUMUN	DUMU(?)-^{I}SUM-x[
	1 (P) *4* (B)	TA UD *20* [+ x(?).KAM
	1 (B)	^{I}*Ḫa-n*[*i-ia*(?)
	[ ]	^{I}*Ba*-x[

Rest der Vs und Anfang der Rs verloren; nach Z. 5 bis nach Z. 17 sowie Z. 19ff. nach jeder Zeile ein Trennstrich.

Rs	[	] x [
	[	]*ša* ^{ITU}AB.U[D.DU
	1 [(G/B(?)]	ŠUK ^{I}x x [
		T[A U]D *20*.KAM [E]N [UD x.KAM
5′	PAP *6*(?) (G) *3* (P) *2*(B) 3 S	TA ^{ITU}AB.È EN ^{IT}[^{U}x
	2 (G) *1*(?) (P) *4* (B)	ŠUK ANŠE.KUR.RA^{MEŠ} *ù* ŠIM×X(?) SIPA A[NŠE.KUR.RA^{MEŠ}(?)
		^{I}*Ḫu-gu-lu* ^{ITU}ŠE.GUR$_{10}$.[KUD]
	3 (P) *5* (B) ŠUK ANŠE.KUR.	RA^{MEŠ} *ù* ŠIM×X(?) ^{I}*Ḫu-gu-lu* ^{ITU}BÁR.ZAG.GAR
	1 P	^{I}*Ki-din-*^{d}*Pap-sukkal* ^{LÚ}NAGAR
10′	*2* (P)	*a-na* DUG.GAL
	3 (B)	MÁ.LAḪ$_{4}$
	3 (P) *2* (B)	^{Id}IM-EN-DINGIR^{MEŠ}
	PAP *4* (G) *2* (P) *2* (B)	TA ^{ITU}ŠE.GUR$_{10}$.KUD *ša* MU *15*.KAM
		EN ^{ITU}BÁR.ZAG.GAR *ša* MU *16*.KAM
15′	[PAP x (G)] *4* (P) *2* (B)	ŠUK ANŠE.KUR.RA^{MEŠ} ^{I}x – x – *li-ia*
	[x SÌ]LA	ŠU ^{I}*Za-ki-ri* TA MU *15* EN ^{I}[^{TU}x
	š]*a*	MU *16*.KAM *Na-zi-ma-ru-u*[*t-taš*]
		LUGAL.E

Rest der Rs, etwa 2 Zeilen unbeschrieben. Keine Siegelabdrücke. Nach Z. 2′ und 4′ bis nach 12′ sowie vor Z. 15′ je ein Zeilen-Trennstrich.

Die fragmentarische Tafel, deren unteres Drittel fehlt, enthielt die Gerste(?)-Mengen, gemessen im Seah-Maße zu 5 Qa (Z. 1), für die in der rechten Spalte (Z. 1: „Bezeichn[ung]“) angegebenen Verwendungszwecke bzw. Zeiträume.

Z. 2–5 sind teilzerstört und nur beschränkt verständlich. Z. 2f. registrierten vielleicht eine Menge „[Futter (ŠUK wohl zu ergänzen analog Rs Z. 6′ und 8′)] (für)... (ebenso Rs Z. 6′ und 8′) und (für) Pferde (für) U. (?) vom 7. bis zum 10. (+ x.?) Tag“; Z. 4f. vielleicht „Futter (?) (für) Pferde (?), die Sesam hinaufgebracht haben . .[. .], vom 10. bis zum 12. Tag“.

Z. 6–17 folgen Posten von 1 Pān bzw. 1 Pān 1 Seah 3 Qa (je Tag) vom 19. und 20. bzw. 21. bis 30. Tag;

Z. 18 bis Rs 4′ Bruchstücke, Mittelstück fehlt: Spalte 1 Rationenzahlen, in Spalte 2 Reste von Personennamen und Zeitangaben, darunter Z. 18f. „1 Kor 2 Pān 4 Seah, 18. (oder 19.) Tag des Monats x[ ] des Monats [ ]“; Z. 20 „3 Pān 2 Seah Saatgut (für) Mār(?)-Iddin(?)-x“; Z. 2′ „Monat Ṭeb[ēt]“; Z. 3′ f. „Verpflegung (für) X. [v]om 20. [bis] zum [x.Tag]“.

Z. 5′ summiert „Summe: 6 (?) Kor 3 Pān 2 Seah 3 Qa vom Monat Ṭebēt (= X.) bis zum Mon[at Šabāṭ (?) (= XI.; vgl. für die nächsten zwei Monate Z. 6′ff.)]“.

Z. 6′f. und 8′ verzeichnen zwei (Gerste-?)Posten (= $2^1/_3$, $^{23}/_{30}$ Kor) „Futter (für) Pferde und ... (vgl. Z. 2)“ für den P[ferde-?]Hirten Ḫugulu in den Monaten Addar (= XII., Z. 7′) und Nisan (= I. des folgenden Jahres, Z. 8′).

Z. 9′–12′: (Gerste)Posten ($^1/_5$, $^2/_5$, $^1/_{10}$, $^2/_3$ Kor) für den Zimmermann Kidin-Papsukkal, für das (ein) grosse(s) Gefäss, für einen Schiffer und für Adad-bēl-ilāni. Zu DUG.GAL vgl. CAD K 220 lit. d); ATR 120a.

Z. 13′ summiert richtig Z. 6′–12′: „Summe: 4 Kor 2 Pān 2 Seah vom Monat Addar (= XII.) des Jahres 15 bis zum Monat Nisan (= I.) des Jahres 16“.

Z. 15′–18′ summieren anscheinend gewisse Posten: „[Summe: x Kor] 4 Pān 2 Seah [x Q]a Futter (für) Pferde des(?) Y., „Hand des“ (empfangen durch?) Zākiru, vom Jahr 15 bis zum M[onat Nisan (?) d]es Jahres 16 des Königs Nazi-Maru[ttaš]“.

33. – HS 186

Liste über *iškaru*-Zuweisungen

ŠE.GIŠ.Ì ^{GIŠ}BÁN *10* SÌLA *ša i-na*
^{ITU}GAN UD *1*.KAM *ša* MU *7*.KAM *Kaš-til-ia-šú* LUGAL
a-na ÉŠ.GÀR ^{LÚ}Ì.ŠUR^{MEŠ} ^{I}DINGIR-ŠEŠ-SUM^{na} SUM^{nu}

3 (G) ^{I}*Bi-in-na-nu*
ù ^{I}*Ta-ri-bu* [(x)]
2 (G) ^{I}*Ú-za-an-n*[*u*]*-ú*(?) [
3 (?) (G) ^{I}BE-x[
[*3* (G) (?)] ^{I}BA^{š}[^{á}
Rs *1* (G) *2* (P) *3* (B) ^{I}SU-[

PAP *12* (G) *2* (P) *3* (B) ŠE.GIŠ.Ì ${}^{G[I]Š}$[BÁ]N *10* SÌ[L]A
SUM^{nu} ^{ITU}GAN UD *1*.KAM
MU *7*.KAM *Kaš-til-ia-šu* LUGAL

Keine Siegelabdrücke.

Z. 1 bis 3: „Sesam, (gemessen im) Seah-Maß(e) (zu) 10 Qa, den am 1. Kislīm (= IX.) des Jahres 7 des Königs Kaštiliaš zur (Material-)Zuweisung (*iškaru*) der Ölpresser (der) Ilu/ī-aḫa-iddina gegeben hat:".

Z. 4 bis 9: Fünf Einzelposten an die in der rechten Spalte namentlich aufgeführten Personen Binnanu und Tarību, Uzannū und drei weitere, deren Namen nicht mehr lesbar sind.

Z. 10 bis 12: Summierung von Z. 4 bis 9, rechnerisch richtig, falls die Lesung und die Ergänzung Z. 7 und 8 zutreffen: „Summe: 12 Kor 2 Pān 3 Seah Sesam, (gemessen im) [Sea]h-M[a]ß(e) (zu) 10 Qa, sind gegeben (*nadnū*). Den 1. Kislīm (= IX.), Jahr 7 des Königs Kaštiliaš."

HS 186 belegt das 7. Regierungsjahr des Kaštiliaš IV.; vgl. dazu Röllig, HSAO 181 mit Anm. 21. Der Name Ilu/ī-aḫa-iddina (Z. 3) erscheint auch in HS 156, 14 (s. Nr. 69); zum Namen vgl. Stamm 44; 139 mit Anm. 1, 3.

34. – HS 140

Empfangsnotiz

3 (G) *5* (B) *1* S Ì.GIŠ ^{GIŠ}BÁN *5* SÌLA
i-na ŠU ^{I}*I-qí-ša-*^{d}IM
^{Id}*Nin-urta-*SUM-*aḫ-ḫi*
im-ḫur-ma
a-na É $^{\text{NA}_4}$KIŠIB *ú-še-rib*

Rs ^{ITU}AB UD *15*.KAM
MU *6*.KAM ^{d}*Ka-dáš-man-*^{d}*En-líl*
$^{\text{NA}_4}$KIŠIB ^{Id}*Nin-urta-*SUM-*aḫ-ḫi*

Darunter schwach erkennbare Siegelabrollungen.

3 Kor 5 Seah 1 Qa Sesamöl, (gemessen im) Seah-Maß(e) (zu) 5 Qa,
hat aus der Hand des Iqīša-Adad
Ninurta-nādin-aḫḫī
in Empfang genommen und
in das „Siegelhaus" (versiegelten Speicher) eingebracht.

Den 15. Ṭebēt (= X.),
Jahr 6 des (Königs) Kadašman-Enlil.
Siegel des Ninurta-nādin-aḫḫī.

Zum Siegel s. S. 62 Anm. 3.

Z. 5: Zu *ana bīt kunukki* (É $^{\text{NA}_4}$KIŠIB) *šūrubu* „ins ‚Siegelhaus' (Vorratshaus) (ein)bringen" vgl. BE XVII 84, 7; 10 (für Sesamöl); BE XIV 104 (für Butter), dazu ATR 60; Aro, Glossar 21; AHw 133 rechts 9 mit weiteren mB Belegen; 237 links Z. 14.

Es handelt sich hier um die recht beträchtliche Menge von etwa 450 Litern Sesamöl, die in den Vorratsspeicher eingebracht wird, vielleicht abgeliefert von Ölpresser(n) nach der Sesamernte und Ölgewinnung (vgl. Nr. 33 und die Monatsdaten beider Urkunden). Die Sesamernte ist bis etwa Ende September (= Ulūl/Tašrīt = VI./VII. babylonischer Monat) abgeschlossen; Nr. 33 datiert vom 1. IX., Nr. 34 vom 15. X. Zu Sesamanbau und -erntezeit sowie zur Deutung von ŠE.GIŠ.Ì und Ì.GIŠ (letzteres = *e/ullu*) s. F. R. Kraus, JAOS 88 (1968) 115ff. (bes. 115, 118f.); D. Cocquerillat, Palmeraies et cultures de l'Eanna d'Uruk (559–520) (1968) 29; A. Goetze, The Laws of Eshnunna (1956) 27; B. Landsberger, Symbolae . . . M. David II (1968) 69; zum „Sesam"-Problem s. aber o. S. 54.

35. – HS 124

Kleinviehliste

	5 UDU.NITÁ	5 Hammel/Widder,
	12 U_8.GAL	12 große Mutterschafe,
	4 SAL.SILÁ.NIM	4 (weibliche) Frühjahrslämmer,
	3 SILÁ.NIM	3 Frühjahrs-(Bock)lämmer,
	PAP *24* UD^{MEŠ}[1]	(Teil-)Summe: 24 Schafe;
	6 ÙZ^{MEŠ}	6 Ziegen,
	3 MÁŠ.TUR	3 männliche Zicklein,
	2 SAL.ÁŠ+GÀR	2 weibliche Zicklein,
	PAP *11* ÙZ^{MEŠ}	(Teil-)Summe: 11 Ziegen;
	ŠU.NIGÍN *35* U_8.UDU$^{ḪI.A}$	(Gesamt-)Summe: 35 Stück Kleinvieh
Rs	*ša* ^{I}TI-*su*-^{d}AMAR.UTU	des Uballissu-Marduk,
	ŠU ^{I}ŠEŠ-*ú a-tu$_4$*	(in der) Hand des Aḫuatu,
	^{LÚ}SIPA	des Hirten.
	MU *7 Ku-dur-*^{d}*En-líl*	Jahr 7 des (Königs) Kudur-Enlil.

Siegelabrollungen über die gesamte Tafel.

[1] *peṣêtu* „weisses/helles (Kleinvieh = Schafe)"; vgl. BE XIV 48, 5; GCCI II 265 (s. u.).

Zu Z. 1–10 vgl. z. B. BE XIV 48, 1–11; zu PAP und ŠU.NIGÍN s. auch BE XV 73, 15/16, dazu AHw 737 links Z. 4f. von unten; HS 167 (Nr. 45) Bem. zu Z. 12ff. Zu den einzelnen Tierkategorien Landsberger, MSL 8/1, 36, 258f.; 38 Anm. zu 257; 28 Anm. zu 192a (Lesung UD_x für ÙZ); Landsberger & Gurney, AfO 18 (1957/8) 331, 305ff.; F. R. Kraus, Viehhaltung 22; 23f.; 26f. Für neubabylonische Zeit vgl. San Nicolò, Orientalia 20 (1951) 137ff. zu GCCI II 265 (532/1 v. Chr.).

36. – HS 148

Personenliste

	[^{I}x x (x)-M]U-M[U]	DUMU ^{I}NE(?)-GIM-^{d}*Uraš*
	[^{I}x x]-x-*dam-qu*	DUMU ^{I}*Si-iu-ú-ti*
	[^{I}*At-kal*(?)]-*a*(!)-*na*-^{d}AMAR.UTU	DUMU ^{I}*Si-is-si-ia*
	^{Id}*N*[*u*]*sku*-SUM-NUMUN	DUMU ^{I}*Ú-za-li*
	^{I}*Bu-un-na*-^{d}A[MA]R.[U]TU	DUMU ^{I}*Bar-ba-ri*
	^{I}*Be-lí-ia*	DUMU ^{I}*Áš-šu-ri*
	^{I}*Ba-la-ṭú*	DUMU ^{I}*A-a-ri la am-rù*
8/8a	^{I}GISSU-*ú-tu$_4$*	DUMU ^{I}*Mi-na-a-a-na*-DINGIR *la am-rù*
Rs	[x x (x)] *ar-ru-tu* EN *2 la am-ri*	
	[x x (x)] x *ša* BÁR.DUMU^{KI}	
	[x x x]-*ú* DU	

(1/2 Zeile Zwischenraum)

	[x x x (x)]	DUMU ^{I}*Par-ri-e-a*
	[x x (x)]-*rù*	DUMU ^{I}*Se-ek-li*
	[x x]x-*bi*	DUMU ^{I}*Du-bu-ḫi*
	[x x]x-*a*	DUMU ^{Id}*Sîn-eri-ba*

[^{I}*N*]*a-zi-*^{d}*Šú-qa-mu-na* DUMU ^{I}*Pi-ir-ri-ia*
[*1* +(?)] *4 kaš-šu-ú a-na ma-ṣar-ti-šu-nu áš-bu*
[^{ITU}ZÍ]Z UD *30*.[KAM MU] *7*.KAM *Ša-g*[*a-r*]*a-a*[*k-t*]*i-šu-ri-ia aš*

Linke obere Ecke der Vs und linkes Viertel der Rs abgebrochen. Keine Siegelabdrücke. Zwischen jeder Zeile der Vs – ausgenommen zwischen Z. 8 und 8a – ein Zeilentrennstrich.

Z. 1–8: Verzeichnis von acht mit ihrem eigenen und ihrem Vatersnamen bezeichneten Männern; die letzten zwei werden als *lā amru* „nicht gesehen, nicht gemustert" bezeichnet. Zu *lā amru* vgl. die entsprechende neubabylonische Terminologie, dazu San Nicolò, Orientalia 18 (1949) 288; 289.

Z. 9 (auf der Tafelrückseite) ist wahrscheinlich als Summierung zu Z. 1–8 zu ergänzen: [*8* ^{LÚ}(oder: $^{LÚ.MEŠ}$)]*ar-ru-tu* .... „[8] Tätowierte, einschließlich zwei nicht gesehener/gemusterter". Zu *arru* „tätowiert", „gemarkt" s. AHw 71 s. v. „*arru* II" (dort nur jung- und spätbabylonisch und lexikalisch; vgl. dazu auch CAD A II 305 „*arru* B").

Z. 10: Zu dem Orte Parak-marri^{KI} vgl. ŠL 344, 45; BE XIV 133, 3 und 6 (vom gleichen Jahre wie HS 148); BBSt 3 V 15 und 17 (als Ort eines Ordals); UM II/2 S. 86 s. v.; HS 147 (Nr. 27) mit Bem. ad Z. 4/6. Nach neuassyrischen Belegen befindet sich Parak-marri im (nördlichen Teile? des) Gebiet(s) von Bīt-Awukāni (zwischen Nippur und Uruk), s. Sanheribs Bericht vom 1. Feldzug, D. D. Luckenbill, The Annals of Sennacherib (1924) 53, 42; 47; in einem Nimrud-Brief (bei H. W. F. Saggs, Iraq 27 (1965) 23 Nr. LXXVI Z. 6, 11 und Plate V) wird der Ort neben Marad und Leuten aus Nippur genannt; s. auch S. Parpola, Neo-Assyrian Toponyms (1970) (= AOAT 6) 273; vgl. 78 Z. 6.

Z. 12–16 führen fünf weitere Personen jeweils ebenfalls mit Angabe des Vatersnamens auf, die in

Z. 17 wahrscheinlich summiert werden: „5 (?) Kassiten sind zu ihrer Bewachung anwesend".

Z. 18 Datierung: „30. [Šab]āṭ (= XI.), [Jahr] 7 des (Königs) Šag[ar]a[kt]i-Šuriaš".
Die Kaššû-Leute dienen auch hier wie in Nr. 15 als Wachleute.

37. – HS 145

Liste über Wollsorten

ta-bar-rù	*ta-kil-tu*$_4$ *12* MA	*ḫa-ṣar-tu*$_4$ *12* MA	MU.BI.IM ^{I}*Ap-li-id-en-ši-il-tu*$_4$
	^{ITU}SIG$_4$.ÀM UD *10*.KAM MU *1*.KAM ^{d}*Ka-dáš-man-dur-*[*gu*]		

Rs $^{2}/_{3}$ MA *2* GÍN *ḫa-ṣar-tu*$_4$
6 ŠU ^{I}*Tu-kul-ti-*^{d}*En-líl*

Keine Siegelabdrücke.

Z. 1: „Rote Wolle; (dunkel)blaue Wolle (Blaupurpur); grüne Wolle; Bezeichnung".

Z. 2 zweimal: „12 Minen (= ca. 6 kg)". Zum Namen Aplī-id(i)-enši-iltu „Tritt für den Schwachen ein, o Göttin" in kassitischer Zeit Stamm, AN 75 mit Anm. 2; 171; AHw 56 rechts „*apālu* G 4".

Z. 3f.: „Den 10. Simān (= III.), Jahr 1 des (Königs) Kadašman-Tur[gu]".

Z. 5f. (Rs): „$^{2}/_{3}$ Mine 2 Sekel grüne Wolle, (in der) Hand des Tukulti-Enlil".

Zu den Farbenbezeichnungen s. Goetze, JCS 10 (1956) 35; Landsberger, JCS 21 (1967) 139ff., bes. 155ff. (160f.), 162ff. (168) mit Lit. Zu *tabarru* Aro 32 s. v.; Landsberger 161a zu BE XVII 23, 19; zu *takiltu* Aro 33 s. v.; Landsberger 160a, 161a; Oppenheim, JCS 21 (1967) 237 zu nB YBT VI 168 („blue-purple wool"); UM II/2, 44, 2 (vgl. CAD Ṣ 208 „*ṣirpu* 1a1′"); zu beiden Farbbezeichnungen s. auch CAD D 176 rechts Z. 6ff. („red-purple" bzw. „blue-purple").

38. – HS 129

Notiz über Gerste

še-um	^{GIŠ}BÁN.GAL	MU.BI.IM
2 ME *6* (G) *1* (P) *4* (B)	*maš-šar-tu₄*	^{Id}MAŠ-MU-MU

80 ^{Id}En-líl-ma-an-sum

TA *2* (G) *ša i-na Di-nik-ti*^{KI}

a-na ^{f}*Ḫu-un-bi-i-[n]a-Uruk*^{KI} DUMU ^{I}DINGIR-*ra-bi* SUM^{nu}(?) x-*ú*(?)

PAP *2* ME *86* (G) *1* (P) *4* (B) *i-na* ŠÀ *te-li-ti*

ša MU *13*(sic!).KAM *i-na* TUKUL^{ti}-*é-kur*^{KI} SUM^{nu}

Unterer Rd und etwa oberes Drittel der Rs unbeschrieben.

Rs ^{ITU}AB.È

MU *19*(sic!).KAM

^{d}*Na-zi-m[a-r]u-[u]t-[t]a-aš*

(*¹/₂ Zeile Zwischenraum*)

4 (G) *2* (P) *3* (B) ^{GIŠ}BÁN *10* SÌLA *n[i]-k[i]-is* GU[R₇ *ša*(?)]

DUMU-^{I}*Am-mar-*^{d}*Si*(?)*-mu-tú*

Keine Siegelabdrücke.

Gerste, (gemessen im) großen Seah-Maß(e), Bezeichnung

206 Kor 1 Pān 4 Seah, Entnahme, Ninurta-nādin-šumi (oder:-šuma-iddin),

80 Enlil-mansum,

davon sind 2 Kor, die in Diniktu

der Ḫunbī-i[n]a-Uruk, der Tochter(!) des Ilu-rabi, gegeben worden sind(?), . . . (?).,

Summe: 286 Kor 1 Pān 4 Seah sind aus dem *tēlītu*-Ertrag

des Jahres 13 (sic!) in Tukulti-Ekur gegeben worden.

Rs (Monat) Ṭebēt (= X.),

Jahr 19 (sic!)

des (Königs) Nazi-M[ar]ut[t]aš.

4 Kor 2 Pān 3 Seah, (gemessen im) Seah-Maß(e) (zu) 10 Qa, ist *n[i]kis kar[î* des ?]

Mār-Ammar-Simutu.

Z. 2: Zu *maššartu* „Entnahme" vgl. AHw 629 s. v.; BE XIV 92, 2 (*maššarti ša karî K.* „Entnahme aus dem Speicher (des Ortes) K."); Birot 53 ad l. 4: prélèvement; s. auch CT 51, 32, 2ff.

Z. 4: Zu TA vgl. ATR 13; 20; 113 „ištu". Zum Orte Diniktu vgl. altbabylonisch Leemans, SLB I/2 (1954) 82; Ebeling, RlA 2, 228; TIM I 7, 11; 28, 8, 16, 44; zur geographischen Lage J. van Dijk, AfO 23 (1970) 66/67; 70 (près de l'actuel Azīzīje); Adams, Land behind Baghdad (1965) 165, 851.

Z. 5: Zum ersten Namen vgl. Stamm, AN 249 Anm. 2; AHw 319 „*ḫanābu* 2)".

Z. 11: *n[i]kis kar[î]* vgl. ATR 28 „eine Ausgabe, etwa Lagerzins (?)"; 124a; AHw 452 rechts Z. 13; 789 rechts unten „'Abgeschnittenes des Kornspeichers', eine abgesonderte Kornmenge"; Parallelen in BE XIV 110, 26; 113, 7; XV 73, 17, dazu CAD K 227 links c): „(fee for) cutting open the pile"; 226: *karû* (GUR$_7$) „pile of barley (prepared for storage)"; CT 51, 38 Rs.

Z. 12: Zum Namen vgl. BE XIV 44, 4 und UM II/2, 113, 17 DUMU(*Mār*)-^{I}*A-mar-*^{d}*Si-mu-tú* und die Schreibungen ^{I}*A/Am-mar-ša-ili* CPN 54 links unten und ^{I}*Am-mar-*^{d}*Šamaš* in BE XV 199, 4. Die gleichnamigen Personen in BE XIV 44, 4 und HS 129, 12 sind – der Datierung nach – vielleicht identisch.

39. – HS 133

Empfangsnotiz

	31 NA$_4$ *ni-bu*	31 *nibu*-Steine,
	la mi-it-ḫa-ru-tu$_4$	nicht gleichartige (verschiedenartige):
	i-na ŠU ^{f}*Re-ša-ti*	von der Rēšatu
	^{f}*Ba-ḫu-tu*	hat die Baḫūtu (sie)
	im-ḫu-ur-ma	in Empfang genommen und
	a-na É ^{Id}*Nin-urta-ba-ni*	zum Hause des Ninurta-bānī
	il-qí	genommen.
Rs	^{ITU}ZÍZ.ÀM	Monat Šabāṭ (= XI.),
	UD *14*.KAM	14. Tag,
	MU *10*.KAM	Jahr 10
	Ku-ri-gal-zu	des (Königs) Kuri-Galzu.

Keine Siegelabdrücke.

Z. 1: Zu *nibu*-Stein vgl. AHw 411 „*jānibu, nibu* ein Stein" (Hinweis v. Soden); CAD I/J 322 „*janibu* (a stone)".

Z. 1f.: Zu NA$_4$ . . . *la mitḫarūtu* vgl. O. R. Gurney, Sumer 9 (1953) 21ff. Nr. 21, 1: NA$_4$ NU.UR.A (S. 29 s. v.: „ *la mitḫariš*? not homogeneous, assorted"; S. 23 ad 21 „assorted stones").

40. – HS 160

Getreide(?)-Liste

	1 (G) *2* (P) *3* (B)	DUMU.SAL ^{I}*A-a-ri* [x x (x)]
	1 (G) *3* (B)	DUMU.SAL^{MEŠ} ^{I}ŠEŠ-DÙ
	2 (P) *3* (B)	^{f}GAŠAN^{ta}*-an-ni*
	2 (P) *3* (B)	DUMU.SAL ^{Id}*Nin-urta*-ŠEŠ
	1 (P) *3* (B) {*3*^{1}} S	DUMU.SAL ^{I}*Ki-rib-ti-*^{d}*En-líl*
	1 (P) *3* (B) {*3*^{1}} S	DUMU.SAL ^{I}*Arad*-NIN^{ti}
	1 (P) *3* (B) {*3*^{1}} S	DUMU.SAL ^{I}*Ḫu-tir-me*
Rs	*1* (P) *3* (B) {*3*^{1}} S	DUMU.SAL ^{I}*Ša-qu-ú-ri-is-su*
	1 P	É *é-kur-ma-ag-ra-at*
	1 P	É ^{d}ŠU.ZI.É.AN.NA
	1 (P) *3* (B)	É ^{d}NIN.SAR
	1 P	É $^{(d)}$NIN.GAL
	PAP *5* (G) *3* (P) *3* (B) {x^{2}} S	
OR	*Unleserliche Zeichenreste nach Rasur.*	

Keine Siegelabdrücke.

[1] Zahlen getilgt, wie auch die Summierung ergibt. [2] Zahl vor SÌLA getilgt, ein Winkel oder senkrechter Keil stehen geblieben. In der voraufgehenden Zeile darüber ein Zwischenraum zwischen NIN und GAL, unklar ob dort ein Zeichen (É?) (vgl. BE XV 200 I 5′ und 185 I 3′) getilgt worden ist.

Die Liste ist sachlich mit den mehrspaltigen Listen BE XV 185 und 200 zusammenzustellen; zu letzteren vgl. ATR 70; 71. Die Tempel(kapellen) Z. 9–11 (und vielleicht 12, s. o. Anm. 2) erscheinen auch in BE XV 200 I 2′ (^{d}NIN.SAR), 3′ (Variante: ^{d}ŠU.ZI.AN.NA) bzw. 185 I 1′ (wie 200 I 3′), 4′ (Variante: É ^{d}*I-na-é-kur-ma-ag-rat*); 200 I 5′ und 185 I 3′ nennen É ^{d}NIN.É.GAL, s. o. Die in HS 160,3 erwähnte Bēltanni wird anscheinend in BE XV 185 I 10′ aufgeführt.

Z. 1,3–8 führen je einen Hohlmaßbetrag ($1^1/_2$ Kor, zweimal $^1/_2$ Kor, viermal $1^1/_2$ Pān (Getreide?)) für die/eine „Tochter“ des A., für die Bēltanni und für je eine „Tochter“ des Ninurta-nāṣir, Kiribti-Enlil, Arad-Bēlti, Ḫuttirme (vgl. dazu UM II/2,140,19) und Šaqû-rēssu sowie Z. 2 1 1/10 Kor für die „Töchter“ des Aḫu-bani auf. – Die Summierung Z. 13 ist richtig.

Nachtrag: Die in Z. 10 und 11 genannten *bītu* sind auch in dem umfangreichen Jenaer Verzeichnis von Tempeln bzw. Kapellen in Nippur HS 194 als vor- und drittletzte (É ^{d}ŠU.ZI.AN.NA wie in BE XV 185 und 200 bzw. É ^{d}NIN.SAR) aufgeführt, das S. N. Kramer in einem Referat auf der XX. Rencontre Assyriologique Internationale am 6. 7. 72 anhand eines Photos und einer Keilschriftkopie von Frau Dr. I. Bernhardt behandelt hat.

41. – HS 143

Einlieferungsnotiz

1 (G) *1* (P) *1* (B) ŠE.BAR ^{GIŠ}BÁN *10* SÌLA
ZÌ.MUN[U$_4$] *ša* ^{I}*Bal-ta-ni*
DUMU ^{I}LÚ-*ì-lí-e-mu-qa-a*(!)*-a*
a-na ^{Id}*Nin-urta-e-a*
DUMU ^{I}ŠU-^{d}IM
šu-ú-ta-a-pi-šu a-na
e-peš si-bu-ti ú-še-ri-bu

Rs ^{ITU}KIN.^{d}INANNA
MU *2*.KAM
Kaš-til-ia-šu
LUGAL.E

Keine Siegelabdrücke.

1 Kor 1 Pān 1 Seah Gerste, (gemessen im) Seah-Maß(e) (zu) 10 Qa,
isimmānu, das Baltani,
der Sohn des Amīl-ili-emuqâ,
dem (bei) Ninurtaea,
dem Sohne des Gimil-Adad,
seinem Genossen, für
das Verrichten der Brauerei (ein)gebracht hat.

Rs Monat Ulūl (= VI.),
9/11 Jahr 2 des Königs Kaštiliaš.

Z. 2 ZÌ.MUNU$_4$: vgl. BE XV 19, 16; AHw 387 „(*i*)*simmānu*“: „ein Braumalzpräparat“; CAD I/J 193 „*isimmānu* 1a2′“: „brewing-ingredient“; Hartman-Oppenheim, JAOS Suppl. 10, 14; 42, 31; 50, 76.

Z. 7 *si-bu-ti*: *sibûtu* „Brauerei“, vgl. Peiser 112, 13; Ebeling, RA 49, 180, 20; CT 38, 31, 18. Hinweise v. Soden.

42. – HS 178

Fragment. Linke obere Ecke einer – ehemals mindestens dreispaltigen – Getreideliste

ŠE *ša*(?) *i*(?)-*n*[*a*(?) MU *4*.KAM *ku-un-nu-ma* SUM^{nu}	ŠE(?) x x[MU *5*.KA[M [1]
5(?) ME *89* (G) *1* (P) *4* (B)	*5* ME *17* (G) *4* (P)(?)[
x x x *4* (B)(?)	*6* ME *5* (G) *2* (P) *1* (B)(?) *5* SÌ[LA(?)

Rest abgebrochen; auf Rs einzelne Zeichenreste, Rest – etwa 5 Zeilen – unbeschrieben.

Gerste, die(?) i[n/m(?) Jahr 4 festgestellt und (aus)gegeben ist:	Gerste(?) . . . . [Jahr 5 [[1]
589(?) Kor 1 Pān 4 Seah	517 Kor 4 Pān(?)[
x x x 4 Seah(?)	605 Kor 2 Pān 1 Seah(?) 5 Q[a(?)

Keine Siegelabdrücke.

Bemerkenswert sind die bedeutenden Getreidemengen. Vielleicht Rest einer Aufzeichnung über die Gesamtsummen der oder gewisser Gersteausgaben (eines Magazins?) von – soweit erhalten – zwei Jahren (4 und 5 eines Königs) für „Bilanz"-Zwecke.

43. – HS 169

Mittelstück einer mindestens zweikolumnigen Tafel

]x-*ni*	
]x-*a-an*	
]BÀD-^{d}KUR^{KI}	*6* (G) *4* (P) x[
M]U *11*.KAM	
^{IT}]^{U}SIG$_4$.ÀM	PAP *1* ME *17* [+ x ?] [
^{IT}]^{U}ŠU.NUMUN.NA	*6* (G) [
^{IT}]^{U}NE.NE.GAR	*5* (G) [
^{IT}]^{U}KI[N].^{d}INANNA	[

Rest der Vs und die Rs abgebrochen.

Linke Spalte:

Z. 3′: Zu BÀD-^{d}KUR^{KI} vgl. BE XV 149,24; UM II 2, 19,1; CT 51, 29, 2; Ebeling, RlA 2, 242 „Dûr-Amurru ... vielleicht bei Nippur" (in BE XV 102,13 und UM II 2, 112,11 BÀD-^{d}MAR.TU^{KI};

[1] Unter MU ein kleiner senkrechter Keil (Buchhaltungsvermerk?).

s. dazu KAV 64 V 5 $^{d.ra\text{-}ma\text{-}an}$KUR = ^{d}MAR.TU sowie neuerdings die spätbabylonische aramäische Beischrift in VAT 13 411 + 13 422 bei L. Jakob-Rost und H. Freydank in Forschungen und Berichte (Staatl. Museen Berlin) 14 (1972) 18, wo in einem Personennamen keilschriftliches ^{d}KUR mit RMN wiedergegeben wird).

Z. 4'–8': „Jahr 11; (Monate) Simān, Dûzu, Ab, Ulūl (= III.–VI.)".

Rechte Spalte Reste von (Gerste-?)Mengenangaben:

Z. 1': „6 Kor 4 Pān . . ["; darunter kleiner dreieckiger Eindruck (Buchhaltungsvermerk?);

Z. 2': „Summe 117 [+ x ? Kor";

Z. 3', 4': „6 bzw. 5 Kor [".

44. – HS 170

Runde Tafel. Liste

[ ] x-*ḫu*(?)-[*t*]*u*$_4$(?)
2 DUMU.SAL ^{I}SUM-^{d}AMAR.UTU UD *4*.KA[M U]D *5*.KAM
^{ITU}ZÍZ.AN
1 DUMU.SAL ^{I}SUM-^{d}AMAR.UTU UD *14*.KAM $^{I[T]U}$[Š]E
2 DUMU.SAL ^{I}KI.MIN UD *20*.KAM UD *21*.KAM ^{ITU}ŠE
2 DUMU.SAL ^{I}KI.MIN UD *26*.KAM UD *27*.K[A]M $^{I[T]U}$ŠE

(1 Zeile Zwischenraum)

MU *14*.KAM

Rest unbeschrieben. Keine Siegelabdrücke.

[ ] . . .
2 Töchter des[1] Iddin-Marduk (am) 4. (und) 5. Tag
des Monats Šabāṭ (= XI.),
1 Tochter des[1] Iddin-Marduk (am) 14. [Ad]dar (= XII.),
2 Töchter des[1] dito (am) 20. (und) 21. Addar,
2 Töchter des[1] dito (am) 26. (und) 27. Addar.
Jahr 14.

45. – HS 167

Liste über *naptanu*-(Opfer-)Mahl(zeiten)

É(?) NA$_4$ KIŠIB	KÁ-*nu*	MU.BI.I[M]
5 (B)		*ri-du*
	1 (B) *5* S	*ṣe-ḫe-rù*
	1 (B) *5* (S)	*pa-ḫi-du*
	2 (B) *3* (S)	*ši-ni-tu*$_4$
	1 (P) *1* (B) *4* (S)	*mi-ir-qu ù ri-du*

[1] Oder: Mädchen (bei).

UR	*1* S		^{I}*E-la-mu-u*(?)
Rs	*1* S		^{I}*Ši-gi-te-sa-ni*
	1 S		DUMU-^{I}DU$_{10}^{ab}$-*im*-x
	1 $^{1}/_{2}$ S		^{f}*Ú-sat-*^{d}*Gu-la*
	($^{1}/_{2}$ Zeile Zwischenraum)		
	PAP *5* (B)	*2* (P) *1* (B) *3* (S)	ŠU.NIGIN *3* P *3* S KIN.SIG UD *23*.KAM ^{ITU}ŠU.NUMUN MU *3*.KAM

Keine Siegelabdrücke.

Z. 1f., Spalte 1: *bīt*(?) *kunukki* „Siegelhaus, versiegelter Speicher“, s. dazu Anm. zu HS 140 (Nr. 34); Spalte 2: KÁ-*nu* = *bābānu*(?) (Hinweis v. Soden), Schreibung allerdings regelmäßig syll. oder KÁ-*a-nu*/ KÁ-*an-na*. Vgl. aber die parallele mB Schreibung É-*nu* für *bītānu* (z. B. UM II/2,34, 10) neben É-*a-nu* (z. B. BE XVII 35, 15); weitere Belege s. ATR 113 s. v. „*bîtanu*“; AHw und CAD B je s. v. *bītānu*; zu *bābānu* CAD B s. v.: „outside; personnel stationed outside the palace“; Oppenheim, JNES 24 (1965) 328f. Spalte 3: „Bezeichnung“.

Z. 3–7: Angabe von Mehlsorten. Zu *ṣe-ḫe-rù* vgl. CAD Ṣ 124a s. v. *ṣeḫḫeru*: „finely ground flour“; zu *mi/erqu, pa/eḫīdu* und *rīdu* „Mehlarten“ s. AHw 658; 811; 981 s. v.

Z. 8–11: 4 Posten zu je 1 bzw. 1$^{1}/_{2}$ Qa (Spalte 1) für drei Männer (Z. 8–10) und eine Frau (Z. 11), die in der Summierung unberücksichtigt bleiben.

Z. 9: Zu den nichtakkadischen Namenselementen *šigi-*, *-te-* und *-sani* im Namen Šigi-te-sani vgl. Balkan, Kassitenstudien I 104/181; 183; 177/187f. Hinweis v. Soden; zu *šigi-* vgl. den Namen Šigi-Bugaš in BE XIV 142, 30.

Z. 12ff.: Spalte 1 summiert nur den Posten Z. 3 „5 Seah“; Spalte 2 summiert Z. 4–7 richtig: „2 Pān 1 Seah 3 Qa“, wobei das Mehl-Seah-Maß auch hier zu 7 Qa gerechnet wird ebenso wie in UM II/2, 101; BE XV 140 (je für Mehl) und in den Mehlspalten in UM II/2, 56 und HS 141/2 (s. dazu Nr. 15; Ausnahme dort Z. 5, wo das Seah zu 5 Qa gerechnet wird).

Spalte 3 Z. 12–14 summieren richtig die Teilsummen von Spalten 1 und 2: „(Gesamt-)Summe: 3 Pān 3 Qa, (Opfer-)Mahl(zeit) (*naptanu*; AHw 741) des 23. Tages des Monats Dûzu (= IV.), Jahr 3“.

Zu beachten PAP für die Teilsummen in Spalten 1 und 2, ŠU.NIGIN für die Gesamtsumme; s. auch HS 124 (Nr. 35) mit Bem.

Zum Text vgl. BE XIV 47; 117a; XV 140; UM II/2,70; 71; 97; 101; ATR 122b; 127; Waschow, MAOG X/1 (1936) 16 ad 12.

46. – HS 191

Tonbulle

	5 DUG *ḫa-bu-ú*	5 Vorratskrüge,
	2 (P) *3* (B) ZÌ.DA	2 Pān 3 Seah Mehl,
	^{I}*Be-lí-re-man-ni*	Bēlī-rēmanni.
Rs	[^{IT}]^{U}APIN.DU$_{8}$.A	[Mon]at Araḫsamnu (= VIII.),
	UD *4*.KAM	4. Tag,
	MU *10*.KAM	Jahr 10.
	^{I}x-x-*b*/*ma*-AN(?)	X.

Die Tonbulle weist drei Fadenlöcher auf.

Jeder der fünf Krüge enthielt anscheinend 3 Seah Mehl, alle zusammen $^{1}/_{2}$ Kor.

Zu *ḫabû* vgl. CAD Ḫ 20 a/b „a small earthen jug for storage; SB, NB“; AHw 306 *ḫābû* „ein Vorratskrug, j/spB“; Landsberger, BAfO 17 (1967) 55 nach A 196 „*ḫabû*, a medium sized jar“. Leider läßt sich die Größe der *ḫabû* „Vorratskrüge“ hier nicht genauer ermitteln, da nicht angegeben ist, zu wieviel Qa (SÌLA) das „Seah“ gerechnet ist; n Betracht kommen vor allem 5, 7 (Mehl!, s. dazu Nrn. 15; 45) und 10 Qa pro Seah.

47. – HS 135

Tabelle über Gärtnereierzeugnisse

OR *ta-bi-lu*$_4$ GIŠ.KIL[1] *i-mi-it-ti* NU.KIRI$_6^{\text{MEŠ}}$ *ša* MU *2*.KAM *Na-zi-ma-*[*ru-ut-taš*] ^{GIŠ}BÁN *6* SÌLA

Vs

ŠE.LÚ	*sa-mi-du*	*a-zu-pi-rù*	*ni-nu-ú*	Š[U.NI]GIN *ma*[*ḫ-rù*]	LÁL.DÙ
4 S	*1* (B) *3* (S)	*4* S	*2* (B) DUMU-^{I}*A-gab-ta-ḫa*	*4* (B) *5* S	*1* (B) *1* S
2 (B) *5* (S)	*1* (B)		*1* P EN *3*(B)	*1* (P) *3* (B) *5* (S) DUMU-^{I}*A-gab-ta-ḫa* EN *3*(B)	*1* (P) *3* (B) *4* (S) ^{I}*Mar-tu-ku*
4 (B)	*3* (B)	*2* (B)	*1* (B)/ ^{I}*Mar-tu-ku*	*1* (P) *4* (B)	*2* (B)

Die folgenden Spalten schließen auf der sehr breiten Tafel unmittelbar rechts an den Trennstrich der obigen Spalte 6 als Spalten 7ff. an:

Vs

GIŠ.KIL[1] *maḫ-rù*	GIŠ.KIL[1] LÁL.DÙ *12* MA	Ú(?) x (x) *maḫ-rù*	KI.MIN LÁL.DÙ *2* P	NU.KIRI$_6$ M[U.BI.IM] *2* DUMU^{MEŠ} ^{I}*Ta*-x[
22 MA	*5* MA		*4* (P) *3* (B)	*5* DUMU^{MEŠ} ^{I}Lu[l- EN ^{I}É-x[
12 MA	*12* [M]A		*4* (P)	*4*[2] ^{I}GAL[
14 MA				

Rest der Vs und Rs unbeschrieben, rechter Rand und rechte untere Seite abgebrochen. Keine Siegelabdrücke.

[1] Oder: LAGAB; s. dazu Anm. zu „Z. 1 und Überschriften zu Spalten 7 und 8". [2] Hinter 4 Zwischenraum für ein Zeichen, gedanklich entsprechend den Zeilen darüber DUMU^{MEŠ} zu ergänzen.

Z. 1: *tabilu* „Gewürz"; A. L. Oppenheim bemerkt mir brieflich dazu, daß wahrscheinlicherweise diese Bedeutung auch in den nB Texten YBT 3,79, 17f. und 7,86,2 vorliegt, während andererseits *bit ta-bi-lu* „container for *t*." (neben „container for salt or *saḫlû*") in Ner 28, 26 und Nbk 441, 2 für ein specific spice spreche. S. weiterhin Ungnad, Glossar 160 („ein Gewürz, wohl . . . 'Mönchspfeffer' "); Ebeling, Glossar 244 („Gewürzart"); Bottéro, RlA 3, 342 (mit nB Belegen, dort „peut-être . . . un nom d'épice").

Z. 1 und Überschriften zu Spalten 7 und 8: GIŠ.KIL(so AHw und Bottéro)/LAGAB (so CAD Ḫ und Oppenheim) = *ḫūratu* nach AHw 358a „Gerber-Sumach"; CAD Ḫ 247b „(1) a dye made from a plant or its parts; measured in minas (so auch in HS 135 Spalten 7 und 8, MA = „Mine") and talents, (2) the plant itself and its parts (S. 248a: nicht gall-apple)"; Oppenheim, JCS 21, 242 mit Anm. 19 *ḫūratu* (or *pagratu*?) = GIŠ.LAGAB „a dye"; Bottéro 341 „le sumac (?)".

Z. 1/2 bilden die Überschrift für die folgende Tabelle: „Gewürze (und) *ḫūratu*, Auflage der Gärtner des Jahres 2 des (Königs) Nazima[ruttaš], (gemessen im) Seah-Maß(e) (zu) 6 Qa."

Spalten 1 bis 11 der Tabelle:

Spalten 1 bis 4 führen Hohlmaßmengen für ŠE.LÚ (*kusibirru* „Koriander") (Spalte 1), *samīdu* (Spalte 2), *azupīru* (Spalte 3) und *ninû* (Spalte 4) auf, die in Spalte 5 („S[um]me emp[fangen]") summiert werden; Spalte 6 registriert die (nicht abgelieferten?) „Rückstände (LÁL.DÙ)". Entsprechend verzeichnen Spalten 7 und 9 GIŠ.KIL/LAGAB (*ḫūratu)* und ein weiteres Gärtnereiprodukt als *maḫru* „empfangen" und Spalten 8 und 10 die entsprechenden „Rückstände (LÁL.DÙ bzw. KI.MIN LÁL.DÙ)". Spalte 11 vermerkt die Zahl der „Gärtner (NU.KIRI$_6$ = *nukaribbu*)", von denen die *imittu*-Leistungen und -Rückstände stammen, und anscheinend deren Filiation oder Namen. Zu LÁL.DÙ s. F. R. Kraus, Edikt 89ff. (94f.).

Zu ŠE.LÚ = *kusibirru* „Koriander" s. AHw 486 s.v. *ki/usibirrītu(m)*; Birot, ARM XII S. 7; CAD K 420f. Weniger wahrscheinlich nach der Zeichenform ŠE.MUŠ$_5$ = *šegušu*, vgl. zu letzterem CAD A II 530 rechts Mitte zu UM II/2, 108, 1.

Zu *samīdu* s. Bottéro 342 s. v. *samedu* (variante possible de *asmidu*; ebenso Birot S. 7 mit A 8; *a.* nach AHw 75 „eine Gartenpflanze"); CAD A II 530b s.v. *azupīru* („among other spices such as . . . *samīdu*"); jetzt AHw 1018 „*samīdu* II ein Seifenkraut (?)". Zu *ku/isibirru* und *samīdu* s. auch AfO 18, 328, 58; 329, 69; VS 16, 102, 23f., zur Stelle CAD K 421a; AbB III 110, 6; 8.

Zu *azupīru* Landsberger, WdO 3 (1966) 260 A 56; CAD A II 530/1 („a garden plant used as a spice and for medicinal purposes") gegen eine Bedeutung „Safran" (so aber AHw 93; Bottéro 341; Birot 7).

ninû „Minze", vgl. Landsberger & Gurney, AfO 18, 329, 61; 336 ad 61; Bottéro 342a; AHw 791 „Ammi, Zahnstocherdolde"; Birot 7 „l'ammi". Die in Z. 6, 8 und 10 dieser Spalte aufgeführten Namen Mār-Agabtaḫa (zum Namen s. Clay, CPN 49) und Martuku beziehen sich offenbar – als Ablieferer oder Empfänger – nur auf die Minze, nicht auf die Posten in Spalten 1 bis 3; das zeigt Z. 8, wo die Menge von 1 PI (Z. 7) je zur Hälfte auf beide Personen verteilt ist. Vielleicht ist dieser Martuku personengleich mit dem aus der Zeit des Königs Nazi-Maruttaš bekannten gleichnamigen Verwalter; zu diesem s. J. Aro, WZJ 8 (1958/9) 568a mit Lit.

Zu GIŠ.KIL/LAGAB s. oben. Die Lesung des in Hohlmaß gemessenen (wie Spalten 1–6) Gärtnereiprodukts Spalten 9 und 10 (KI.MIN „dito" wie Spalte 9) ist mir unklar.

48. – HS 2794

Fragment einer Kleiderliste

Das Textfragment HS 2794 ist ein Bruchstück vom unteren – oder oberen – Teile einer großen, mindestens zweikolumnigen Tafel; die Rückseite ist nicht erhalten.

Zu den mittelbabylonischen Kleidertexten s. Aro.

]	*1*	^{TÚG}K[I.MIN(?)	] 1 gl[eiches(?) (Gewand),
]	*1*	^{TÚG}ÍB.LÁ [	] 1 [ ] Gürtel/Binde,
]	*1*	^{TÚG}ÍB.LÁ *di-pa-*[*ri*	] 1 Fack[el]binde,
]	*2*	^{TÚG}GÚ.È *qá-*[*tan-tu$_4$*	] 2 dü[nne] *naḫlaptu*-Gewänder,
]		KIN ME-x[	] Arbeit von . . [ ],
]	*1*	$^{\text{T[ÚG]}}$GÚ.È [	] 1 [ ] *naḫlaptu*-Gewand[

Keine Siegelabdrücke.

Z. 3′: ^{TÚG}*nēbeḫ*(ÍB.LÁ) *di-pa-*[*ri*] „Fack[el]binde" bisher nicht belegt.

Z. 4′: Zu *qatnu* als Attribut zu *naḫlaptu*-Gewändern Aro 30.

Z. 5′: Zur näheren Spezifizierung von Gewändern durch die nachgestellte Bezeichnung KIN *(šipir)* . . . „Arbeit von . . ." s. UM II/2 135 II 6, 7, 8, 15, 19, 21, 22, 23, 25; vgl. auch Aro 11; 32 „*šipru* Arbeit".

Nachträglich ermittelt von J. Oelsner, bearbeitet von M. Müller.

49. – HS 2167

Notiz über zu liefernde Textilien

	14 ⸢^{TÚG}⸣*a-ri-bu*	14 *aribû*-Gewänder,
	1 ^{TÚG}GÚ.È(=U[D.D]U)	1 *naḫlaptu*-Gewand,
	1 ^{TÚG}⸢*ḫ*⸣*úl-la-n*[*u*]	1 Deck[e],
	1 ^{TÚG}GUZ.ZA	1 Zottengewand (?)
	1 ^{TÚG}ÚR	(und) 1 *sūnu*-Tuch
	{x} $^{\text{f(!)}}$*mìn-da*-TI(?)$^{\text{ut(!?)}}$	wird {x} Minda-iballuṭ(?),
UR	DUMU.SAL *ì-lí-i-din*	die Tochter des Ilī-iddin,
Rs	*i-na* ^{ITU}BÁR.ZAG.[G]A[R]	im Monat Nisan
	i-nam-din	geben.
	MU *13*.KAM	Jahr 13.

Z. 1: ^{TÚG}*aribû*, nur mB belegte Bezeichnung für eine (unbekannte) Gewandart, vgl. AHw 68a und CAD A/II 265a.

Z. 1 und 2: Dieselben Textilien in gleicher Reihenfolge in dem mB Brief UM I/2, 54, 25f. Zu *naḫlaptu* s. Nr. 5 ad Z. 11, 12.

Z. 4: ^{TÚG}GUZ.ZA in sumerischen Wirtschaftstexten häufig belegte Textilsorte, vgl. ŠL 565, 77; Th. Jacobsen, Cuneiform Texts in the National Museum Copenhagen, Leiden 1939 S. 27 Anm. 2 zu Nr. 44; A. L. Oppenheim, Catalogue ... of the Wilberforce Eames Babylonian Collection, New Haven 1948 S. 65f.; E. Sollberger, TCS 1 S. 133; H. Sauren, Wirtschaftsurkunden aus der Zeit der III. Dynastie von Ur ..., Napoli 1969 S. 359. Zur Lesung g u z des Zeichens LUM s. zuletzt H. Limet, RA 65 (1971) S. 15 mit Anm. 4. Zur Übersetzung als „Zottengewand (?)“ vgl. B. Landsberger, Die Fauna des alten Mesopotamien, Leipzig 1934 S. 102: „Zottenrock“; H. Sauren, a. a. O. S. 132 Nr. 119, 4: „Zottengewand“; H. Limet, a. a. O. S. 15 mit Anm. 5: „un vêtement tissé à bouclettes“.

Z. 5: ^{TÚG}ÚR = *sūnu*, mB Belege s. Aro 31. Zur Bedeutung vgl. A. Ungnad, ZA 31 (1917/18) 259f. („etwa eine Art ‚Unterhose‘“); B. Landsberger, JCS 21 (1967) S. 160 m. Anm. 105 („Besatz“, „Gewandstreifen oder Lappen“); AHw 1059 „ein Tuch oder Binde“; CAD A/I 93b s. v. *adadu* („loincloth“); K 339b s. v. *kibsu* B („a loincloth-like undergarment“).

Z. 6: Die Lesung des Personennamens ist sehr unsicher; zu vergleichen wäre $^{\text{I/f}}$*mìn/mi-in-di-i-bal-luṭ/lu-uṭ* UM II/2, 24, 7; 53, 17; 111, 26.

Nachträglich ermittelt von J. Oelsner, bearbeitet von M. Müller. Kopie (J. Oelsner) s. Taf. I. Maße der Tafel: 3,8 (Breite) × 3,7 (Höhe) × 1,3 (Tiefe) cm.

50. – HS 164

Fragment einer Liste

Erhalten ist die rechte untere Ecke – etwa ein Viertel – einer ehemals mehrspaltigen Tafel.

i]*r*
x x x x x (x) ^{d}*N*]*in-urta sa-li-ḫu* KASKAL
x (x) ^{I}*Ri-m*]*u-ut-*^{d}*Gu-la* SAL-*su*
GURUŠ.T]UR ^{I}È*-a-na-*ZALÁG-^{d}*Sîn* KUR.GAR.RA
]| GURUŠ.TUR ^{Id}*Sîn*-ŠEŠ-APIN
]| | ^{f}*I-la-tu*$_4$
]| ZÁḪ | ^{f}*I-na-ì-si-in-aq-rat* ḌAM ^{Id}*Sîn*-ŠEŠ-APIN

] ZÁḪ | ^{f}GAŠAN-*ḫa-ma-tu-ú-a*[1]
] | ^{f}*La-lu-tu*$_{4}$ MÁŠ
] | ^{f}*Ḫa-na-na-tu*$_{4}$ *aḫ-za-at*
] | *qin-ni* ^{I}*Bur-ra-bé-el-tì*

] | GURUŠ.TUR ^{I}MI^{li}-^{d}IM

] ÚŠ | ^{I}[2]*At-kal-a-na*-^{d}UTU SAL-*su*
] | GURUŠ ^{Id}U.GUR-ŠEŠ-SUM^{na} KI.MIN
] | ^{f}*I-na-ì-si-in-aq-rat* AMA-*šú*
] | ^{f}UR-^{d}U.GUR *aḫ-za-at*
] | *qin-ni* ^{I}*Ḫa-aḫ-Šu-gab*

Ú]Š ŠU|.GI ^{I}*Il-lu-ul-lu*$_{4}$
] ZÁḪ | GURUŠ ^{I}ŠEŠ-SUM-^{d}AMAR.UTU SAL-*su*
] ZÁḪ | GURUŠ ^{I}MU-^{d}IM
] | GURUŠ.TUR ^{Id}IM-*še-mi* SAL-*su*
] | GURUŠ.TUR ^{Id}*La-ta-rak-še-mi*

Rs

x x x x x x (x) ^{d}]IM
x x x x x (x)]x-DINGIR^{MEŠ}
x x (x x) ^{d}I]M-*šu-muḫ*-UKÙ(?)$^{M[E]Š}$
x x x (x)]-^{d}SUKAL
x x x x (x) *z*]*a*(?)-*i-tu*$_{4}$
]SAL.T[U]R x [x x (x)]-x-MAḪ-*šar-rat*
S]AL.TUR.TU[R x x (x)]-*a*/*e-tu*$_{4}$
]x x x x-*ša-tu*$_{4}$
qi]*n-ni* ^{I}*Il-lul-li* DUMU ^{I}*Ku-ri-ie-en-ni*

GU]RUŠ ^{I}SUM-^{d}U.GUR SAL-*su*
]^{f}*Ḫu-ni-tu*$_{4}$

]GURUŠ ^{I}*Ki-din*-^{d}IM *ki-lu* (?)
]GURUŠ ^{Id}LAMMA-*še-mi* ZÁḪ DU x x x-*ú*
]^{f}*Ḫu-zu-tu*$_{4}$ DUMU.SAL x[(x)] x x x
ZÁ]Ḫ GURUŠ ^{I}*A-na*-ZALÁG-^{d}LAMMA-È[3]
GURUŠ ^{I}]Š[E]Š-*aq-rù*
^{f}*Š*]*i*(?) *mi-i-su-up-pa-a-a*
^{f}*I-n*]*a-Uruk*^{KI}-*šar-ru-ut-sa*
x x x x (x)-]x-*ni-tu*$_{4}$
x x x (x)-*t*]*u*$_{4}$ DUMU.SAL.A.NI ^{I}⟨*A-na-*⟩ZALÁG-^{d}LAMMA-È *a-ḫi-iz*
o x x x x(x) DUM]U(?) ^{I}KI.MIN *di-ik*

---

x x x x (x x)] SAL-*su*
x x x x x x x (x)] x[4]

Keine Siegelabdrücke.

[1] Dahinter etwa drei Zeichen getilgt. [2] „Personenkeil" über getilgtem SAL. [3] Nach dem „Formular" wäre vor Z. 15 ein Doppelstrich zu erwarten, der aber auf der Tafel nicht sichtbar ist; sie ist allerdings an dieser Stelle sehr eng beschrieben. [4] Oberhalb jeder Zeile ein Zeilenstrich, ebenso nach Z. 23 der Rs; der Deutlichkeit halber sind oben nur die Längsstriche – soweit erhalten – und die die Gruppen abteilenden Doppelstriche wiedergegeben.

Zur vorliegenden Tafel vgl. die Listen BE XIV 58 (dazu ebenda S. 32ff.) und Iraq 11 (1949) 146 Nr. 8 (mit Bemerkungen Gurneys S. 138).

Unsere Personenliste ist, soweit erhalten, durch Doppelstriche in acht(?) (s. Anm. 3 zum Text) verschieden große Abschnitte unterteilt. Jeder Abschnitt enthält die Aufzählung einer oder mehrerer Personen, letzterenfalls meist in fester Reihenfolge offenbar nach ihrem Alter, zuerst Männer, dann Frauen.

Die erste, dritte und vierte Gruppe enden übereinstimmend vor dem jeweiligen Trenn-Doppelstrich mit dem Eintrag *qinni PN* „Familie des PN", wobei offenbar der P(ersonen-)N(ame) den Namen des jeweiligen *qinnu*-Haupts bezeichnet, mindestens in den ersten zwei, vielleicht aber in allen drei Fällen anscheinend Kassiten: Vs Z. 11′ „Familie des Burra-Bēlti (mit diesem hybrid kassitisch-akkadischen Namen vgl. andere hybride Formen bei Balkan, Kassitenstudien I 48, 51f.)", Vs Z. 17′ *qin-ni* ^{I}*Ḫa-aḫ-Šu-gab* und Rs Z. 9 „Familie des Illullu, des Sohnes des Kurijenni". Das Namenselement *ḫaḫ* in dem m. W. bisher unbelegten Namen Ḫaḫ-Šugab hat eine Parallele in *Ḫa-aḫ-*^{d}*Sukal* (CPN 78a unten und 174a Mitte), falls nicht fehlerhaft für ^{I}*Ḫa-maš/mat-Šu-gab*; zu letzterem Namen s. Balkan 54, 115, 149f. und zu Šugab = (Gott) Nergal ebenda 3 Ziff. 12, s. aber auch 2 IV 3 sowie H. Limet, Les légendes des sceaux cassites (1971) 51 mit Anm. 2 (Šugab nicht kassitisch). Beachtlich ist die Deklination des Namens Illullu (Vs. 18′ *-lu*$_4$ und Rs 9 *-li*); weitere Belege für Illullu CPN 86a, wo unsere Schreibung *Il-lul-li* nachzutragen ist. Zu der für die Familienorganisation interessanten Gruppierung von Personen in *qinnu* „Nest, Familie" vgl. die Tafel Iraq 11, 146f. Nr. 8, 138 aus Dūr-Kurigalzu (bearbeitet a. a. O. von Gurney); vgl. auch oben Nr. 17, 15 und BE XIV 111, 7 sowie Aro 38 Nr. 9.

Im einzelnen werden in den acht(?) Abschnitten gruppenweise registriert:

1. die „Familie des Burra-Bēlti" (Vs bis Z. 11′): „[ein Mann(?) X-N]inurta, ein *sāliḫu* (s. dazu Nr. 29 ad 36), (auf) Reise (KASKAL = *ḫarrānu*); [ein Mann Rīm]ūt-Gula (und) sein Weib; ein [jun]ger [Mann] Līṣi-ana-nūr-Sîn (mit – nachträglich zugefügtem(?) – Vermerk: KUR.GAR. RA); ein junger Mann Sîn-aḫa-īriš; (die) Illatu; flüchtig (die) Ina-Isin-aqrat, Ehefrau des Sîn-aḫa-īriš; flüchtig (die) Bēlet-ḫamâtūa; (die) Lalūtu (zum Vermerk MÁŠ vgl. BE XIV 58, 7; 15; 38; ATR 114 s. v. *barû* mit weiteren Belegen); (die) Ḫananātu, die genommen (geheiratet) ist"; zerstört Z. 1′. Der Vermerk KASKAL Z. 2′ erklärt sich durch die Rationenliste für die 12 Monate des Jahres in BE XIV 58, wo für diejenigen Personen, hinter deren Namen sich der gleiche Vermerk KASKAL befindet, für die Zeit ihres KASKAL (so insbesondere Z. 8 „seit dem Monat Tašrītu") keine Rationen verzeichnet sind, sie also keine erhalten haben, weil sie „(auf) Reise", „reise"-abwesend waren (Z. 8; 13; 43; 45; vgl. BE XIV S. 34); zu KUR.GAR.RA (Z. 4′) = *kurgarrû* vgl. z. B. UM II/2 53,8; 106,16; W. H. Ph. Römer, Sumer. ‚Königshymnen' der Isin-Zeit (1965) 166 ad 74 mit Lit.; CAD K 557 ff. (558f. „members of the temple personnel").

2. als Gruppe für sich allein (Z. 12′): „ein junger Mann Ṣilli-Adad";

3. die „Familie des Ḫaḫ-Šugab" (Z. 13′–17′): „verstorben Atkal-ana-Šamaš (und) sein Weib; ein Mann Nergal-aḫa-iddina (und) dito (d. h.: sein Weib); (die) Ina-Isin-aqrat, seine Mutter; (die) Eṭel-Nergal, die genommen (geheiratet) ist";

4. die „[Fa]milie des Illullu, des Sohnes des Kurijenni" (Z. 18′–Rs Z. 9): „[verst]orben ein/der Greis Illullu; flüchtig ein Mann Aḫa-iddin-Marduk (und) sein Weib; flüchtig ein Mann Iddin-Adad; ein junger Mann Adad-šēmi (und) sein Weib; ein junger Mann Latarak-šēmi" sowie vermutlich acht weitere Personen, zuletzt Frauen;

5. als fünfte Gruppe (Rs Z. 10/11) nur: „[ein M]ann Iddin-Nergal (und) sein Weib; (die) Ḫunitu";

6. Rs Z. 12–14: „ein Mann Kidin-Adad, (der sich in) Haft(?) (befindet); ein Mann Lamassu-šēmi, flüchtig . . .; (die) Ḫuzutu, (die) Tochter . . ."; zum Vermerk *ki-lu* (?) „Haft" bei dem erstgenannten vgl. die mB Liste UM II/2 116, 1 und 48, 9′ (je *ki-lu*$_4$) sowie die mB Urkunde Iraq 11, 146,8, 23, wo eine Frau in dem Orte K. *ka-la-at* „festgehalten wird", dazu Gurney a. a. O. 138;

7. Rs Z. 15–21 (s. dazu aber Anm. 3): „[flüch]tig ein Mann Ana-nūr-Lamassi-līṣı; [eın Mann] A[ḫ]u/ī-aqru; [(die) Š]imī-suppāja; [(dıe) In]a-Uruk-šarrūssa; die x-nitu; (die) x-tu, ıhre (sc. der wahrscheinlich in Z. 19 genannten Frau) Tochter, ⟨Ana-⟩nūr-Lamassi-līṣi hat (sie) genommen (geheiratet); ein [X, Soh]n(?) des dito, ıst getötet (worden) *(di-ik)*" (zum Vermerk *di-ik* = *dīk* s. auch die oben genannte mB Urkunde Iraq 11, 146, 8, 28 und 147, 8, 20 mit Bemerkungen Gurneys a. a. O. 138).

8. Z. 22 und 23 bılden (den Anfang?) eine(r) neue(n) – achte(n) – Gruppe, wobei Z. 22 wohl analog Vs 3′, 13′, 14′, 19′, 21′ und Rs 10 zu ergänzen ist: „[PN] (und) sein Weib".

Der Zweck des Personenverzeichnisses bleibt unklar, solange das Reststück fehlt. Soviel geht jedenfalls aus ihm hervor, daß es nach Personengruppen, teilweise *qinnu*, geordnet ist und – insofern analog BE XIV 58 – jeweils auch Tod oder Verbleib der einzelnen Personen („flüchtig", „Reise", also Nichtanwesenheit) aus irgendeinem in dem vorliegenden Reststück nicht erkennbaren Grunde registriert; in BE XIV 58 erfolgten letztere Angaben jeweıls, um das Fehlen der entsprechenden Monatsrationsausgaben zu erläutern.

51. – HS 158

Personenliste

Entweder linke obere oder linke untere Ecke – wahrscheinlich etwa ein Viertel – einer in der Mitte ziemlich dick gewesenen Tafel.

Vs(?) [x x x x x (x)]-*ni* ^{I}BA^{šá}[
[x x x x (x)-*n*]*a* K[I.MIN(?) x] x (x)[

[PAP] *2*(?) ARAD [*š*]*a* ^{I}DI.KU$_{5}$-^{d}x[
GURUŠ ^{I}*Re-eš-id-di-tu*$_{4}$ ^{I}*Ur-ḫi*-x[
GURUŠ ^{I}*E-muq*-^{d}*Iš-tar* ^{I}KI.MIN [
[GU]RUŠ ^{I}È-*a-na*-ZALÁG-^{d}AMAR.UTU *zu*-x-*tu*$_{4}$ ^{I}SUM^{na}[
[GU]RUŠ ^{I}*Mu-ra-nu* ŠEŠ.A.NI A x[

PAP *4 pi-iq-da-nu*
GURUŠ ^{I}*E-ri-man-ni*-^{d}IM DUB.[S]AR ^{I}SU[M(?)^{n}]^{a}(?)[
GURUŠ ^{Id}IM-APIN^{iš} KI.MIN ^{I}KI.MIN[
GURUŠ ^{Id}IM-APIN^{iš} ^{I}*Ḫu-ra-ṣa-na*

[PAP] *3* [*i*]*n-ku-pa-a-a-ú*

Rest der Vs(?) und Anfang der Rs (?) abgebrochen.

Rs(?) GURUŠ ^{I}x x x[
GURUŠ ^{Id}MAŠ-x [x x (x)] KI.MIN $^{I(?)}$x (x)[

PAP *6* (7?) ARAD *ša* x x[
GURUŠ ^{I}DÙ-*šá*-^{d}IM NU.KIR[I$_{6}$
GURUŠ ^{I}*Ri-mu-ut*-^{d}*Gu-la* AD.KID ^{Id}[
GURUŠ ^{I}UD-*šú*-ZALÁG^{ir} MUŠEN.DÙ ^{I}*Ib*-[

PAP *3 ul-li-pa-a-a-ú*
GURUŠ ^{Id}*Nin-urta*-ŠEŠ-SUM^{na} x (x) ḪA ^{I}x[

G[URUŠ ^{I}]x-x-^{d}IM	KI.MIN	^{I}[
[ ] x x	KI.MIN	^{I}x[
[	KI.MI]N	^{I}[
[	KI.MI]N	^{I}[
[ ] x (x)		^{I}[

Oberhalb jeder Zeile – soweit erkennbar – dünne Zeilenlinien; die Köpfe der senkrechten Keile sind jeweils in diese Linien eingedrückt. Die obige Umschrift gibt nur die die einzelnen Abschnitte des Textes abtrennenden kräftigen Trennstriche zwischen den Zeilen wieder.

Vs (?) Z. 3, 8 und 12 sowie Rs(?) Z. 3′ und 7′ summieren die jeweils davor aufgeführten Personen (PAP = *napḫar* „Summe“) als

2(?) Sklaven des Dajjān-X (Z. 3);

4 *piqdānu:* die Männer Rēš-idditu (des) Urḫi-X; Emūq-Ištar (des) dito; Līṣi-ana-nūr-Marduk, ..., (des) Iddina[-X(?)]; Muranu, seinen Bruder . . . (Z. 4–8; zu *piqdu* wohl ebenfalls in bezug auf Personen vgl. Iraq 11, 146,8,2; 147,8,26 und dazu AHw 865 s. v.);

3 Inkupajū: die Männer Erimanni-Adad, Schreiber *(ṭupšarru)* des Id[din]a[-x(?)]; Adad-īriš, dito des dito (also wie Z. 9: Schreiber des Id[din]a[-x(?)]); Adad-īriš (des) Ḫurāṣāna (Z. 9–12; Inkupajū mir unbekannt);

6 (7 ?) Sklaven des X (Rs ? Z. 1′–3′);

3 Ullipäer: einen Gärtner *(nukarib[bu])* Banâ-ša-Adad (Z. 4′); einen Rohrmattenflechter *(atkuppu)* Rīmūt-Gula (Z. 5′); einen Vogelfänger *(usandû)* Aṣûšu-namir (zum Namen s. Nr. 2 Bem. zu Z. 23) (Rs Z. 4′–7′); zu *ul-li-pa-a-a-ú* s. neuassyrisch Ulliba, E/Illipi/a in AOAT 6, 123f., 173, 366f.

Ab Rs Z. 8′ff. nur Reste, Z. 8′ Ninurta-aḫa-iddina, sonst nur noch „dito“ erhalten.

52. – 69.

Fragmente und Regesten

52. HS 122: 11-zeilige Empfangsnotiz. Z. 8–11 (= Rs 1–4) Datum: (8) ^{ITU}GAN.GAN.È (9) UD *16*.KAM (10) MU *9*.KAM ^{d}*Ku-r*[*i*(?)-*gal*(?)-*z*]*u*(?) (11) LUGAL[.E?] „Monat Kislīm (= IX.), Tag 16, Jahr 9 des Königs Kur[igalz]u(?)“.

53. HS 162: Kleines Fragment, linke untere Tafelecke.

(Vs 1′) PAP *2* [+ x (?)] (G)[	(Rs 1′) MU *11*.KA[M
(2′) ^{ITU}AB.UD.D[U	(2′) *Ša-ga-ra-ak-ti*[*-šur-ia-*⟨*á*⟩*š*]
	(3′) LUGAL.E

„Summe: 2[+x?] Kor[ ]. Monat Ṭebē[t (= X.), Tag(?) x (?)], Jahr 11 des Königs Šagarakti-[Šuriaš]“.

54. HS 166: Kleines Fragment, rechte obere Tafelecke. Vs Reste von 8 Zeilen:

(1)[TA(?) MU] 7.KAM EN MU *11*.KAM
(2)[ ]-*ia-áš* LUGAL.E
(3)[ ]x-*ra mi-taḫ-ḫu-ru*

Trennstrich. Z. 4,6,7 nur KAM erhalten, Z. 5 und 8 nur 40 bzw. 2[0 + 20] (?) ITU DIRI erhalten. Rs verloren.

55. HS 168: Fragment aus der Mitte einer dicken Tabellentafel mit mehreren in Kästchen unterteilten Spalten. Über die beiden erhaltenen mittleren Spalten der Vs(?) hinweglaufend findet sich dreimal der Eintrag 1 EN.NU.UN KÁ.GAL *(maṣṣār abulli)* „1 Torwächter“, darunter in der einen oder anderen Spalte mehrfach die Einträge 1 KI.MIN „1 dito“. 2 Spalten der Rs(?) weisen je einmal den Eintrag 1 NU.KIRI$_6$ *(nukaribbu)*

„1 Gärtner", in einem Falle darunter wiederum Einträge 1 KI.MIN „1 dito" auf. Letztere Spalte enthält weiterhin den Eintrag 1 AD.KID *(atkuppu)* „1 Rohrmattenflechter". Die linke teilerhaltene Spalte der Rs(?) enthält je zweimal die Götternamen Nergal und Marduk.

56. HS 171: Fragment. Linke untere oder obere Tafelecke. Reste einer in Kästchen eingeteilten Liste; nur wenige Zeichen – meist Hohlmaßangaben – auf einer Seite erhalten.

57. HS 172: Zweizeilige Tafel, rechts abgebrochen; unteres Drittel der Vs und die Rs unbeschrieben. Dne oder oD. (1) x LIM *5* ME *20*(?) [+ x? (2) *8* LIM *2* ME *40*[

58. HS 174: Oberes Stück einer ehemals zwei- oder dreispaltigen Tafel mit Resten von 6 Zeilen; linker Rand verloren. Restliche Überschrift Š]E.GIŠ.Ì ÉŠ.GÀR „Sesam, (Material-)Zuweisung *(iškaru)*". Darunter linke Spalte mit Hohlmaßangaben, rechte Spalte mit Bezeichnung der Empfänger oder Ablieferer (Z. 2: É ^{I}*Su-ba-ri-i* „Haus des Subarû").

59. HS 176: Fragment einer ehemals wohl dreispaltigen Liste über Naturalien; oberer und unterer Teil der Tafel sowie rechte Seite abgebrochen. Dne oder oD. Spalten 1 und 2 mit 9 bzw. 14 teilzerstörten Zeilen enthalten Hohlmaßangaben verschiedener Größe zwischen $^1/_2$ Kor und 8 Kor 2 Seah, wobei – soweit erhalten – die Beträge jeweils einer Zeile in beiden Spalten identisch sind. In Spalte 3 einzelne Zeilenanfänge, Z. 11′: ein Name ^{I}ARAD-^{d}U.[GUR](?).

60. HS 177: Fragment (Rs?) einer zweispaltigen Naturalienliste (GUR/PI/BÁN/SÌLA); 3 Zeilen ganz, 4 teilweise erhalten.

61. HS 179: Kleines unbestimmbares, nur auf einer Seite teilweise erhaltenes Fragment, an allen Rändern abgebrochen. Z. 4: *4* G[U]N AN.BAR „4 Ta[len]te (= 120 kg) Eisen".

62. HS 180: Kleine dreizeilige beschädigte Tafel. Z. 2: *5* (B) Z[Ì].DA ŠU ^{I}*Ki-d*[*i*(?)-*ni*(?)], Z. 3: UD *17*. KAM GAR RA x x x x .

63. HS 181: Fragment einer Liste, wahrscheinlich aB.

64. HS 183: Kleine Liste; Vs – etwa 5 Zeilen – stark beschädigt. Linke Spalte – soweit erkennbar – Hohlmaßangaben, rechte Spalte Personennamen(?). Rs Z. 1: *1* ME *32 nu-us-ḫu* (2) ŠU ^{I}AN-*mi-na-a*-DÙ^{uš} „132 (Rohr)Körbe/Kästen, (in der) Hand des Ila-mīnâ-ēpuš". Zu *nusḫu* vgl. UM II/2, 102, 10; AHw 805f.

65. HS 184: Re. untere(?) Tafelecke. Fragment eines mathematischen Tabellentextes. Li. Kol. Multiplikationstabelle, Kopfzahl: 44, 26, 40 (J. Oelsner mit Hinweis auf CT 44, 38); mehr oder weniger vollständig erhalten von 4 mal 44, 26, 40 bis 13 mal 44, 26, 40. Z. 2′ (= 5 mal . . .) fehlerhaft 3, 43, 13, 20 statt 3, 42, 13, 20. Re.Kol. Reziprokentabelle, erhalten von 25 bis 1, [2]1; die Reziproken von 1, 12; 1, 15; 1, 20 ausgelassen (vgl. dazu Neugebauer, MKT 9). Andere Seite verloren.

66. HS 185: Zehnzeiliges Tafelfragment, Vs 8 Z., Rs 2 Z. Zeilenanfänge und -enden abgebrochen. Nicht identifiziert.

67. HS 224b: Kleines Fragment einer ehemals mindestens vierkolumnigen Liste von Naturalien, an allen Seiten abgebrochen. Rs nicht erhalten. Dne.

68. HS 2181: Rechteckige Tafel. OR und Vs 6 Zeilen, UR und Rs unbeschrieben. Z. 1 unklare teilbeschädigte Zeichen(reste); Z. 2–6:

16[+3?] (G) [*š*]*a*(?) ⌜^{I}*N*⌟*u-úr*-^{d}AMAR.UTU
ul-tu$_4$ ^{ITU}ŠU.NUMUN.NA EN(?!) UD *20*.KAM
ša ^{ITU}DU$_6$.KÙ
MU *20*.KAM *Bur-na-bu-ri-ia-aš* LUGAL.E
x *ak-lu*$_4$ [*š*]*a* ŠU(?) ^{I}*Ku-ub-bu-bu*

„16 [+3?] Kor [d]es(?) [N]ūr-Marduk vom Monat Dûzu bis(?) zum(?) 20. Tag des Monats Tašrīt (5) des Jahres 20 des Königs Burna-Buriaš; . . . Ausgabe (Verbrauch), (Gerste?) der „Hand"(?)/ zur Verfügung des Kubbubu."

Kopie (J. Oelsner) s. Taf. I. Maße der Tafel: 5,7 (Breite) × 4 (Höhe) × 1,9 (Tiefe) cm.

69. HS 156: Grundstücksliste aus Dūr-Nusku, Bezirk (NAM = *pīḫātu*) (Āl-)Bīt-Sîn. Jahr 10 des Königs Adad-apla-iddina (ca. 1057 v. Chr.). Die Bearbeitung wird an anderer Stelle erfolgen.

NACHTRÄGE

Zu Nr. 7 (S. 24 Bem. ad Z. 7): Ein weiteres altbab. Beispiel für einen Kaufauftrag findet sich bei D. O. Edzard, Altbab. Rechts- u. Wirtschaftsurkunden aus Tell ed-Dēr . . . (1970) 58 Nr. 28 mit der Vergabe eines größeren Silberbetrages an den Schuldner *a-na* ŠE.GIŠ.Ì *ša-mi-im* „zum Kaufen von Sesam". Der dort für den Empfang des Silbers durch den Schuldner genannte Zeitpunkt (13. VI.) dürfte etwas vor dem bevorstehenden Sesamerntetermin gelegen haben.

Zu S. 25 Mitte: Der Klagverzicht des zahlenden Qunnunu diente überdies wohl auch dazu, die Möglichkeit auszuschließen, daß Q. nachträglich irgendwelche Einwendungen (und daher Rückforderungsansprüche) geltend machen könnte, die etwa von der ursprünglichen Schuldnerin M. selbst gegen T. hätten erhoben werden können und unterblieben waren, oder die künftig entstehen könnten. D. h., daß durch den Klagverzicht dem Q. ältere oder künftige Einwendungen aus dem Rechtsverhältnis zwischen dem T. und der M. abgeschnitten wurden.

Zu S. 45 ad Z. 25 s. auch TCL 7, 6 ,7 (= AbB IV 4 Nr. 6): *ki-ma na-ad-nu-ma na-di-in* „wie (das Feld) ausgegeben ist, bleibt es ausgegeben".

Zu S. 86 unten: Zu den Terminen für das Auspressen von Sesam s. jetzt auch den neuen mB Paralleltext zu Nr. 33 CT 51, 21 vom 22. IX. – also ebenfalls wie Nr. 33 vom Monat Kislīm – Jahr 17 des Burna-Buriaš über 3 (GUR) ŠE.GIŠ.Ì *iš-ka-rù* GIŠBÁN 10 SÌLA „3 Kor Sesam *iškaru*, (gemessen im) Seah-Maße zu 10 Qa". Vgl. auch den altbab. einschlägigen Werkvertrag mit drei Brüdern (Ölpressern?) über das Auspressen von Sesam CT 8, 8e (= HG III 188) vom 2. X. Jahr 35 Ammiditanas über 9 Kor Sesam mit einer Lieferfrist für das Öl von einem Monat. S. dazu auch für altbab. Zeit, insbesondere zu den Ölpreisen vor und nach dem üblichen Preßtermin Edzard (s. o. zu Nr. 7) 40 mit Anm. 7. – In CT 8, 8e kamen auf den Mann 3 Kor Sesam, in unserer Nr. 33 Z. 4f. 1$^{1}/_{2}$ Kor, in CT 51, 21 1 Kor. S. auch oben zu Nr. 7.

Zu S. 89: Eine andere mögliche Übersetzung von Nr. 38 Z. 4f. ohne Notwendigkeit einer Emendation wäre: „davon sind 2 Kor, die in Diniktu (5) Mār-ilu-rabi der (Frau) Ḫunbī-ina-Uruk gegeben(?) hat, . . . (?)".

Zu Nr. 47: Die *imittu*-Gesamtmengen sind für die Zweimann- und Viermanngruppen (s. Spalte 11 Z. 5 bzw. 9) in den Gesamtmengen – „empfangenen Gesamtmengen" plus „Rückständen": Spalten 5/6, 7/8 und 9/10 – prozentual gleichhoch, nur die Unterteilungen in Spalten 1–4 sind verschieden. Abweichend davon sind die *imittu*-Mengen der Fünfmanngruppe (Spalte 11 Z. 7f.), die prozentual pro Mann mehr an Produkten der Spalten 1 bis 4, dafür weniger an solchen der Spalten 7ff. – im Endergebnis aber wohl etwa gleichviel wie die anderen Gruppen – aufzubringen hatte:

Gesamtmenge	2-Mann-Gruppe	4-Mann-Gruppe	5-Mann-Gruppe
Sp. 5 + 6	1 Pānu	2 Pānu	3$^{1}/_{4}$ Pānu
Sp. 7 + 8	12 Minen	24 Minen	27 Minen
Sp. 9 + 10	2 Pānu	4 Pānu	4$^{1}/_{2}$ Pānu

GLOSSAR

in Auswahl

(Zahlen in Kursivdruck geben die Urkunden-Nr. der vorliegenden Publikation an)

A.AB.BA s. *tâmtu*
abāku hier „(ein Urteil) ändern, umstoßen"
i-bu-ku 13, 20
abālu „tragen, bringen", *šūbulu* „schicken"
bi-lam-mi 11, 6
šu-bi-la 9, 12
ÁB.GA „Saug-Kuhkalb" *7,* 3
ÁB.GAL „Milchkuh" *7,* 2(?); *17,* 27
abnu (NA_4) „Stein" *39,* 1; als Determinativ passim
abullu (KÁ.GAL) „Stadttor" *55*
adannu „Termin" *10,* 10, 11
adi (EN) „bis (zu); einschließlich" passim
AD.KID s. *atkuppu*
ág s. *madādu*
aḫāzu „nehmen, heiraten"
i-ḫu-zu-ši 14, 14′
aḫ-za-at 50, 10′, 16′
a-ḫi-iz 50 Rs 20
aḫlamû 15, 3
aḫu (ŠEŠ) „Bruder"
šeš^{meš}-*šu 1,* 15
šeš-a-ni *2,* 22; *51* Vs(?) 7
šeš-ne-ne *2,* 15
ajjalu „Hirsch" *28,* 14
akal ḫarrāni s. NINDA-KASKAL
akālu „essen, fressen"
šūkulu „fressen lassen, füttern"
šu-ki-il-ma 9, 11
aklu „Ausgabe, Verbrauch"
ak-lu 25, 2; *27,* 1
ak-lu₄ 18, 3; *19,* 3; *20,* 3; *22,* 5; *23,* 5; *24,* 5; *26,* 3′; *27,* 30; *30,* 1, 22, 24, 28; *68,* 6
ak-lu₄ lā a-ša-bu 21, 7; *28,* 37; *29,* 37
alāku „gehen"
il-li-ik 10, 12
il-la-ku 10, 19
alpu (GU_4) „Rind, Ochse" *3,* 8, 9; *6,* 1; *7,* 1
ālu (URU) „Ortschaft, Stadt" *6* Rs 2′; *14,* 17′

AMA s. *ummu*
amāru „sehen, mustern"
am-rù 36, 7, 8a
am-ri 36, 9
amīlu (LÚ) „Mensch, Mann"
LÚ ^{URU}BÀD.[A]N^{KI} *29,* 16
LÚ *ša* KI.MIN *29,* 17;
als Determinativ passim
amīlūtu „Personal, Gesinde, Sklaven, Leute"
a-mi-lu-ti/a 13, 13, 24, 25, 27, 30
a-wi-lu-tu₄ 2, 3
NAM.LÚ.LU_x(ULÙ) *14,* 26′
amtu (GEMÉ) „Sklavin, Magd" [*12,* 3 (?)] [*2,* 16
s. auch *ardu*
anāku „ich" *13,* 16
a-na-me-a-bi „alle; soviele es sein mögen"
AN.BAR s. *parzillu*
an(n)aku (AN.NA) „Zinn" *5,* 20
annû „dieser"
an-na-a 1, 22
an-ni-ta 9, 16
an-nu-ú-[t]u 5, 19
ANŠE s. *imēru*
ANŠE.KUR.RA s. *sīsû*
apālu „begleichen, erstatten"
i-ta-nap-pal 3, 10; *11,* 13
aplu „(Erb-)Sohn"
DUMU.NITA(= ibila)-ne-ne *2,* 16
ardu ((SAG.)ARAD) „Sklave" *10,* 1; *14,* 14′; *51* Vs(?) 3, Rs(?) 3
sag-gemé-arad-ne-ne s. *aštapi/īru*
arḫu (ITU) „Monat" *17,* 15; *30,* 12; bei Monatsnamen passim
^{TÚG}*aribû* „ein Gewand" *49,* 1
arru „tätowiert, gemarkt"
ar-ru-tu 36, 9
asû (A.ZU) „Arzt" *31,* 5, 28
aṣû „hinausgehen", *šūṣû* „herausgehen lassen, herausführen"

ú-še-ṣa-am-ma 13, 25
ú-še-ṣa-aš-ši/u 14, 18′, 21′
ú-še-ṣi-šu 10, 17; *14,* 32′
ú-ṣú-ú 31, 3
a-ša-bu s. *aklu*
ašābu „sitzen, wohnen“
áš-bu 30, 23; *36,* 17
aššatu (DAM) „Ehefrau“ *8,* 2; *50,* 7′
aššum „wegen“ *10,* 7
aš-šur-ra-a-a-i, mārat 28, 32
aštapi/īru (sag-gemé-arad-ne-ne) „Gesinde, Sklaven“ *2,* 4
atānu (EMÈ) „Eselin“ *9,* 1, 5, 8, 11, 13, 14, 17, 20
atkuppu (AD.KID) „Rohrmattenflechter“ *51* Rs(?) 5′; *55*
A.ZU s. *asû*
azupīru „eine Garten-(Gewürz-)Pflanze“ *47,* 3f.

bābu (KÁ) „Tor“ *15,* 7
KÁ-*nu 45,* 1
BAḪÁR s. *paḫāru*
balāṭu „leben“
ba-al-ṭa-ti 9, 14
^{GIŠ}BÁN s. *sūtu*
^{GIŠ}BANŠUR s. *paššūru*
bappiru (BAPPIR) „Bierbrot“ *22,* 4; *23,*4; *24,* 4
barāmu s. ra
bārû (^{LÚ}ḪAL) „Opferschau(priest)er“ *31,* 27
batultu s. SAL.TUR
batūlu (GURUŠ.TUR) „junger Mann, Jüngling“ *1,* 1, 3; *50,* 4′, 5′, 12′, 21′, 22′
bēlu (EN,LUGAL) „Herr, Eigentümer“
lugal-e-ne-ne *2,* 6
biltu (GÚ, GUN) „Ertrag, Talent“ *2,* 12; *17,* 30, 32; *61,* 4; als Gewicht ca. 30 kg = 60 MA.NA „Minen“, s. auch MA.NA
BIR s. *sapḫu*
bīru (GU$_4$.NINDÁ) „Jungstier“ *3,* 1
bītu (É) „Haus“ *12,* 6′, 8′; *16,* 14; *28,* 5, 10; *39,* 6; *40,* 9ff.; *58*
bīt āli „Stadthaus“ *14,* 17′
bīt ili (É.DINGIR) „Tempel“ *13,* 8, 11, 12, 21, 23, 29; *27,* 1; *31,* 8
bīt kunukki (É.$^{\text{NA}_4}$KIŠIB) „versiegelter Speicher“ *34,* 5; *45,* 1f. (?)
bubūtu „(Wagen-)Achse“
bu-ba-tu$_4$ 5, 17
burāšu „(phönikisches) Wacholderholz“ *4,* 1
BUR.GUL s. *purkullu*

dabābu „sprechen, reden; klagen, prozessieren“
a[d]-b[u-b]u 13, 17
i-da-ab-bu-ub-ma 13, 27
id-bu-bu 8, 6; *14,* 27′
id-bu-um-ma 14, 20′
dabābu „Rede“ *1,* 22
dâku „töten, schlagen“
di-ik 50 Rs 21
id-da-ak 13, 27
DAM s. *aššatu*
DAM.GÀR s. *tamkāru*
dânu „richten, (Recht) sprechen“
i-di-nu 13, 4
DIDLI „einzelne, verschiedene“ *15,* 6
dilûtu (^{GIŠ}I.DIB) „Schöpfvorrichtung“ *30,* 9
dīnu „Prozeß, Urteil“ *8,* 4, 6; *13,* 1, 20, 21; *14,* 6′
dīna dabābu 8, 4–6
dipāru „Fackel“ *48,* 3′
DUB.SAR s. *ṭupšarru*
DUG *22,* 3; *23,* 3; *24,* 3; *30,* 1, 21; *46,* 1
DUG.GAL *32* Rs 10′
dullu „Arbeit“
dul-la 30, 8
du-ul-li 5, 3; *31,* 8
DUMU s. *aplu, ikkaru, māru, šipru*
DUMU.SAL s. *mārtu*

É s. *bītu*
ebūru (EBUR) „Ernte(zeit)“ *11,* 9, 11
eleppu (^{GIŠ}MÁ) „Schiff“ *10,* 7
e/ullu (Ì.GIŠ) „Sesamöl“ *3,* 6; *34,* 1
elû Š „hinaufbringen“
ú-še-lu-ú 32, 3
EMÈ s. *atānu*
emēdu: pūta emēdu „sich verbürgen, garantieren“
pu-us-su i-mi-id-ma 10, 17; *14,* 31′; dazu S. 34 Anm. 14.
EN s. *bēlu; adi*
^{LÚ}ENGAR s. *ikkaru*
EN.NU.UN s. *maṣṣāru*
ēntu s. NIN.DINGIR.GAL
enû „ändern“
in-nu-ú 1, 22
enzu (ÙZ) „Ziege“ *17,* 32; *35,* 6, 9

ištu „seit, von . . . an";
iš-tu *10*, 23; *13*, 31
TA passim
ištuḫḫu „Peitsche(nstiel)" *5*, 18
išû „haben" *8*, 14
ITU s. *arḫu*
izuzzu „(ein)stehen, hin-, auftreten"
iz-zi-zu-ma *13*, 4; *14*, 8′

KA inim oder gù
s. gi$_4$-gi$_4$, *ragāmu*
KÁ s. *bābu*
kablu „(Möbel-)Fuß" *4*, 2
KÁ.GAL s. *abullu*
^{GIŠ}KAK+QA s. *saparru*
kalû „zurückhalten"
ik-la-šu-ma *10*, 15
kangu „gesiegelt" *30*, 2, 3
KÁ-*nu* *45*, 1
karṣ/zillu (GÍR.GAG) „Stilett, Skalpell" *7*, 5
karû (GUR$_7$) „Speicher" *38*, 11
KASKAL s. *ḫarrānu*
kaspu (KÙ.BABBAR) „Silber, Wert" *3*, 2; *5*, 5, 11–13; *8*, 24; *12*, 1, 3; *17*, 14, 41, 43
KAŠ s. *šikaru*
ŠE(.)KAŠ s. ŠE
Kaššû „Kassit"
kaš-šú(!)-ú *15*, 4; *36*, 17
kīlu „Haft, Gefängnis" *50* Rs 12
$^{\text{(I)}}$KI.MIN „dito" *8*; *14*; *17*; *27* bis *31*; *44*; *47*; *48*(?); *50*; *51*; *55*
kīmū „anstatt" *8*, 20; *31*, 14
KIN.SIG s. *naptanu*
kispu „Totenopfer" *28*, 2
KIŠIB s. *kunukku*, *bītu*
KÙ.BABBAR s. *kaspu*
KÙ.DÍM s. *kutīmu*
KÙ.GI s. *ḫurāṣu*
kunnu „richtig festgesetzt" *17*, 10, 23, 28, 38; *42*, 3
kunukku ($^{\text{NA}_4}$KIŠIB) „Siegel(abdruck)" passim; s. *bīt k.*
kurgarrû *50*, 4;
kurru (GUR) „Kor", Hohlmaß = 5 *pānū* (s. dort) = 30 *sâtu* (s. *sūtu*)
kurummatu (ŠUK) „Verpflegung, Kost, (Lebens-)Unterhalt" *15*, 7; *28*, 9, 14, 17; *29*, 3, 4–12, 22, 23, 26–28, 30, 32; *30*, 23; *31*, 1, 12; *32* Rs 3′, 6′, 8′, 15′
ku/isibirru (ŠE.LÚ) „Koriander" *47*, 3(?)

kussû (^{GIŠ}GU.ZA) „Stuhl"
^{GIŠ}GU.ZA *ḫar-[r]a-ni* *5*, 15
KUŠ s. *mašku*
kušartu „Wiederherstellung" (?) *9*, 11
kutīmu/kuttimmu (^{LÚ}KÙ.DÍM) „Gold- und Silberschmied" *1*, 10; *31*, 7

lá *šaqālu* „darwägen (zahlen)"
in-na-an-lá-e-meš *1*, 13
in-lá *2*, 13
labiru (LIBIR(.RA)) „alt" *17*, 5, 21, 26
laḫru (U$_8$) „Mutterschaf" *35*, 2
LÁL.DÙ s. *ribbatu*
lalû (MÁŠ.TUR) „(männliches) Zicklein" *35*, 7
leqû „nehmen"
le-qé-e *10*, 7
le-qé *9*, 13; *13*, 25
i-le-qú-ú *13*, 25
il-qé *39*, 7
libbu (ŠÀ)
ina libbi „während, aus, davon" *9*, 10; *17*, 12, 39; *38*, 6
LIBIR(.RA) s. *labiru*
LUGAL s. *bēlu*, *šarru*
lú-inim-inim-ma(-e-ne) „Zeuge(n)" *1*, 42; *2*, 34

^{GIŠ}MÁ s. *eleppu*
madādu (ág) „darmessen"
ì-ág *11*, 10
magarru „Rad" *5*, 2
maḫāru „empfangen"
maḫ-rū *5*, 19; *12*, 17′; *17*, 14, 41, 43; *47*, 4
ma-ḫi-ir *7*, 10
a-ma-ḫar-ka *9*, 8
[*i-*]*ma-ḫar* *5*, 22
im-ḫur/ḫu-ur-ma *9*, 4, 18; *34*, 4; *39*, 5
im-ḫu-ru *12*, 5′; *17*, 9
mi-taḫ-ḫu-ru *54*, 3
malāḫu (MÁ.LAḪ$_4$) „Schiffer" *32* Rs 11′
mal/štītu „(Gerste für) Getränk(ration)" *31*, 7
MA(.NA) *manû* „Mine" (ca. 500 Gramm) = 1/60 *biltu* „Talent" = 60 *šiqlū* (GÍN) „Sekel", s. auch *biltu*, *šiqlu*, ŠE
marṣu (GIG) „krank" *31*, 21, 25(?), 33, 34
mārtu (DUMU.SAL) „Tochter" *28*, 32; *40*, 1 ff.; *44*, 2 ff.; *50* Rs 14, 20
m. bīti *28*, 5
māru (DUMU) „Sohn" *17*, 15
DUMU^{MEŠ}(*-šu*) *1*, 15, 23; *47*, 5f.

qa s. *qû*
qabû „sprechen“ *8*, 9, 11, 13; *9*, 7, 10, 17; *10*, 20; *11*, 7, 8; *13*, 10, 29
qaqqadu (SAG.DU) „(Tisch)Platte(?)“ *4*, 1
qatnu „dünn“
qá-[tan-tu₄] *48*, 4′ (?)
qātu (ŠU) „Hand“ *7*, 8; *10*, 5; *12*, 11′, 14′; *13*, 13, 24; *15*, 8; *16*, 7; *17* oft; *18*, 3; *19*, 3; *20*, 3; *21*, 8; *22*, 5; *23*, 5; *24*, 5; *25*, 4; *26*, 3′; *27*, 29; *28*, 38; *30*, 29; *32* Rs 16′; *34*, 2; *35*, 12; *37*, 6; *39*, 3; *62*, 2; *64* Rs 2; *68*, 6
qēmu (ZÌ.DA) „Mehl“ *15*, 1; *18*, 1; *19*, 1; *20*, 1; *21*, 1; *28*, 1; *29*, 1; *30*, [1?], 21, 25; *31*, 14; *46*, 2; *62*, 2
qerēbu „sich nähern, herantreten“, *qurrubu* „hin-, vorführen“
lu-qé-rib-šu-ma *13*, 12
qinnu „Familie, Gesinde(?)“
qin-na-a-ti *17*, 15
qin-ni *50*, 11′, 17′, Rs 9
qû (SÌLA), meist Status absolutus: *qa*, passim; Hohlmaß = 0,8–1,0 Liter(?); Verhältnis zum *sūtu*-Maß siehe dort. F. R. Kraus, AbB IV S. IX–XI: „Liter“.

ra *barāmu* „(Siegel) abrollen, siegeln“
íb-ra-aš *1*, 42
rabû (GAL) „groß“ *15*, 4; *35*, 2
ragāmu (KA(inim/gù) gá-gá) „klagen“
i-rag-gu-um *8*, 23, 25
KA nu-um-gá-gá-a *1*, 18
KA um(!)-nu(!)-gá-gá *2*, 18
rakāsu „binden“
ra-ak-su *5*, 4
ú-re-ki-is *13*, 8
rēdû s. Vorbem. zu *13*
[(I)]*re-du-ú* *13*, 9, 26
re-di-i *13*, 32
rēš namkūri/makkūri (SAG.NÍG.GA) „disponibler Bestand, Kapital“ *17*, 10, 14, 23, 28, 41, 43
rēštû (SAG) „erstklassig“ *22*, 1; *23*, 1; *24*, 1
rē'û (^{LÚ}SIPA) „Hirt“ *26*, 6(?); *29*, 9, 25(?), 28(?), 30; *32* Rs 6′; *35*, 13
ribbatu (LÁL.DÙ) „Rückstand“ *47*, 3, 4
rīdu „ein Mehl“ *45*, 3, 7
rīḫtu (ÍB.TAG₄/KÍD) „Rest, Saldo“ *5*, 21; *17*, 5, 21, 26, 30, 32, 35
rīḫu „übrig“ *17*, 19, 45

SAG s. *ardu, ša rēši, rēštû*
SAG.DU s. *qaqqadu*
SAG.GEMÉ.ARAD s. *aštapi/īru*
SAG.NÍG.GA s. *rēš namkūri*
sakrumaš
sak-ru-maš-a-tu₄ *15*, 2
SAL s. *sinništu*
SAL.ÁŠ+GÀR s. *unīqu*
SAL.TUR *ṣeḫertu, batultu*(?) „Junges Mädchen“ *7*, 7; *50* Rs 6, 7
sāliḫu *29*, 36 m. Anm.; *50*, 2′
samīdu „eine Gewürz-Pflanze“ *47*, 3f.
saparru ([^{GIŠ}KA]K+QA) „ein Lastwagen“ *5*, 1
sapḫu (BIR) „verstreut“ *15*, 5
sibūtu „Brauerei“ *41*, 7
SÍG$^{\text{ḪI.A}}$ s. *šipātu*
SÌLA s. *qû*
sinništu (SAL) „Weib“ SAL-*su* *50*, 3′, 13′, 19′, 21′, Rs 10, 22
^{LÚ}SIPA s. *rē'û*
siparru (ZABAR) „Bronze“ *7*, 5
sīsû (ANŠE.KUR.RA) „Pferd“ *30*, 11(?); *31*, 1; *32*, 2, 4(?), Rs 6′, 8′, 15′
sūnu (^{TÚG}ÚR) „ein *s.*-Tuch“ *49*, 5
sūtu (^{GIŠ}BÁN) „Seah(-Hohlmaß)“ $= \frac{1}{6}$ *pānu* (s. dort) $= \frac{1}{30}$ *kurru* (s. dort); zu 5 Qû: *3*, 6; [*4*, 8]; *8*, 17; *12*, 6′, 8′; *15*; *18*, 1, 2; *19*, 1, 2; *20*, 1, 2; *31*, 1, 37; *32*, 1; *34*, 1
zu 6 Qû: *5*, 14; *47*, 2
zu 7 Qû: *15* Spalte 3; *45* Spalte 2, 12; S. 52; 94
zu 10 Qû: *16*, 14; *17* passim; *33*, 1, 10; *38*, 11; *41*, 1
großes S.-Maß (^{GIŠ}BÁN GAL) *11*, 1, 10, 12; *30*, 22, 24, 27; *38*, 1

ṣabātu „nehmen, ergreifen, (ein Urteil) erlassen“
iṣ-bat *9*, 20; *10*, 6
iṣ-ba-tu *13*, 22
i-ṣa-ba-ta-am-ma *13*, 24
li-iṣ-ba-at *13*, 17
ṣa-bat-ma *11*, 9
ṣābu (ERÍN$^{\text{ḪI.A/MEŠ}}$) „Leute, Personal“ *15*, 1, 7; *30*, 8
ṣāḫitu (^{LÚ}Ì.ŠUR) „Ölpresser“ *33*, 3
^{I}Ì.ŠUR *14*, 22′
ṣalmu (MI) „schwarz“ *3*, 1; *6*, 1
ṣeḫertu s. SAL.TUR
ṣeḫḫeru „ein feines Mehl“
ṣe-ḫe-rù *45*, 4

ṣeḫru „klein; Diener"
ṣe-eḫ-ra 10, 8, 22
ṣēnu (U$_8$.UDU$^{\text{ḪI.A}}$) „Kleinvieh" *35*, 10
ṣibtu (MÁŠ) „Viehsteuer" *27*, 15, 16, 19, 21, 27
ṣidītu s. NINDA-KASKAL
ṣimittu (NÍG.LÁ) „Gespann, Paar" *31*, 1
ṣubātu s. TÚG
ṣupru (UMBIN) „Fingernagel(abdruck)" *1*, 40; *3*, 21; *4* Rs 9′; [*5*, 26;] *8*, 33; *11*, 20

ŠÀ s. *libbu*
ša rēši (^{LÚ}SAG) *29*, 35 m. Anm.
šadādu „ziehen"
il-du-du-ni 31, 4
šakānu „setzen, stellen, legen"
iš-ku-un 10, 10
iš-ku-nu 10, 11; *13*, 6
^{GIŠ}*šakkû*(?) „eine Holzart" *4*, 3
šám *šâmu* „kaufen" (s. *2* Anm. zu 8, 9)
in-ši-in-šám *1*, 7; *2*, 8
in-ši-šám(*-ma*) *3*, 4; *12*, 12′
in-še-šám *4*, 6
šám *7*, 7
i-ša-am 5, 9
šám *šīmu* „Kaufpreis"
šám *2*, 1, 2, 3, 10, 12; *5*, 21; *9*, 15; *2* Anm. zu 8, 9
šám-til-la-bi-šè *5*, 10; [*4*, 7]
šám-til-la-bi-šè-ne-ne *1*, 8
šam-til-la-ne-ne-bi-šè *2*, 9
šám-til-bi-šè *3*, 5
šamaššammū (ŠE.GIŠ.Ì) „Sesam" *16*, 1; *17*, 20, 23; *32*, 4; *33*, 1, 10; *58*
šâmu s. šám
TÚG *ša*(?)*-muḫ-ti* „ein Gewand"? *9*, 15
šandabakku s. GÚ.EN.NA
šapāru „schicken, senden"
šap-rù 29, 15
ana ḫuršān š. 8, 7 f.
šaqālu s. lá [*31*, 21
šāqû (^{LÚ}ŠU.SÌLA.GAB) „Mundschenk" *29*, 5;
šarru (LUGAL) „König" *29*, 34, 35; *30*, 11; in Datierungen passim
šattu (MU) „Jahr" *3*, 1; *6*, 1; *7*, 1; *9*, 3, 4; *10*, 2; *16*, 2 ff.; *17*, 1 ff.; in Datierungen passim
ŠE *še'u* „Gerste" *16*; *17*; *30*; *38*; *42* und passim; als Gewicht „Korn" = ca. 0,046 gr = 1/180 *šiqlu* (s. dort) 7, 6;
ŠE(.)KAŠ *30*, [1?,] 21
ŠE.BA s. *ipru*
ŠE.BAR (*uṭṭetu*) „Gerste" *2*, 10; *3*, 6; *5*, 14, 21; *7*, 4; *9*, 10, 15(?); *11*, 6, 10, 12 (Z. 1: ŠE); *12*, 6′, 8′; *15*, 1 und passim
ŠE.GIŠ.Ì s. *šamaššammū*
ŠE.LÚ s. *ku/isibirru*
šemû „hören"
iš-mé-ma 8, 12
ŠEŠ s. *aḫu*
še'u s. ŠE
šību (ŠU.GI) „Greis" *50*, 18′
šībūtu „Zeugen" *13*, 5, 11, 20
šikaru (KAŠ) „Bier" *30*, 26
KAŠ.SAG *22*, 1; *23*, 1; *24*, 1
KAŠ.UŠ *22*, 2; *23*, 2; *24*, 2; *25*, 1
šīmu s. šám
šinitu „ein Mehl" *45*, 6
šipātu (SÍG$^{\text{ḪI.A}}$) „Wolle" *2*, 12; *17*, 30, 32
šipru in *mār* (DUMU) *šipri* „Bote" *13*, 3, 36; [*14*, 7′?;] *28*, 36; *29*, 16
KIN „Arbeit" *48*, 5′
šiqlu (GÍN) „Sekel" (ca. 8,3 gr) $= \frac{1}{60}$ *manû* = 180 ŠE „Korn", s. auch MA (.NA), ŠE
ŠU s. *qātu*
ŠUDUN s. *nīru*
ŠU.GI s. *šību*
ŠUK s. *kurummatu*
šumma „wenn"
šu-ú-ma 9, 14
šumu (MU) „Name"
MU.NE *15*, 1
MU.DIDLI *15*, 6
MU.BI.IM passim
ŠU.NIGIN s. *napḫaru*
^{LÚ}ŠU.SÌLA.GAB s. *šāqû*
šu-ú-ta-a-pi(*-šu*) „Genosse" *41*, 6

TA s. *ištu*
tabālu „wegtragen"
it-bal-ma 11, 4
tabarru „rote (Purpur-)Wolle" *37*, 1
tabilu „Gewürz" *47*, 1
ta-gu-ri-ia Fehler für ⟨*mi-*⟩*ta-gu-ri-ia*? *8*, 10
takiltu „(dunkel-)blaue Wolle, Blaupurpur" *37*, 1
tamkāru (DAM.GÀR) „Kaufmann" *1*, 5; *7*, 9; *10*, 5; *14*, 9′, 11′, 42′; *29*, 32(?)
tâmtu (A.AB.BA) „Meer(land)" *27*, 23; *31*, 2
tamû s. pà(d)

SACHREGISTER

(Zahlen in Antiqua = Seitenzahlen, Zahlen in Kursivdruck = Urkunden-Nrn., jeweils durch Komma abgetrennt die Zeilenzahlen in Antiqua; s. (a.) Gl. = siehe (auch) Glossar)

ANHANG

Die Regierungszeiten der in den Urkunden vorkommenden Könige

Burna-Buriaš II	ca. 1375–1347 [1]	Kadašman-Enlil II	ca. 1279–1265
Kuri-Galzu II	ca. 1345–1324	Kudur-Enlil	ca. 1264–1256
Nazi-Maruttaš	ca. 1323–1298	Šagarakti-Šuriaš	ca. 1255–1243
Kadašman-Turgu	ca. 1297–1280	Kaštiliaš IV	ca. 1242–1235

Die babylonischen Monatsnamen

^{arah}*nisan(n)u*	^{ITU}BÁR(.ZAG.GAR)	Nisan	(März/April)
^{arah}*ajjaru*	^{ITU}GU$_4$(.SI.SÁ)	Ajjar	(April/Mai)
^{arah}*simānu*	^{ITU}SIG$_4$(.GA.È/.GA/.ÀM)	Simān	(Mai/Juni)
^{arah}*dûzu*	^{ITU}ŠU(.NUMUN.NA/.NUMUN)	Dûzu	(Juni/Juli)
^{arah}*abu*	^{ITU}NE(.NE.GAR/.NE)	Ab	(Juli/August)
^{arah}*ulūlu*	^{ITU}KIN(.^{d}INANNA/.DINGIR)	Ulūl	(August/September)
[dito 2.KAM	dito 2.KAM	Schalt-Ulūl]	
^{arah}*tašrītu*	^{ITU}DU$_6$(.KÙ)	Tašrīt	(September/Oktober)
^{arah}*arahsamna/u*	^{ITU}APIN(.DU$_8$.A)	Arahsamnu	(Oktober/November)
^{arah}*kis(i)līmu*	^{ITU}GAN(.GAN.NA/.GAN.È/.È)	Kislīm	(November/Dezember)
^{arah}*ṭebētu*	^{ITU}AB(.BA.È/.È)	Ṭebēt	(Dezember/Januar)
^{arah}*šabāṭu*	^{ITU}ZÍZ(.ÀM/.A/.AN)	Šabāṭ	(Januar/Februar)
^{arah}*ad(d)aru*	^{ITU}ŠE(.GUR$_{10}$.KUD)	Addar	(Februar/März)
[*arhu atru ša ad(d)ari*	ITU.DIRI.ŠE(.GUR$_{10}$.KUD)	Schalt-Addar]	

[1] So nach Brinkman bei: A. L. Oppenheim, Ancient Mesopotamia² (Chicago 1965) **338**; Cassin in: Fischer Weltgeschichte **3** (1966) **23** ff.; vgl. aber auch Brinkman, BiOr 27 (1970) 305ff.

Nr 25 (HS 2887
= Hulle zu HS 738)

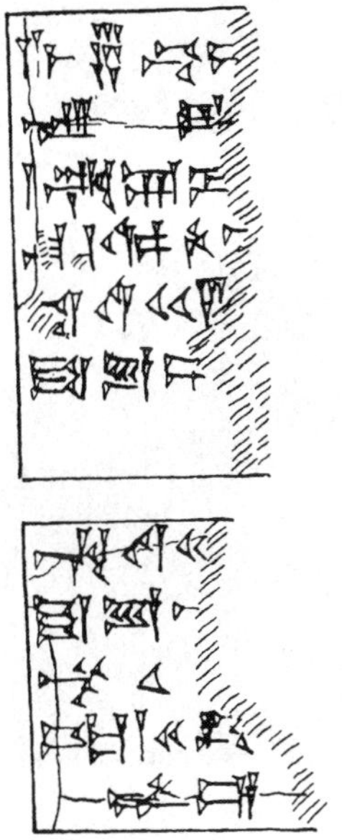

OR und LR s Tf II

Nr 49 (HS 2167)

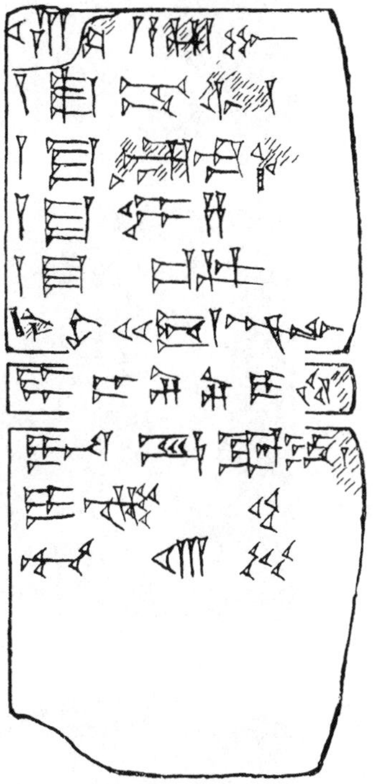

Nr 68 (HS 2181)

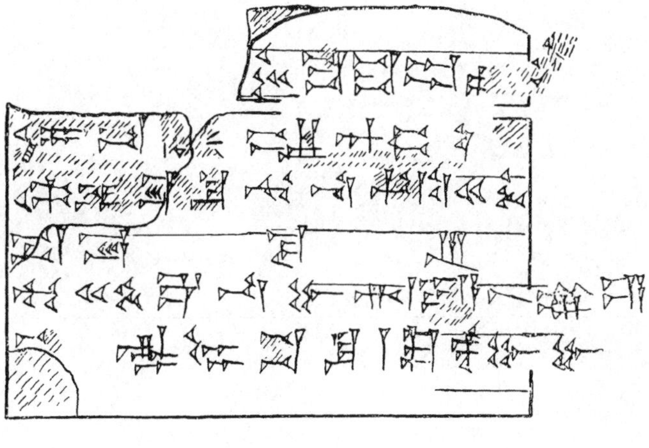

Ruckseite unbeschrieben

TAFEL II

Nr. 25 (HS 2887) OR

Nr. 25 (HS 2887) LR

Fotos: Schörlitz, Hochschulbildstelle Friedrich-Schiller-Universität Jena

ABHANDLUNGEN DER SÄCHSISCHEN AKADEMIE DER WISSENSCHAFTEN ZU LEIPZIG

Philologisch-historische Klasse

Band 58

Heft 1 **Onomastica Slavogermanica I.** Herausgegeben von Prof. Dr. RUDOLF FISCHER
1965. 126 Seiten – 3 Karten – 5 Abbildungen, davon 4 auf 2 Tafeln – 9 Tabellen – 4⁰ – M 16,10

Heft 2 Prof. Dr. RICHARD HAUSCHILD, **Die Aṣṭāvakra-Gītā**
1967. 128 Seiten – 4 Lichtdrucktafeln – 4⁰ – M 16,80

Heft 3 Prof. Dr. JOACHIM MÜLLER, **Goethes Sonette – Lyrische Epoche und motivische Kontinuität**
1966. 40 Seiten – 4⁰ – M 3,70

Heft 4 **Onomastica Slavogermanica III.** Herausgegeben von Prof. Dr. RUDOLF FISCHER
1967. 248 Seiten – 7 Karten, davon 2 auf 2 Tafeln – 8 Abbildungen auf 4 Tafeln – 4⁰ – M 37,50
(Band II erschien 1966 in Wrocław)

Band 59

Heft 1 Dr. CHRISTEL HÖHNE-LESKA, **Vergleichende Untersuchungen zur Frequenz, statistischen Verteilung und Korrelation syntaktischer Merkmale gesprochener und geschriebener Sprache** – durchgeführt an Texten deutscher Gebrauchssprache der Gegenwart.
(In Vorbereitung)

Heft 2 **Deutsch-tschechische Beziehungen im Bereich der Sprache und Kultur.** Aufsätze und Studien. II. Herausgegeben von Prof. Dr. BOHUSLAV HAVRÁNEK und Prof. Dr. RUDOLF FISCHER
1968. 180 Seiten – 8 Karten – 3 Tabellen – 4⁰ – M 23,–

Heft 3 Prof. Dr. ERIK HORNUNG, **Altägyptische Höllenvorstellungen**
1968. 42 Seiten – 6 Abbildungen im Text – 10 Abbildungen auf 7 Lichtdrucktafeln – 4⁰ – M 10,30

Band 60

Heft 1 Prof. Dr. WALTHER HENTSCHEL, **Die Zentralbauprojekte Augusts des Starken**
Ein Beitrag zur Rolle des Bauherrn im deutschen Barock
1969. 93 Seiten – 113 Abbildungen auf 67 Tafeln – 4⁰ – M 27,50

Heft 2 Prof. Dr. WERNER PEEK, **Inschriften aus dem Asklepieion von Epidauros**
1969. 156 Seiten – 184 Faksimilia im Text – 100 Abbildungen auf 58 Tafeln – 4⁰ – M 46,50

Heft 3 Prof. Dr. HANS-JOACHIM MRUSEK, **Gestalt und Entwicklung der feudalen Eigenbefestigung im Mittelalter**
1973. 176 Seiten – 4 Textfiguren – 119 Pläne und 79 Abbildungen auf 96 Tafeln – 4⁰ – M 57,–

Band 61

Heft 1 Dr. ELKE BLUMENTHAL, **Untersuchungen zum ägyptischen Königtum des Mittleren Reiches. I Die Phraseologie**
1970. 471 Seiten – 4⁰ – M 38,–

Heft 2 **Beiträge zum Slawischen Onomastischen Atlas.** THEODOR FRINGS zum Gedächtnis. Herausgegeben von Prof. Dr. RUDOLF FISCHER und Dr. habil. ERNST EICHLER
1970. 198 Seiten – 28 Karten, davon 1 als Faltkarte – 4⁰ – M 37,–

Heft 3 FRITZ BÖNISCH, **Genauigkeitsuntersuchungen am Öderschen Kartenwerk von Kursachsen**
1970. 67 Seiten – 4 Karten im Text, 3 Faltkarten als Beilage – 4⁰ – M 15,50

Band 62

Heft 1 Prof. Dr. WERNER PEEK, **Inschriften von den Dorischen Inseln**
1969. 67 Seiten – 28 Faksimilia im Text – 11 Abbildungen auf 8 Tafeln – 4⁰ – M 15,–

Heft 2 **Onomastica Slavogermanica V.** RUDOLF FISCHER zum 60. Geburtstag gewidmet.
Herausgegeben von Prof. Dr. RUDOLF GROSSE und Dr. habil. ERNST EICHLER
1970. 156 Seiten – 2 Karten – 4⁰ – M 24,–
(Band IV erschien 1968 in Wrocław)

Heft 3 Dr. HELGA DIERSCH, **Verben der Fortbewegung in der deutschen Sprache der Gegenwart**
Eine Untersuchung zu syntagmatischen und paradigmatischen Beziehungen des Wortinhalts
1972. 221 Seiten – 4⁰ – M 24,50

Band 63

Heft 1 Prof. Dr. FRIEDRICH WINNEFELD, **Ergebnisse unterrichtspsychologischer Untersuchungen**
1970. 18 Seiten – 5 Abbildungen – 2 Tabellen – 4⁰ – M 4,–

Heft 2 Dr. habil. JOACHIM EBERT, **Griechische Epigramme auf Sieger an gymnischen und hippischen Agonen**
1972. 280 Seiten – 73 Faksimilia im Text – 32 Abbildungen auf 14 Tafeln – 4⁰ – M 49,–

Heft 3 Prof. Dr. KARL DEICHGRÄBER, **Aretaeus von Kappadozien als medizinischer Schriftsteller**
Mit Anhang: Der kranke Gelehrte
1971. 48 Seiten – 4⁰ – M 6,50

Heft 4 Prof. Dr. WERNER PEEK, **Griechische Versinschriften aus der Cyrenaica, aus Mauretanien und Numidien**
1972. 23 Seiten – 13 Faksimilia – 4⁰ – M 4,50

Heft 5 Prof. Dr. WERNER PEEK, **Neue Inschriften aus Epidauros**
1972. 65 Seiten – 73 Faksimilia im Text – 65 Abbildungen auf 26 Tafeln – 4⁰ – M 23,–

Band 64

Heft 1 Prof. Dr. WALTER HENTSCHEL, Dr. WALTER MAY, **Johann Christoph Knöffel. Der Architekt des sächsischen Rokokos**
1973. 168 Seiten – 111 Abbildungen auf 72 Tafeln – 4⁰ – M 40,–

Heft 2 **Onomastica Slavogermanica VII.** RUDOLF FISCHER in memoriam. Herausgegeben von Doz. Dr. habil. ERNST EICHLER und Dr. habil. HANS WALTHER. Redaktion: JOHANNES SCHULTHEIS
1973. 204 Seiten – 4⁰ – M 29,–
(Band VI erschien 1971 in Wrocław)

Heft 3 Prof. Dr. GOTTHARD NEUMANN, **Die Fibeln vom Kleinen Gleichberge bei Römhild**
1973. 74 Seiten – 10 Tafeln – 1 Tabelle – 4⁰ – M 11,–

Heft 4 Prof. Dr. HERBERT PETSCHOW, **Mittelbabylonische Rechts- und Wirtschaftsurkunden der Hilprecht-Sammlung Jena.** Mit Beiträgen zum mittelbabylonischen Recht
(Vorliegendes Heft)

Band 65

Heft 1 Dr. ROLF HELLER, **Die Laxdœla Saga.** Die literarische Schöpfung eines Isländers des 13. Jahrhunderts
(In Vorbereitung)

Heft 2 Prof. Dr. JOACHIM MÜLLER, **Heines Prosakunst**
(In Vorbereitung)

Heft 3 Prof. Dr. WERNER PEEK, **Ein neuer spartanischer Staatsvertrag**
1974. 15 Seiten – 8 Faksimilia im Text – 8 Abbildungen auf 5 Tafeln – 4⁰ – M 6,50

Heft 4 Dr. CLAUS WILCKE, **Kollationen zu den sumerischen literarischen Texten aus Nippur in der Hilprecht-Sammlung Jena**
(In Vorbereitung)

Band 66

Heft 1 **Onomastica Slavogermanica IX.** Herausgegeben von Doz. Dr. habil. ERNST EICHLER und Dr. habil. HANS WALTHER. Redaktion: JOHANNES SCHULTHEIS
1974. 128 Seiten – 5 Tabellen – 4⁰ – M 21,–
(Band VIII erschien 1973 in Wrocław)

Die Bände 1 bis 54, 56 und 57 vom Zentralantiquariat der Deutschen Demokratischen Republik, Leipzig, Band 55 und ab Band 58 vom Akademie-Verlag, Berlin, zum Teil noch lieferbar

Einzel- oder Fortsetzungsbestellungen durch eine Buchhandlung erbeten

AKADEMIE-VERLAG
DDR – 108 Berlin, Leipziger Str. 3–4

FSC
www.fsc.org
MIX
Papier | Fördert gute Waldnutzung
FSC® C083411

Kolibri 360 GmbH
Ferdinand-Jühlke-Straße 7
99095 Erfurt, Deutschland
produktsicherheit@kolibri360.de